国家社科基金教育学一般项目"我国乡村教师政策的社会支持与评价体系研究"
（项目批准号：BFA180073）之研究成果

评价与改进：
新世纪我国乡村教师政策研究

蒋亦华 刘国艳 著

南京大学出版社

图书在版编目(CIP)数据

评价与改进：新世纪我国乡村教师政策研究 / 蒋亦华，刘国艳著. —南京：南京大学出版社，2022.10
 ISBN 978-7-305-26041-4

Ⅰ.①评… Ⅱ.①蒋… ②刘… Ⅲ.①农村—师资培养—教育政策—研究—中国 Ⅳ.①G525.1

中国版本图书馆 CIP 数据核字(2022)第 143389 号

出版发行	南京大学出版社
社　　址	南京市汉口路 22 号　邮　编 210093
出 版 人	金鑫荣

书　　名	评价与改进：新世纪我国乡村教师政策研究
著　者	蒋亦华　刘国艳
责任编辑	钱梦菊　　　　编辑热线 025-83592146
照　　排	南京开卷文化传媒有限公司
印　　刷	南京人民印刷厂有限责任公司
开　　本	718 mm×1000 mm 1/16 印张 15 字数 230 千
版　　次	2022 年 10 月第 1 版　2022 年 10 月第 1 次印刷
ISBN	978-7-305-26041-4
定　　价	52.00 元

网　　址：http://www.njupco.com
官方微博：http://weibo.com/njupco
官方微信：njupress
销售咨询热线：025-83594756

* 版权所有，侵权必究
* 凡购买南大版图书，如有印装质量问题，请与所购
　图书销售部门联系调换

目 录 | CONTENTS

第一章 我国乡村教师政策的内涵阐释与历史回溯 ……… 1
    第一节 何谓政策 ……………………………………………… 1
    第二节 何谓乡村教师政策 …………………………………… 9
    第三节 新中国成立至上世纪末我国乡村教师政策的梳理与
            分析 …………………………………………………… 22

第二章 新世纪我国乡村教师政策出台的多元背景 ……… 34
    第一节 国外的影响 …………………………………………… 35
    第二节 国家重大发展战略的提出与实施 …………………… 44
    第三节 我国基础教育改革与发展的吁求 …………………… 53
    第四节 乡村教师队伍建设的困境 …………………………… 59
    第五节 国内学界的推动 ……………………………………… 64

第三章 新世纪我国乡村教师政策文本的梳理 …………… 71
    第一节 新世纪我国乡村教师政策文本的主要呈现 ………… 71
    第二节 新世纪我国乡村教师政策文本的结构解读 ………… 89
    第三节 新世纪我国乡村教师政策文本的演变逻辑 ………… 101

第四章 新世纪我国乡村教师政策供给的评价及改进 …… 109
    第一节 政策供给评价释义 …………………………………… 109

  第二节 重构乡村教师政策供给评价尺度的理论与实践动因 …… 113
  第三节 乡村教师政策供给评价尺度的建构立场 ……………… 118
  第四节 乡村教师政策供给评价尺度的指向与内涵 …………… 127
  第五节 基于统一尺度的我国乡村教师政策供给评价 ………… 132
  第六节 我国乡村教师政策供给的未来改进思路 ……………… 136

第五章 新世纪我国乡村教师政策执行获得感的调查与分析 … 166
  第一节 关注政策执行获得感具有应然意义 …………………… 166
  第二节 研究设计及其说明 ………………………………………… 169
  第三节 研究结果与讨论 …………………………………………… 172

第六章 新世纪我国乡村教师政策执行的评价尺度建构与
     现状考察 ………………………………………………………… 177
  第一节 重构乡村教师政策执行评价尺度的主要动因 ………… 177
  第二节 乡村教师政策执行评价尺度的指向与内涵 …………… 181
  第三节 基于统一尺度的我国乡村教师政策执行现状评价 …… 185

第七章 我国乡村教师政策执行的社会支持系统构建 …………… 190
  第一节 何谓社会支持 ……………………………………………… 190
  第二节 构建乡村教师政策执行的社会支持系统具有客观
      必要性 ……………………………………………………… 193
  第三节 我国乡村教师政策执行的社会支持构成 ……………… 200
  第四节 我国乡村教师政策执行社会支持系统的形成路径 …… 217

后 记 …………………………………………………………………… 237

第一章

我国乡村教师政策的内涵阐释与历史回溯

对新世纪我国乡村教师政策进行审视性、建构性研究,首先必须回答什么是乡村教师政策,其具体指向和内涵如何,这是整个研究的前提性、基础性工作。由于乡村教师政策与一般意义政策之间存在包含与被包含关系,前者是后者的一个具体类别,因此,要回答什么是乡村教师政策,必须对作为概念的政策有相对清晰的了解。另外,乡村教师政策的演变通常遵循一定的规律,为了更准确全面地反映、描述上述规律,深化对新世纪我国乡村教师政策的认知,有必要对新中国成立至20世纪末我国乡村教师政策进行梳理与分析。

第一节 何谓政策

"政策"是一个富有时间和空间性征的概念。所谓时间,指纵向的比较,强调的是不同时期的政策理解差异。所谓空间,指横向的观照,既涉及不同学科的政策认知,还涉及不同国家的政策认知。正是由于政策理解的时空特点,决定了回答什么是政策的必要性。

西方国家的政策研究源于16世纪的思想家们,他们从政府对经济的干预开始研究国家的基本政策,这从英语词语的构成变化亦可看出。英语中原本只有政治，并无"政策"一词，后随着近代西方政党政治的发展，才从政治的表述中演变出来。19世纪80年代，以Wilson和Goodnow为代表的学者特别强调政治与行政分开的观念，公共政策问题开始引发人们的关注。20世纪四五十年代，许多研究者发现在此之前的政府规范性研究已难以独立解释和指导现代国家的政治实践活动，必须寻求其他的理论和方法，重新理解政府和公民之间的关系，现代意义上的政策研究由此诞生。这种政策研究虽以公共政策与一般政策的明确区分为前提，但实际推动时主要聚焦于公共政策范畴，重点关注政府制定的以"公共"为核心内容、强调解决公共问题、维护公共秩序、实现公共利益的政策，而不是关注政党、企业、社会团体、个人的政策纲领和具体政策主张。

以Harold D.Lasswell和Daniel Lener 1951年发表的《政策科学：近来在范畴与方法上的发展》为始发标志，尽管政策科学经过70余年的发展，其学科体系、学科规范及其研究方法已日趋成熟，但作为最基本范畴的政策含义仍然众说纷纭。Wilson从政治与行政两分法出发，把政策看作由政治家所制定的由行政人员执行的法律和法规。Harold D.Lasswell和A. Kaplan从政策的目标取向和规划功能角度，把政策定义为"一种含有目标、价值与策略的大型计划"。David Easten从社会价值分配入手，认为政策是对全社会价值的权威性分配，其实质在于通过政策不让一部分人享有某些东西而允许另一部分人占有它们。William Tenkins从主体角度将政策解读为"由政治行动主体或行动主体团体在特定情境中制定的一组相关联的决策，包括目标选择、实现目标手段"，强调政策原则上应是行动主体力所能及的。Earl Latham以利益集团理论和多元主义理论为支撑，从政策形成过程中的各种利益集团的相互作用角度，提出"政策实质就是在特定时刻团体斗争达到的一种平衡"。Tomas Dye关注政府自身的行为，认为政策是"关于政府所为和所不为的所有内容"。James E. Anderson认为政策的本质是一个过程，受一个或多个主体影响，因此，可将政策描述为"某一行动主体或一群行动主体解决问题或相关事物的一个有意识的行动过程"。Michael Hill从国家性质、如何证明国家作为政策供应者的作用等两方面讨论政策内涵，认为国家或国家组织是政策的主体，政策是"国家组织的控制者决定要做的事"。

西方国家政策解读的多元特点在政策分析的模型中亦有深刻表现。所谓政策分析，指向对政策形成、政策执行以及执行结果的服务，涉及谁去分析、分析什么、怎样分析、分析目的等若干要素。所谓模型，指人们为了对认识对象进行抽象描述，依据相似性原则而创造或选择的一种系统，主要包括制度主义模型、理性主义模型、渐进主义模型、团体理论模型、精英决策模型、公共选择模型、博弈论模型等。制度主义模型以现代组织理论为理论依据，认为政策与制度之间的关系非常紧密，制度是政策的母体，对政策有着决定性影响，政策则是制度的产物，是制度性的输出。理性主义模型关注成本与收益的关系，认为政策是实现社会收益最大化的手段，这里所言之社会收益最大化，不仅仅指经济收益，更不是以牺牲社会其他价值取向为代价，而是强调不同价值的综合考量。渐进主义模型认为政策是在过去基础上的不断修正，这种修正仅涉及局部的调整而不是全面更替，仅是渐变而非突变，在此过程中，应严格遵循按部就班、积少成多、稳中求变等原则。团体理论模型以政治学中的团体理论为支撑，认为政策是不同团体利益平衡的结果，由于每个团体在选择政策时并不是谋求公共利益的最大化，而是以争取本团体利益的极限为行为准则，加之不同团体的影响力存在差异，因此，团体之间的利益平衡通常以竞争、协商、妥协等为关键词。精英决策模型建立在"政治人"的理论假设之上，认为普通社会民众对政策缺乏足够兴趣，所知非常有限，力量较为分散，加之社会精英们的信念、价值观一般会体现公共关怀，不会违背大众的福祉，所以政策应是占统治地位精英们的偏好。公共选择模型认为一切社会现象都应追溯其个人行为基础，由于个人具有利己之心，即通常根据自身的利益采取行动，因此，政策行为的价值标准既不是公共利益也不是团体利益，而是个人利益，政策是追求自我利益的个人所进行的集体决策。博弈论模型是数学理论和方法的一种运用，其重点不在于描述如何制定政策，而是试图说明政策是多次博弈的结果，是竞争情形下的理性选择，这种理性选择事先无法判断是否为最佳，必须配介对方才能得知。

国内学界对政策的理解与西方国家并不同步甚至并非完全一致，这不仅因为西方公共政策理论层出不穷，近二十年发展更快，有的理论如制度理性选择理论、多流框架、中断—均衡框架、倡导联盟框架、政策扩散框架等已相对成熟，还与中西文化背景以及传统政治结构的差异密切相关。从文化观之，西方国家除中世纪外一直处于开放的工商业经济状态，长期以个性自由为本位，以理性思维为社会指导思想，强调微观研究和个别事物分析，其文化实质上是在工商基础上产生的以理性为基点的海洋型文化。我国则长期处于封闭的农耕经济状态，长期以儒学为社会指导思想，其文化实质上是在农耕基础上产生出来的以儒学为基点的内陆型文化。孔子所创的儒家学说以"中庸"为核心思想，以"仁义礼智信"为修身立国的行为准则，崇尚修身、齐家、治国，强调道德修养的作用以及"天人合一"的思维模式，所有这些，实际上已成为自汉武帝以后中国历朝历代政策理解和制订的主要依据。从政治结构观之，西方的政治结构起源古希腊雅典的民主共和制，后发展为古罗马时期的贵族共和制以及罗马帝国的专制君主制，近代则建立了典型的君主立宪制与共和制政体。中国传统的政治结构起源于原始氏族社会的父系家长制，在两千余年的封建社会里，虽历经许多朝代更替，但以宗法制为纲纪、以儒官为联络、高度集权于中央、皇权至上的君主专制性质始终没有改变。

我国的政策理解具有一定的阶段性特点。传统的解读大致可划分为三类。第一类定义强调政策是一种行为规范或行动准则，如黄净主编的《政策学基础知识》认为"政策是一个政党或国家在一定的时期为实现一定的任务而规定的行动准则"；冯灼锋主编的《简明社会主义政策学》认为"政策是阶级或政党为维护自己的利益，以权威形式规定的在一定时期内指导和规范人们行为的准则"；郑永林等主编的《政策学原理》认为"政策是政治实体为表达统治阶级的利益要求，以权威形式规定的在一定时期内人们所遵循的行为准则"。第二类定义强调政策是政治行为，如刘斌所著的《中国宏观政策研究》认为"政策是政党或其他社会政治集团为实现一定时期的任务而规定的政治行为"。第三类定义把政策分为广义和狭义两种，如林德金等所著的《政策研究方法论》认为狭义的政策"是管理部门为了使社会或社会中的一个区域向正确方向发展而提出的法令、措施、条例、计划、方案、规划或项目"，广义的政策"指全面考虑的分析问题的方法"。上世纪九十年代开始，随着西方政策理论的推介和影响,加之研究和实践过程中本土意识的持续强化,人们越来越关注话语、文本以及效应对政策解读的意义,强调政策既是过程又是结果,是解决问题实现目标的行动方案,如我国台湾学者张世贤提出政策界定的三个不同角度,即政策是达到公共目标所采用的策略,是解决公共问题的策略,是政治过程的产出;大陆学者张顺认为应从现象形态、本体形态、过程特点、思维模式四个维度全面认识和理解政策的含义。在现象形态上,公共政策是公共领域政治措施组成的政策文本及其总和;在本体形态上,公共政策是公共利益的分配;在过程方面,公共政策是一个动态连续的博弈过程;在思维模式方面,公共政策是以价值为导向的工程思维模式。

综合以上列举可以发现,在目前形势下,试图给出一个普遍认同的、绝对的政策定义,不但难度很大,而且难以实现。事实上,国内外不同时期、不同学者虽然对政策内涵的认知存在一定差异,但在政策本质特征的解读上则表现出趋同趋势,这种趋同的剖析和归纳,正是对什么是政策的最好回答。

第一,政策是一种复杂的社会现象,自私有制和国家产生以来,政策就独立存在。虽然从理论上讲政府、政党、企业、社会团体以及个人都可以有自己的政策纲领和政策主张,但当今世界各国对政策的理解更倾向于公共政策。为了反映不同政策的区分,深化对政策内涵的认识,有必要对所有政策进行适当的分类,如:依据层次和作用范围的大小,可将政策划分为元政策、总政策、基本政策和具体政策;依据社会公共领域的构成不同,可将政策划分为经济政策、教育政策、市政政策、科技政策等;依据国别的差异,可将政策划分为对外政策与对内政策、国际政策与国内政策;依据重要程度,可将政策划分为重点政策与非重点政策;依据效用时间,可将政策划分为过去政策、现行政策、未来政策以及短期政策、中期政策、长期政策;依据文本结构的复杂程度,可将政策划分为单一政策与综合政策;依据形成方式的不同,可将政策划分为主观臆想型政策、政策先导型政策、理论先导型政策。

第二,政策有明确的制定主体。西方公共政策的制定主体集中指向政府,我国则强调党和国家在政策制定中的决定性、主导性的地位,如《辞海》将政策定义为"党和国家为实现一定历史时期的路线而制定的行动规则",

《现代汉语词典》将政策定义为"国家、政党为实现一定的政治路线而制定的行动准则"。将党纳入政策制定的主体范畴,不仅因为我国宪法和其他法律赋予了中国共产党的执政党地位,强调"党的领导"对建设富强、民主、文明社会主义国家的必要性,党是中国特色社会主义事业的领导核心,还与党的性质、宗旨以及党的建设的理论逻辑、历史逻辑、实践逻辑密切相关。代表广大人民群众的根本利益,反映广大人民群众的普遍意志,坚持以人民为中心的发展思想,决定了党所制定的政策不仅对党的各级组织、广大党员以及相关人员有强制性和约束力,而且对其他民众的行为有引导和指导作用。

第三,政策表现出鲜明的阶级性。在阶级社会中,统治阶级为了维护和巩固其统治地位,所采取的手段和方式无非有两种:一是通过建立健全政治、经济和法律制度,确保本阶级的根本利益;二是用政策来调控和改善社会利益关系。作为阶级统治工具的政策,所代表和体现的并不总是社会全体成员的共同利益和共同意志,而是在政治上、经济上、文化上居于统治地位阶级的利益和意志。具体而言,封建社会的政策是为了适应封建主义生产方式的需要而建立,为封建地主阶级服务,资本主义的政策是为了适应资本主义生产方式的需要而建立,为资本主义的发展服务,社会主义国家的政策具有鲜明的无产阶级党性、人民性,为无产阶级和广大人民群众服务。在政策形成过程中,虽然统治阶级为了本阶级长远的、整体的、根本的利益,会基于当时特定情景而做出某种妥协和让步,但这种妥协和让步并不意味着政策阶级性的消失或改变。

第四,政策有一定的目的性,包括说明、解释、说服、引导、鼓励、禁止等。政策的目的性有两个观察角度。一方面,每个政策的制定,总是针对一定的问题而出现的,是为了解决特定环境下的问题而进行的设计。这里所言之问题,具有较为典型的多样化特点,不但有国内与国际、全局与局部、现状性与发展性、重大与重点等不同之分,还涉及政治问题、经济问题、文化问题、社会问题,正是由于问题指向以及问题所处环境的差异,决定了不同的政策有不同的目标。另一方面,尽管不同的政策涉及各自不同的领域,可能针对不同的政策问题,但如果把各种具体政策目标加以归纳和概括,就会发现所有政策有一个共同目标,即必须进行利益的协调,在不同主体之间分配公共利益或社会价值。没有利益的相关性就不会产生等待解决的问题，没有这些问题的存在，政策也就不再具有现实意义。

第五，政策具有权威性。权威性指政策对政策对象具有强制性的约束力，不管其是否愿意，都必须坚决执行，否则就要承担相应的后果。权威性虽然是本真意义政策的内在规定性之一，是政策效用发挥而不是沦为一纸空文的重要保证，但这种权威不是天生的，而是综合作用的表现。首先，政策的权威性源于政策制定主体的权威性，即政策制定主体必须是公共权力的化身，执政党与政府无疑具有此类特点。其次，政策的权威性必须有所保障，其中党的政策的权威性靠党的组织纪律来保障，政府政策的权威性靠国家行政的强制力来保障。再次，政策的权威性与合法性紧密相联，是同一个问题的两个方面，合法性不但意味着政策的形成应按照规定程序进行，还意味着政策应该为大多数人所接受。具有合法性的政策，必然具有权威性，反之，政策权威性的取得，可能是因为政策符合指导对象的利益而使他们自愿服从，也可能因为指导对象慑于惩罚而被迫接受。

第六，政策具有文本性。任何政策都不是简单的指令和说明，都需要被分析和解读，都要求在政策制定者与实施者之间形成一种话语。由于话语是一种语言现象，是说出来的语言符号，必须能够传播到相关集体成员并被其理解、认同、遵从，因此，政策必须以一定的文本形式呈现出来。语法逻辑上完整的政策表述应包括"实是""评价""行动""后果"等四个相对独立的语句形式。"实是"是公共权力对公共事态、事件基本状态的认知和描述，体现了政策话语的客观属性。"评价"是对公共事态、事件所进行的价值判断，通常反映的是处于主流地位的价值观念或价值标准。"行动"以规范性的语气设定了相关主体的行为方式或行动取向，体现了政策话语的以言行事性质。"后果"以断言式语气指出相关主体遵从或违反"行动"规范情况下所面对的利益得失前景，反映的是政策的权威性和强制力。

第七，政策具有整体性。所谓整体性，强调的是政策环节之间、不同政策之间的相互影响和相互作用，本质即思维方式的审视和改变。一方面，政策不仅指向文本的制定，还包括执行、评估等多个环节。政策执行是将政策观念转化为实际效果的动态过程，是政策有效性体现的主要阶段，涉及主体、方法、手段等。政策评估是评估主体依据一定的标准并遵循相对固定的程序,对政策的效果、效能、价值所进行的判断。否认政策执行、评估的价值,将政策文本的出台等同于政策的终结,实质上是线性思维、点状思维的具体表现。另一方面,政策具有联动效应,每一项政策的出台,都不可避免地涉及其他公共部门的利益,涉及因次序先后而导致的政策非平衡发展问题,因此,应然意义的政策设计,必须兼顾与之相关联的其他社会领域,置于所有政策所构成的大系统中考虑解决问题的方案,体现不同政策的交互作用。

第八,政策具有实践性。政策的实践性有三层含义,首先,一切政策都起源于与之相适应的社会经济生活条件,根源于一定的经济关系,是人类在改造客观世界、从事生产实践和社会实践过程中为解决实践问题而产生的,实践构成了政策的源泉和动力,没有实践的需要,就没有政策的产生、完善和发展。其次,政策与理论虽同属于上层建筑范畴,不同程度地作用于人们的社会实践,但政策本身并不是纯粹的理论形态,而是理论指导下主观见之于客观、理论与实践相结合的产物。政策作为行动的准则,虽然以一定的理论工作为前提,强调理论的原则性和普遍性,但舍去了抽象的理论思维过程以及逻辑的演绎、归纳、推理和论证,直接提出行动的原则、方法和路径,因而实际上承担着理论与实践的中介角色。再次,政策的目的是规范社会成员的行为,指导社会成员的实践活动,解决政策问题,政策是否切实可行,是否具有指导意义,如何修正、完善和发展,必须从实践中寻找答案或汲取营养,实践是检验政策正确与否以及正确程度的唯一标准。

第九,政策具有过程性。政策制定的过程性表现为政策制定涵盖问题界定、目标设定、方案设计、文本合法化等具体方面,目前已形成多种实践模式,如:美国的政策制定主要有代议制和自上而下两种方式,其中代议制指公民采用选举的方式选出各自的代表,让代表们代替自己在代议机关中行使公权力,自上而下方式指上层阶级和精英集团通过某种利益链式的运行机制,将自己的利益诉求和价值理念以合法手段转化成政策;英国政府在不断完善相应制度体系的同时,将政策制定明确划分为提出问题、发布报告、社会辩论、政策出台、反馈评估等阶段;加拿大的政策制定较之英美更加重视协商民主的参与程度,政府授意第三方机构开展协商对话的运作机制是其制定政策的一大特色；俄罗斯的政策制定由联邦议会主导，一般须经历"向议会提交政策倡议、公共审读对策草案、联邦议会审议、总统签署通过"等四个环节。[①] 政策执行的过程性表现为政策执行通常包括政策宣传、政策分解、物质与组织准备、政策实验、全面实施等环节，其中政策宣传的目的是统一人们的思想认识，政策分解的核心是制定执行计划，物质与组织准备集中指向保障机制的建立与完善，政策实验关涉实验对象的确定、实验方案的设计以及实验结果的分析，全面实施要求突出程序规范性与政策功能要素的充分发挥。政策评价的过程性表现为政策评价涉及确定评价标准、收集评价对象信息、价值判断等内容，既具有科学调查的秉性，又有价值嵌入的秉性，既是为了测量目标的实现程度，又是为了了解利益相关者的诉求和意见，既致力于了解事实进度，又致力于建构事实进度。

基于以上分析，本文试图给出政策的一个描述性定义。所谓政策，指国家、执政党在一定历史时期为实现一定目标任务而规定的具有阶级性、权威性、整体性、实践性、过程性等特点，以文本为表现形式的行动依据和行为准则。

第二节 何谓乡村教师政策

乡村教师政策涉及两个关键词，即乡村、乡村教师，能否准确理解这两个关键词，对回答什么是乡村教师政策、彰显对我国乡村教师政策理解的深度具有一定意义。

一、准确理解乡村

西方学界对乡村概念的认知是由哲学思潮与社会发展的客观现实共同

---

① 荆林波，奚祺海.国外政府制定公共政策的对比分析及其对中国的启示[J].国外社会科学，2017(6).

决定的,一般通过与城市的对比而形成,相应的学术话语亦从单一线性的现代化语境逐渐向多元化的后现代语境过渡。① Tönnies 认为"共同体"与"社会"是人类生活的两种结合类型,"共同体"指具有共同归属感的社会团体,具有情感性、同质性特点,"社会"则建立在外在利益合理的基础上,以契约、交换与计算作为基本联系形式,乡村和城市分别是"共同体"与"社会"的典型代表。Wirth 认为城市是一种生活方式,城市与乡村的不同之处主要体现在密度、规模以及由此二者所导致的社会异质性。Sorokin 等认为乡村与城市的概念之间并不存在明显的边界,并在此基础上构建了"城乡连续体"模型。Pahl 认为现代化不一定意味着社会特征由乡村向城市的逐渐演化,乡村也可以承载现代化,城市和乡村有必要放置在一个现代体制的整体框架下进行分析。Newby 最早研究了农业社区中农场主与农业工人的阶级关系,将乡村和农业看作等同的概念,认为乡村本质上只是一个经验描述的范畴。Lefebvre 将城市视为一种过程而不是有界的空间,认为城市功能的扩散导致城乡界限模糊,全球最终会整合为一个系统。Murdoch 等提出"后乡村"的概念,认为乡村不是先存的实体,而是由社会实践所建构的产物,与其试图确定乡村性的定义,不如探索乡村性是如何在各种环境中被建构的。Cloke 认为乡村的文化映射先于并指导对乡村的认知,因此,乡村不应该再被视为固定的,而是具有内在开放性。

　　西方国家对乡村概念的解释并不完全相同。如:加拿大政府将人口低于 1 000、人口密度每平方公里低于 400 的不连续区域定义为乡村地区,这些地区通常无都市辐射,且以原住民及农业人口为主要居民;美国各州政府对乡村的定义多种多样,有的州将土地广博且居民少于 2 500 人的地方定义为乡村。

　　国内的乡村概念在不同的社会发展阶段和学术语境之中有着不同的解读。地理学中的乡村,早期被局限在有界的地域范围之内,指城市以外的广大地区,后随着西方相关理论的引介,加之乡村经济社会的持续转型,对乡村概念的认知逐步从单一走向多元、从被动转为能动、从静态发展为动态,

---

① 胡晓亮,等.乡村概念再认知[J].地理学报,2020(2).

其内涵不断被修正,这种修正不但涉及"空心村""乡村病"等问题化标签,还触及对乡村土地利用、聚落、景观等物质要素的关注以及乡村物质空间、社会空间、文化空间的描述。人类学中的乡村,是一种场景性依赖而非体系性依赖,是人类所创设出来的不一样的村落文化与村落生活,是具有生态环境、生活价值选择的独特性存在,既有其时空背景下的发展性,更有其历史传统上的绵延性。语言学中的乡村,与农业密切相关,如《现代汉语词典》将乡村定义为"主要从事农业、人口分布较城镇分散的地方",《辞海》则将乡村与村庄、农村等同,指"以从事农业生产为主的劳动者聚居的地方"。统计意义的乡村,与语言学理解存在明显差异。为了科学、真实地反映我国现阶段人口、社会和经济发展情况,国家统计局1999年制定并颁发了《关于统计上划分城乡的规定(试行)》,该规定将我国所有区域划分为城镇和乡村,其中城镇包含城市和镇,城市指国务院批准设市建制的城市市区,包括设区市的市区和不设区市的市区,镇指经批准设立的建制镇的镇区,乡村指城镇地区以外的其他地区,包括集镇和农村。2008年,国务院依据我国社会发展情况,将上述文本的内容进行修订,重申我国的地域划分为城镇和乡村两类,其中城镇包括城区和镇区,城区指在市辖区和不设区的市、区、市政府驻地的实际建设连接到的居民委员会和其他区域,镇区指在城区以外的县人民政府驻地和其他镇,政府驻地的实际建设连接到的居民委员会和其他区域,乡村指城镇以外的区域。2021年,《中华人民共和国乡村振兴促进法》公布,该法律文本从两个方面对当代中国的乡村进行概念界定。首先,乡村是与城市相对应的区位概念,包括乡镇、村庄,包括城市郊区以及其他城市建成区以外的区域。在这一区域,有其明显的自然、社会和经济特征,也具有某些共同的制度特点,如土地主要归集体所有、产业主要是种植业和养殖业等。其次,乡村具有生产、生活、生态和文化等多重功能。从生产功能看,既包括传统的种植业和养殖业,也包括特色农业、休闲农业、现代农产品加工业、乡村手工业、绿色建材、红色旅游、乡村旅游、康养和乡村物流、电子商务等乡村新兴产业。从生活功能看,乡村是众多人口的生活空间,尽管在城市化进程中有不少农民进城就业和居住,但目前仍然有近半数的人口常年生活在乡村地区。从生态功能看,以农业为主的乡村产业是人与自然相互交融的产业,作物、林木、草原亦具有重要的水土保持、空气净化、生态涵养作用。从文化功能看,乡村是农耕文明传承的重要载体,具有丰富多彩的乡风、家风、民风特征,传统生活方式以及村民之间的社会交往方式则构成了中华文明的重要组成部分。

不同阶段、不同语境下解读的差异,意味着有必要对乡村的内涵进行进一步分析。事实上,乡村是一个整体性的、并不是作为问题标签的活生生存在,这种存在必须从历史的追溯与现实的分析中才能真正厘清其发展脉络。

我国传统的乡村是一个封闭的、重视人情的礼俗社会。传统乡村之所以能够成为社会,在于乡村有一种维持人与人之间一定秩序的内在力量和规范,使乡村可以达至"治"而非混乱不堪。这种内在力量和规范的形成,主要源于三个因素。一是分散化的劳动以及几乎相同的生产方式和生产条件,使得所有农户不但日复一日面临着同样的境遇,需要解决几乎相同的问题,而且由于缺乏创造新的生产生活经验的时间和优势,很少能挑战来自先辈的经验和传统,因此,易形成共同的规矩和礼俗。二是传统乡村社会的农户活动主要围绕满足家庭生存需求展开,在生存性价值居首的认同逻辑驱使下,条件简陋以及劳作艰辛的农户不但无法向别人提供更多帮助,同时渴望得到外来的支持,人们通过人情往来在有限的条件下尽可能享受社会的温暖,人情成为乡村社会规矩和礼俗的一个重要部分。三是传统乡村社会中的农户,其活动地域局限于村庄集镇,很少超出这一范围,因而必然带来传统乡村社会的封闭性,这种封闭既是内敛的,即自发产生于乡村社会成员之中,大家既无走出乡村之条件,也无走出乡村之意愿,同时也是排外的,即任何外来事物由于可能打破原有的平衡,消弭村庄的特殊传统,参与分割村庄内的利益,因而通常会受到歧视和排斥。

新中国成立后,政府推动和实行的土地改革虽然实现了农户当家作主,却没有改变传统乡村社会长期外在于国家、权力止于县政、一盘散沙的局面。为了强化对乡村的控制,强势推动工业化战略,土地改革之后不久,国家开始了对小农经济的彻底改造,即通过持续不断的政治动员和行政集权主导,将农户最终组织进入人民公社,这一长达20余年的体制彻底摧毁了传统农户赖以存在的物质前提,通过严格的层级管理、农产品统购统销以及户籍制将所有农户牢固束缚于公社这一狭小的行政地域,使乡村发生了亘古未有的变化,主要表现在:由几乎外在于政治转向彻底政治化;由一盘散沙转向国家对乡村农户经济、思想的高度控制;由重生存性价值转向重理想追求和精神享受。

改革开放以来,人民公社集体化被家庭联产承包责任制取代,市场化改革使农户面对的不再是传统封闭的礼俗社会,而是一个开放的、各种资源要素迅速流动的大市场,农户被迫卷入市场而逐渐社会化,这时的乡村社会表现出两个显著特点。一方面,由封闭走向开放。改革开放前的乡村,村与村、公社与公社之间横向联系很少,与城市之间更是严格地分化与对立。改革开放后,农户从公社的近乎军事化管理中解脱出来,加之二元分化的户籍制度逐渐被废除,使得农户彻底成为自由人,在不能从土地中得到更多收益的农民大量远离家乡务工经商的同时,市场逻辑和城市文化开始大规模进入村庄,日益侵蚀和消解着村落传统文化和记忆。另一方面,随着生存性问题的解决,消费膨胀、面子主义、相互攀比的社会性价值追求在众多农户的认同逻辑中日渐占据主体地位,在此背景下,人情虽然仍是村落的基本叙事规则,承担着极为重要甚至不可替代的功能,但无法排斥、阻止利益考量的赤裸与迅速化。货币化的人际关系不但直接消解着乡村社会的人情存在基础,使得原有意义的人情被异化、工具化,而且导致乡村会种田和愿意种田的年轻人越来越少,不愿回到养育自己村庄的村民日益增多,依靠土地以农业为主的生计模式已转换为"农业+副业"的兼业模式。

综合上述列举可以看出,我国乡村社会具有较为明显的变迁特点。当今中国的乡村,不再是费孝通先生通过民族志研究所提炼和概括的乡土社会,而是已进入"后乡土社会"时期,相应的基本图式是:村落共同体、家庭农业、熟悉关系和礼俗习惯的存在和维系,使得乡村社会保留着部分乡土性,没有彻底转型为城镇化的社会;制度变革、市场转型以及城乡关系的变化,导致不流动的乡土演变为大流动的村庄,每年有上亿的农民工在乡村与城市之间穿梭,村落成为主要由老人、妇女和儿童留守的空巢社会;乡村社会的结构分化与多样化具有多个层次,既有宏观区域层次的分化和多样化,又涉及微观层次的村庄、家庭乃至个体;乡村社会空间的公共性越来越强,公共资源和公共权力日益成为影响乡村社会的重要因素，乡村已不再只是村民自己活动的空间。处于后乡土时期的乡村，农民增收难、农村养老难、留守儿童、流动人口、贫困等诸多"三农"问题只是现实中的具体问题而不是基本问题。如何从市场制度及结构性因素角度揭示乡村社会问题的根源及形成机理，如何调和城乡二元分割以及体制内与体制外二元分割，最终使农民公平地获得市场机会，才是乡村社会的基本问题。①

以"后乡土性"作为理解当今中国乡村社会的理论框架，避免了乡土社会、过密化、内卷化、底层社会、二元发展论等乡村解释理论的不足，强调了乡村社会的现代化转型并不是传统乡村走向终结，对理解乡村概念有重要启示意义。首先，乡村的概念与内涵不是一成不变的，而是具有动态特点，这种动态性不仅源于乡村发展在时间维度上的差异，还源于共时空间中的乡村概念话语建构的多元化。其次，当代中国的乡村，是一个开放的外向型空间，人口、资本、商品等各类要素的流动与城乡聚落的互相叠加，决定了从物质空间、社会空间、文化空间等多个维度去理解乡村的必要性。再次，乡村性是乡村人地关系在不同空间层面的具体体现，是乡村社会的重要表征，本真意义的乡村性，由乡村本体产生，可以被用来塑造乡村本体，其本身也可以被重塑。

二、准确理解乡村教师

顾名思义，乡村教师即在乡村学校工作的教师，这也是国内较为普遍的关于乡村教师的解释，而由此带来的困惑则是：这样一种解释对理解乡村教师究竟有多大意义？如何解释才能更有价值？

早在上世纪30年代，陶行知先生在为中华教育改进社起草的《改造全国乡村教育宣言书》中，就专门提出乡村教育和乡村教师的概念，认为乡村教师必须有农夫的身手、科学的头脑以及改造社会的精神，成为改造乡村生

---

① 孟根达来.理解转型中国乡村社会的新视角——读懂《后乡土中国》[J].中国农业大学学报（社会科学版），2020(2).

活的灵魂。新中国成立后至上世纪末,乡村教师很少作为独立的概念被学界及政策层面提及,而是被纳入"农村教育"的概念体系,统称为农村教师。进入新世纪后,随着"三农"问题、农村教育问题研究的深入,乡村教师逐渐从农村教育的大概念中分离出来,其内涵和外延亦不断趋于清晰,如国务院办公厅印发的《乡村教师支持计划(2015—2020年)》明确提出,乡村教师是指"全国乡中心区、村庄学校的教师"。上述列举说明,唯有以动态的、发展的眼光去分析、辨别乡村教师的内涵,才能从整体上把握什么是乡村教师。

古代意义的乡村教师,即乡村私塾中的施教者,故常被称之为"私塾先生"或"塾师"。乡村塾师起源于西周时期的"父师"或"少师",由于这一时期政教不分,官师合一,官即师,师即官,因此,蒙学性质的乡学其施教者多由致仕回乡的大夫和士承担,统称为"乡先生"。春秋战国时期,随着奴隶制的崩溃,教育从政治活动中分离出来,私学开始骤兴,一批原本在宫廷专掌典籍、身通"六艺"的士人纷纷流落出走,其中一部分人成了诸侯的学官,另有一部分人以个人的身份授徒讲学,成为中国私学的首创者。这种私学冲破了"学在官府"的枷锁,使得蒙学教育主要转向私人操办。秦始皇统一六国后,出于加强中央集权的君主专制政治之需,严厉禁止私学,导致蒙学教育发生严重倒退,乡村塾师的发展艰难受挫。自汉代开始,私学成为教授儒家经典、传播儒家经义的重要场所,"罢黜百家、独尊儒术"的文教政策,加之太学路途遥远,招收名额少,地方官学的入学条件限制较多,导致乡村塾师的群体数量呈扩大趋势。魏晋南北朝时期,政权的频繁更迭,社会的动荡不宁,官学的时兴时废,加之儒、道、佛、玄的并存,使得私学昌盛发达,一些隐逸之士远离尘嚣,筑室于山野郊外,创辟"乡塾"聚徒讲学。隋唐时期,唐高祖诏示"州县及乡里,并令置学",由此推动了乡学的普遍设置。迨至宋元,还置办了专供农家子弟利用冬闲时节读书的"冬学"。明清时期,政府对基础教育的重视程度进一步提高,除在乡村广设社学外,还允许民间广立学塾,私人结庐收徒讲学,导致乡村塾师臻于兴盛,足迹已达臻乡村各个角落。

由于在"皇权止于县政"的中国传统社会,包括乡村塾师在内的乡绅阶层在政治上起着举足轻重的作用,成为连接国家与乡村的纽带,在乡村社会秩序的建构和维系中扮演着重要的角色,加之乡村塾师通常立品端正、行谊谨厚、经书熟习、文义通晓，其传承的儒家文化与宗族文化具有同源性，因此，传统的乡村塾师不但是乡村教育的主要承载者，需要承担乡塾的本职工作，还在乡村社会中担当乡村文化的代言人、乡村礼教的承担者、乡村治理的协助者等乡贤角色。[①] 乡村塾师在"舌耕"谋生之余，帮乡民看文字、命名起字、写对联、立契约文书、写碑文、修纂族谱、调解矛盾、断案定理，并主持冠、婚、丧、祭等活动。

民国时期的乡村教师，主要来源于传统乡村塾师的转化与新式学校的培养，其中新式学校培养的教师包括乡村师范、普通中小学、教会学校的毕业生。由于民国时期的乡村教育一味遵守传统或完全师法西洋都不合时宜，而找到二者的妥协、共融之处又很难，因此，当时乡村教师的社会形象主要在"半新半旧"或"半中半洋"之间徘徊。这一特殊的群体尽管不如乡村士绅、传统塾师那么熟知乡村事务，通晓乡村社会礼仪，却在日常生活中展现出服务桑梓的乡土情怀；尽管乡村学堂的教学条件普遍艰苦，但始终坚守着应有的职业守望；尽管经常面临拖薪、欠薪、克扣薪水等不公平现象，但所表现出的家国情怀令后人敬佩。[②]

新中国成立以来，乡村教师的构成经历了不同的阶段。"文化大革命"前十七年，国家实施城市优先、乡村支持城市的发展战略，加之乡村人口多、适龄儿童多，导致乡村学校师资数量严重不足，在此背景下，一批有文化的乡村劳动者担任教师，献身乡村教育事业，这些民办教师没有财政编制，主要由乡村集体聘请并支付报酬，要求亦相对较低。"文化大革命"十年期间，我国乡村学校民办教师数量由原来的50%左右进一步膨胀，这种膨胀不仅表现为公办转民办，还表现为下放人员以及工农兵大量进入教师队伍。改革开放以后，我国乡村教师的选拔与管理逐渐步入规范化阶段，政府通过培训推动乡村教师队伍合格化，解决大量的民办教师转公办问题，通过实行教师资格制度，统一新进教师的基本条件。目前，我国一些乡村学校虽仍有代课教师现象，但所占比例表现出明显的缩小趋势。

---

① 肖正德.传统乡村塾师的乡贤角色及当代启示[J].社会科学战线,2020(11).
② 徐继存,高盼望.民国乡村教师的社会形象及其时代特征[J].教师教育研究,2015(4).

如何对新中国成立以来我国乡村教师的地位和作用进行相对客观、全面的评价,这是一个颇为头痛又无法回避的难题,一般地,可围绕贡献、素质、尊严、使命等展开。

贡献是理解当代中国乡村教师的第一个重要视角。新中国成立70余年来,乡村教师为我国乡村教育以及乡村社会的发展做出了卓越贡献,主要表现在四个方面。① 第一,乡村教师作为乡村基础教育的脊梁,铸就了穷国大国办大教育的辉煌业绩。从普及初等义务教育到全面实施九年义务教育,乡村教师不仅承担着传递知识、发展学生能力的职责,还要在极其艰苦的条件下走村串户宣传国家义务教育政策,动员适龄儿童按时入学,严格落实控辍保学任务。第二,乡村教师作为主力军,扛起了新中国扫盲教育的历史重任。新中国成立初期,我国文盲占全国人口的比例为80%,另外,我国的小学教育虽然持续发展,但并没有能够阻止新文盲的继续产生。为了开展扫盲教育,国家明确提出乡村是扫除文盲的重要力量,要求乡村中小学把堵盲和扫盲作为重要工作内容,积极举办扫盲班或包教活动,要求乡村教师把参与扫盲作为重要的社会义务。可以说,正是由于全社会的支持特别是广大乡村教师的"一师任两教",即白天教全日制,晚上参加夜校扫盲,才使得我国扫盲教育取得举世瞩目的成就。第三,乡村教师作为乡村社会的精英,丰富了乡村两个文明建设的内涵。乡村教师不仅是乡村精神文明的使者,通过言传身教培育一代又一代社会主义建设者和接班人,通过自身言行和道德感染力影响村民,还积极向村民传递勤劳致富理念以及科学的种田方法,帮助村民学科技、用科技,推动当地乡村经济发展。第四,乡村教师作为爱的使者,守护了留守儿童的精神家园。留守儿童的存在,是当今中国无法回避的一种社会现象,留守儿童由于缺乏父母呵护,往往胆小敏感,适应能力差,身心发展受阻,情感生活封闭孤寂,因此,需要乡村教师特别的关照。乡村教师不但要传授留守儿童科技知识和生活技能,还要尽力填补留守儿童心中空缺的父爱与母爱,注意他们的情绪变化,关注其精神需求,培养其健全人格。

素质是理解当代中国乡村教师的第二个重要视角。国内学界目前对乡

---

① 席梅红.新中国成立70年乡村教师历史价值探析[J].中国教育学刊,2019(6).

村教师的素质解读主要有"城市—现代""乡土—历史"两种不同的语境。①在"城市—现代"语境中,乡村教师素质被纳入一个与城市教师统一的、客观的、无差别的专业化发展体系,追逐着现代教师素质发展的标准或目标,乡村教师虽然奋力拼搏,穷追不舍,但总是力不从心、疲惫不堪甚至孱弱无助,因而难免被贴上"低素质者"标签。在"乡土—历史"语境中,乡村教师首先是一个乡村人,由于在乡村社会结构中,除了乡村教师外,几乎没有以知识为职业的知识分子群体,除了学校之外,几乎没有以知识为工作内容的团体或机构,因此,乡村教师之于乡村,不仅是人类知识的化身,而且代表了社会良知,他们因担负启发民智、诠释科学、传播文化、引领社会等重要使命而成为乡土社会的"高素质者"。

尊严是理解当代中国乡村教师的第三个重要视角。尊严是一个内涵渐致丰富的概念。早期的尊严,建立在社会阶层等级秩序的基础上,与高贵、庄重、不可侵犯的社会地位和身份存在密切关联,具有典型的外赋特征。随着现代国家的确立,尊严逐渐从道德领域拓展到法权领域,不再仅仅是一种道德理念与价值原则,而是被转化为一系列具体的权利主张,成为集道德原则、法理观念、权利保障于一体的综合性概念。乡村教师尊严作为一种职业尊严,其失落是较为客观的普遍现象,这种失落很大程度上源于社会、文化、教育、人口的结构性困局,集中表现为:唯金钱论的价值取向威胁着乡村社会为师者尊的传统,对乡村教师的社会地位和师道尊严构成剧烈冲击;乡村教师肩负沉重但又琐碎的教育责任担当,却没有与之匹配的权利保障;乡村女教师要扎根乡土,必须面对婚恋现实与理想憧憬之间的鸿沟。②

使命是理解当代中国乡村教师的第四个重要视角。使命富有时空性征,表现出鲜明的国家特点和时代特点。当代中国乡村教师的使命,与乡村的发展密不可分,集中表现在三个方面。首先,为乡村发展提供优质教育。乡村教师不同于城市教师,作为乡村社会少数的知识分子,作为科学知识的

---

① 唐松林,邹芳.语境视域与乡村教师:乡村教师素质分析[J].湖南师范大学教育科学学报,2013(5).
② 刘晶.乡村教师日常生活中的尊严及其结构性困局[J].清华大学教育研究,2020(2).

传播者,乡村教师不但要具备一般意义的教育教学知识,还要具备丰富的乡土知识,这些知识是挖掘乡村儿童潜在优势、激发乡村儿童内在动力、融洽学校与家庭关系、引导和影响乡民的前提与重要保证。其次,为乡村发展构建活力文化。乡村教师工作与生活的场所都在乡村,由于乡土文化始终滥觞于乡村生活,因此,乡土文化是构成乡村教师的重要内在规定。能否促进城乡文化的良性互动,推动优秀乡土文化的传承与发展,切实彰显乡村教师的乡贤形象,应成为衡量当代中国乡村教师使命担当的一个重要指标。再次,为乡村发展造就现代农民。乡村教育对于提高农民个体的基本能力和基本素养起着至关重要的作用,无论是农业现代化还是现代社会的发展,都对农民的合作意识、环境保护意识、食品安全意识以及机械操作能力、沟通能力、信息检索能力提出了新的要求,唯有对农民开展相应的知识传授和技能、技术培训,才能把乡村丰富的人力转化为强大的生产力,进一步体现乡村教育的丰富内涵。

三、乡村教师政策的含义及其个性表现

作为概念的乡村教师政策,目前并没有相应的文献予以专门界定和讨论,只是一些学者在研究我国乡村教师具体政策时有所触及,综合不同的观点,无非以下几种:一是从乡村教师政策与公共政策、教育政策、教师政策的特殊与一般、被包含与包含关系角度,将乡村教师政策定义为"针对乡村教师的公共政策",或"以乡村教师为政策对象的教育政策",或"被进一步具体化的教师政策";二是从单一的政策目标角度理解乡村教师政策,认为乡村教师政策是"党和国家为了调动乡村教师工作积极性、提高乡村教育质量所做出的原则性规定",是"党和政府等政治实体在一定历史时期为了实现一定的教育和人力资源目标、在协调乡村教师内外关系过程中形成的行动依据和准则";三是从政策的内容解读什么是乡村教师政策,认为乡村教师政策是对"乡村教师数量、质量、结构及其生存发展等内容所做的战略性和原则性规定"。

上述多个观点,虽然从不同角度揭示了乡村教师政策的本质,有一定的合理成分,但同时都表现出明显的局限性。事实上,乡村教师政策是一种政

策现象,在这一现象中蕴含着政策问题,负载着一定的价值选择,因此,可从政策现象、政策问题、政策价值负载三个方面理解乡村教师政策。从政策现象观之,乡村教师政策隶属于公共政策范畴,主要以乡村学校教育者为对象,由执政党或政府制定并组织实施,不仅是技术性的,更是高度政治性的,需要反复论证并不断地予以完善。从政策问题观之,乡村教师政策主要针对乡村教师队伍建设的问题而制定,这里所言之问题,总是实践性的而不是理论性的,反映的是乡村教育发展对教师队伍的需求,且必须依赖于公共权威的介入才能解决。从政策价值负载观之,乡村教师政策的价值主要体现在四个方面,即政治价值、社会价值、教育价值、人的价值,不同的价值被政策参与者以不同的方式带入政策过程。

如何建构相关理论,并依据该理论对乡村教师政策的出台过程进行深度阐释,这无疑是一个难题。相比较而言,多源流理论由于系统分析和回答了乡村教师队伍建设弊端如何引起决策者关注、政策备选方案怎样产生、某一思想出现的时机与政策议程何以建立联系等政策核心问题,揭示了政策过程的"黑箱",呈现了利益相关者参与政策的全景图,因而具有鲜明的认识论价值。该理论将政策议程梳解为问题流、政策流、政治流三大源流。所谓问题流,强调问题的产生先于政策,这些问题往往需要以多组数据指标作为客观陈述,通过流行、强大的符号出现或传播而引起政府与社会公众的关注,并通过相关信息的反馈加速自身的建构。所谓政策流,指政策共同体的思想观点与政策建议。政策共同体在当今中国主要由政府官员、人大代表、政协委员、专家学者、社会公益组织代表等组成,不同的主体基于各自的角色身份、价值立场以及资源禀赋,为乡村教师呼喊,相应的思想、建议或彼此对立,或互补结合,形成政策建议的目录。所谓政治流,指政府话语、公众情绪对政策议程的"渗透"与"催化"作用,其中公众情绪又称之为国民情绪,涵盖乡村学校校长、乡村教师、社会普通民众等群体。多源流理论认为,乡村教师政策本质即问题流与政治流初步动态嵌套、问题流与政策流反复动态嵌套、政策流与政治流深度动态嵌套的叠加耦合结果,在乡村教师政策形成过程中,既涉及问题流与政策共同体所提出方案之间的吻合性,也涉及政治流在问题流识别与建构中的制度化约束或推进作用,更包含政治流对政策流的筛选与过滤机制。

  由于乡村教师政策并不是孤立的存在,而是隶属于乡村教育政策范畴,因此,深度意义的乡村教师政策解读,可置于乡村教育政策的大背景下进行。乡村教育是农业文明的产物,是当今世界普遍存在的教育形态,既包括乡村学校教育,又包括乡村社区教育。目前,世界各国的乡村教育政策尽管具有多样性特点,具体措施各不相同,但亦有共性经验。[①] 一是以问题导向作为乡村教育发展的基本策略。主要做法有:对乡村学校进行分类,在此基础上进行差异化管理,如美国将乡村学校细分为边缘、遥远、偏远三个子类别,其中边缘指距市区小于 5 英里的乡村学校,遥远指距市区 5 至 25 英里的乡村学校,偏远指距市区至少 25 英里的乡村学校;注重政策实施的程序性,避免随意性和简单化,如加拿大目前学生总数不足 100 人的乡村学校普遍存在,这类学校虽然办学成本相对较高,但学校撤并程序却十分严格,不但要提供多种机会让公众表达意愿,还通常需要接受第三方的独立调查与审查;注重政策措施的个性化,相应的施策不是简单的支援和帮助,而是遇到什么问题就解决什么问题,哪所学校有问题就解决这所学校的问题,所采取的措施有的注重经济效益,有的注重社会效益,不搞"大一统"。二是以"充足教育"作为乡村教育发展的底线保障。"充足教育"作为一种政策理念,特别关注乡村教育资源配置的合适而不是平均分配,具体表现为:保障乡村学校教师的数量充足,重视群体与个体的可持续发展;关注较为普遍的空置现象,提升乡村学校资源的利用率;致力于长效机制建设,加大保障"充足教育"的制度供给。三是以家庭教育作为乡村教育发展的重要支撑。各国政府通常用法律约束家庭教育的开展,如:芬兰以法律形式推行全民阅读计划,从全社会到各个家庭都形成了浓厚的阅读氛围;瑞典的相关法律规定家长要文明开展对儿童的教育,如果教育方式严重不当,则必须接受惩处,甚至暂时取消家长对孩子的监护权;美国颁布了《儿童和家庭服务改善与创新法案》,不仅为孩子提供生活上的福利服务,更为其照顾者提供教育服务,以确保儿童生活在安全而稳定的家庭中;意大利形成了"家长强制休息"陪护孩子制度,有效阻止了"留守儿童"现

---

① 于海洪.部分发达国家保障乡村教育发展的经验与启示[J].比较教育研究,2018(8).

象。四是以教育信息化作为乡村教育发展的重要抓手。欧美各国在上世纪九十年代便开始研究和推进偏远乡村的教育信息化,如瑞典的远程教育对象主要在边远地区,尤其是边远乡村的特定群体,政府通过推动相关课程建设,培养学生的信息素养和能力,要求学生掌握信息搜索与使用的技巧,能够快速地在网上获取学习资源,提高学习效率。

我国的乡村教育政策往往具有阶段性特征。近代中国,由于一直秉持着"中体西用"原则,因此,相应的乡村教育政策不仅体现为对传统理念的继承和保留,还体现为对已形成模式的进一步发展。新中国成立后,乡村教育政策经历了多次的价值变迁,分别是为乡村政权建设服务、为无产阶级政治服务、为"文化大革命"服务、为社会主义经济建设服务、为新农村建设服务,在此过程中,尽管乡村教育政策制定的非理性、非科学现象突出存在,乡村教育政策执行的资源供给不足、组织与监督不力、目标群体的主动参与意识不强等问题没有得到有效解决,但积累的经验不容置疑,主要是:确立乡村教育发展的国家政策目标,将乡村教育发展列为国家教育发展的政策重心,将普及九年制义务教育作为乡村教育发展的重中之重,将扫除乡村文盲作为国家扫盲的重大政策任务;大力促进乡村基础教育发展,以独具特色的师范教育制度设计为乡村中小学培养和培训合格师资,以开放性的政策安排保障乡村学校的教师供给,以理性与支持性的政策实施加强乡村学校的教师队伍建设;强化政策试验的先行价值,建立乡村教育政策运行的有效激励机制,针对不同时期乡村教育发展中的突出问题与矛盾,制定专项政策,采取专项行动。

第三节 新中国成立至上世纪末我国乡村教师政策的梳理与分析

从1949年新中国成立到20世纪末,我国乡村教师政策具有较为典型的阶段性特征,这种阶段性可用时间清晰地表示,不同阶段的乡村教师政策则表现出一定的个性特点。

一、1949年—1956年的乡村教师政策

新中国成立至1956年社会主义改造完成,是我国由新民主主义社会向社会主义社会过渡的时期,这一时期有四个重要因素制约乡村教师政策的走向和内涵。一是新中国成立时,教育事业发展严重滞后,学龄儿童入学率20%左右,初中入学率仅为6%,全国80%以上的青壮年是文盲,在少数民族地区文盲率更高达95%左右。另外,各类教会学校、由国外给予资金支持和赞助的学校、私立学校大量存在,对前两类学校,需要收回教育主权,对后一类学校,则需要接管并转为公立性质。二是具有临时宪法作用的《中国人民政治协商会议共同纲领》明确规定"中华人民共和国的教育为新民主主义的,即民族的、科学的、大众的文化教育。人民政府的文化教育工作,应以提高人民文化水平,培养国家建设人才,肃清封建的、买办的、法西斯主义的思想,发展为人民服务的思想为主要任务,注重技术教育,加强劳动者的业余教育和在职干部教育,给青年知识分子和旧知识分子以革命的教育"。三是为了让劳动人民及其子女充分享有受教育的权利和机会,国家进行了学制改革,确立了幼儿教育、初等教育、中等教育、高等教育四级学校教育系统,其中初等教育阶段设立小学、青年成人初等学校、业余初等学校和识字学校,中等教育阶段设立中学、工农速成中学、业余中学、中等专业学校以及新的师范学校。四是将开展农民业余教育、提高农民文化水平列为我国文化建设的重大任务之一,开展全国规模的识字运动,规定农民业余教育由各级人民政府的教育部门领导,以"冬学"以及集中与分散相结合为主要形式,实行"以民教民"方针。

上述四个因素,加之新中国成立之初,政权还不稳定,国家财力和物力十分有限,没有能力"另起炉灶"大力发展无产阶级教育机构,导致过渡时期我国乡村教师队伍建设面临的任务主要有两个,即:对旧社会乡村教师进行思想改造,使其转变为具有特定政治觉悟的无产阶级知识分子;扩大乡村教师队伍数量,迎合占全国总人口85%以上的乡村民众教育的需要。相应的政策亦主要围绕这两个任务展开,主要是:1949年召开的第一次全国教育

工作会议,提出要坚持教育为工农服务、为生产建设服务的方针,实行团结、教育、改造的知识分子政策,通过有效的思想政治教育,使教师逐步建立革命的人生观;1951年,中共中央颁发《关于在学校中进行思想改造和组织清理工作的指示》,明确提出对包括乡村教师在内的所有大、中、小学校的教职员进行思想改造工作;同年召开的第一次全国初等教育与师范教育会议,提出了培养百万人民教师的奋斗目标以及正规师范教育与大量短期培训相结合的工作方针,要求尽一切可能吸收和动员城乡失业知识分子和家庭知识妇女受训,多办各种短期师资训练班和速成班,以达到供应大量师资的目的;同年教育部颁发的《关于高等师范学校的规定(草案)》和《师范学校暂行章程(草案)》,对我国师范学校的调整和设置做了相关要求,奠定了我国师范教育的基本格局;1953年召开的第一次全国高等师范教育会议针对中等教育师资紧缺的现状,提出大量裁并初级师范学校,适当增加中级师范学校,有计划地大力发展高等师范学校;1955年教育部颁发的《关于中学教育工作汇报会的通知》,要求深入改造教师思想,提高教师的社会主义觉悟。

从上述列举可以看出,在新民主主义社会向社会主义社会过渡时期,我国虽然出台了一些与乡村教师有关的政策,但这些政策并未突出乡村教育的特殊性,极少涉及乡村教师的特殊身份,而是散见于国家出台的各项教育政策之中。相关的内容既具有鲜明的政治色彩,服务于巩固新生的革命政权,还有明显的量化特点,服务于乡村教育的大规模扩张需要。

二、1957年—1965年的乡村教师政策

从党的八大到"文化大革命"爆发前的十年,是中国共产党开始全面建设社会主义的重要历史时期。在这十年期间,我国虽然经历了资本主义国家对我国长期封锁禁运、苏联撕毁合同并撤销援助、国家遭受战争威胁、发生严重经济困难等多个重大事件,出现了阶级斗争扩大化以及在经济建设中违背客观经济规律、急躁冒进等问题,但取得的成就不容否定,主要是:工业建设规模、能力大幅提高,体系、布局渐趋合理;农业基本建设和技术改造大规模开展,农业生产能力大幅提高;教育与科学技术发展成绩显著,文化

与精神文明建设成果丰硕。

在开始全面建设社会主义时期,对我国乡村教师政策有直接影响的因素主要有四个。一是农民业余教育被赋予新的重要使命,扫盲运动成为当时中国社会发展特别是乡村社会发展的壮观景象。党中央明确提出,有计划有步骤扫除文盲,使广大劳动人民摆脱文盲状态,是我国文化的一次大革命,是国家进行社会主义建设的一项重大政治任务,各地要按照实际情况,在五年或者七年内基本扫除文盲。二是发展农业中学进一步成为一种政策要求。农业中学的创办,不但因为当时乡村初等教育迅速发展,大量小学毕业生不能升学,成为农业劳动者又缺乏相应的知识,还因为农业生产的"大跃进"。这种办学形式最初在部分乡村地区出现,由乡民自发集体举办,后得到中央的肯定,中央认为农业中学是一种重要的中等学校,多办一些农业中学,并把它们办好,是乡村工作同时也是教育工作的当务之急。三是《中共中央、国务院关于教育工作的指示》不但明确提出了"党的教育工作方针,是教育为无产阶级的政治服务,教育与生产劳动相结合",还确立了教育事业"大跃进"的发展目标,即"全国应在三到五年时间内,基本完成扫除文盲、普及小学教育、农业合作社社社有中学、学龄前儿童大多数都能入托儿所和幼儿园的任务,争取在十五年左右的时间内,基本上做到使全国青年和成人,凡是有条件的和自愿的,都可以受到高等教育"。1960年冬开始,随着国民经济"调整、巩固、充实、提高"八字方针的提出,教育工作也进入调整期,事业发展的规模和速度受到控制,教育质量开始得到重视,一大批规模小、质量差、效益低的师范学校被取消,初级师范基本停办。四是以乡促城、以农促工的城乡发展格局逐渐形成,城市教育国家办、农村教育人民办开始成为我国教育发展的主要战略,其突出表现是:国家在经济建设、文化建设的资源配置上明显向城市倾斜,城乡居民的社会身份、社会待遇界限泾渭分明,城市基础教育的投入由国家财政保障,乡村基础教育的投入则以"公办民助"或"民办公助"方式予以解决。

正是上述特定的背景,导致在开始全面建设社会主义时期,我国乡村教师政策以"大规模扩充民办教师"为显著特点,以强化对乡村教师的要求为必要补充。在强化对乡村教师要求层面,相应的政策主要有:1958年颁布的《中共中央国务院关于教育工作的指示》,要求各学校党委重视对教师的思想改造工作;1960年召开的师范教育改革座谈会,围绕如何提高在职教师的政治、文化、业务水平形成初步意见,认为保证师资的政治质量和文化业务水平是当前最迫切的任务之一,在职教师的提高必须坚持统一性与多样性相结合的原则,坚持长期培养和短期训练并举、校内校外并举、政治学习与文化业务并举;1963年颁布的《全日制小学暂行工作条例(草案)》,要求各小学帮助教师进行业务进修和思想改造,充分调动教师为社会主义事业服务的积极性。在民办教师补充层面,主要有三个观察点:一是"运动式""跃进式"普及和发展乡村中小学教育,导致大量民办学校出现,乡村民办教师队伍数量大幅增加;二是扫盲工作的开展,使得乡村地区出现大量业余文化学校,这些业余学校招收了大量民办教师;三是农业中学的兴起,导致乡村地区产生了一批从事农业教育的教师,这些教师主要由下放的农业技术干部、一部分高中毕业生以及当地有丰富务农经验的农民组成。需要说明的是,大规模扩充民办教师,尤其是短期内大量民办教师的加入,虽然一定程度上反映了"大跃进"时期的社会特点,但客观上降低了乡村教师队伍的整体素质,导致我国乡村教育在特定时期内呈现出低水平发展趋势。

三、"文化大革命十年"的乡村教师政策

"文化大革命"期间的所有政策,通常表现出革命性和非规范性特点。所谓革命性,即政策的制定并没有反映社会发展的实际需要,没有尊重社会发展的客观规律,而是盲目服务于"文化大革命"的政治目的,充斥大量的意识形态内容和革命话语,政策的实施亦不是主要依靠广大民众的自觉与努力,而是与政治运动相结合,采取群众运动式的方式推进。所谓非规范性,指向政策的形式。"文化大革命"期间,我国社会陷入动乱状态,国家权力机关和政府部门受到冲击,失去了其本身应有的政策制定和社会管理功能,在此特殊的背景下,国家很少出台形式规范的政策,多表现为"最高指示"、领袖复信、领袖谈话、领导批示、会议报道、重要报纸杂志的编者按语和评论,或通过重要官方媒体的宣传报道,把实践中的典型做法上升为国家政策。

"文化大革命"期间,对乡村教师政策有较大影响的因素主要有五个。一是群众办学得以沿袭并被赋予新的内涵。与过去十七年相比,"文化大革命"时期的群众办学不再包括任何形式的私人办学,而是指以公社、大队为主要组织的群众集体办学,且重点针对小学。二是乡村学校管理以占领无产阶级教育阵地为主旨。"文化大革命"期间,全国各地纷纷向乡村学校派驻"毛泽东思想贫下中农宣传队",组建"贫下中农管理学校委员会"或"贫下中农管理学校领导小组"等组织,上述组织的成员大多是文化程度不高的农民,对学校一切重大事务有最终决定权,在乡村学校管理中发挥决定性作用。三是乡村学校由两种教育性质转向单一结构。"文化大革命"前十七年,我国乡村地区既有普通中小学,又有农业中学,后者隶属于中等职业技术教育范畴。"文化大革命"期间,随着刘少奇提倡的"两种教育制度"被定性为资产阶级教育制度,绝大多数农业中学或停办,或转为普通中学。四是通过学制改革缩短教育年限。"文化大革命"初期,原有的学制受到猛烈批判,在此基础上开展的学制改革,虽然没有统一的政策规定,全国各地的实际做法亦不一致,有五年一贯制、七年一贯制、九年一贯制、中学四年一贯制、中小学五四分段等,但共同特点都是缩短学制。五是教学改革形形色色。其中教学形式强调请进来、走出去,实行"开门办学",课程设置突出政治教育取向与劳动教育取向,削弱了文化基础课程比例,教学评价虽然没有完全废除考查或考试,但随机性较大,没有制度上的硬性规定。

基于上述多个因素制约的乡村教师政策设计,主要围绕三个方面展开。首先,改变乡村教师的管理形式,如1969年教育部出台的《关于将中小学下放到大队来办、开展农村中小学教育大纲》要求乡村教师要接受贫下中农的再教育,乡村教师不再对校长负责,而是受驻扎在学校的"贫下中农管理学校委员会"管理。其次,大量任用民办教师。民办教师取代公办教师成为乡村教育的最重要师资力量,不仅因为公办中小学下放社队导致公办教师转民办,以及"文革"中后期"村村有小学、队队有初中、社社有高中"的乡村办学格局形成,还与原有师范教育体系遭到破坏、公办教师供给严重不足密切相关。这些民办教师不但任用归社队管理,报酬亦主要由社队负责解决,如:1967年中国人民解放军财政部军事管制委员会在批转有关地方上报材料时提出,民办中小学教师工资除国家补助外,由办学单位自己解决;1971年出台的《全国教育工作会议纪要》进一步强调,国家对民办中小学教师只承担"补助"责任;1974年,国务院科教组、卫生部、财政部颁发的《关于中小学财务管理若干问题的意见》规定,农村社队集体办学的经费,应由国家补助、集体负担、杂费收入和勤工俭学收入等方面解决,民办教师实行"工分+补贴"的方式支付报酬,国家安排的民办教师补助费,可按一定比例直接给本人。再次,乡村教师来源多元化。这种多元化主要表现在:伴随着毛泽东的"五七指示",一大批国家干部、教师、知识青年被下放到乡村改造资产阶级世界观,接受贫下中农再教育,成为乡村教师的重要来源;《全国教育工作会议纪要》明确提出教师队伍的改造问题,要求从工厂、农村、部队选调一批工农兵和革命技术人员充实教师队伍,这时的工农兵,不仅代表着革命者形象,还成为乡村教师的又一重要来源。

四、1977 年—1984 年的乡村教师政策

1977 年至 1984 年,是我国改革开放的初始阶段,随着党的十一届三中全会的召开,解放思想、实事求是成为社会发展的主旋律,恢复调整、拨乱反正成为党和政府的阶段性重要任务。这里需要特别说明的是,拨乱反正本质是一种政策性称谓,指的是拨政策之乱,反政策之正。

"文化大革命"之后的恢复调整、拨乱反正是一项全局性工作,乡村教育亦不可能置身其外。由于"文化大革命"时期乡村学校政治挂帅、读书无用盛行,合格教师严重缺乏,教学秩序混乱,教学质量普遍低下,乡村职业技术学校几近绝迹,因此,乡村教育的恢复调整、拨乱反正主要聚焦在五个方面。一是努力恢复乡村中小学正常教学秩序。为了实现中小学教学的常态化与规范化,教育部颁发了《全日制中学暂行工作条例(试行草案)》和《全日制小学暂行工作条例(试行草案)》,强调保障正常的教学时间,保障课程的合理开设,保障基础教育中的基本知识教学和基本技能训练。在此基础上,政府还对乡村高中进行适度集中,基本取消"戴帽"初中,将乡村初中与高中的"二二"学制恢复为"三三"学制。二是将普及乡村小学教育作为乡村教育发

展的首要目标。《中共中央、国务院关于普及小学教育若干问题的决定》明确提出：经济比较发达、教育基础较好的地区，应在1985年普及小学五年教育，其他地区推迟至1990年，极少数经济特别困难、山高林深、人口稀少的乡村地区可适当延长年限，乡村普及小学教育不搞"一刀切"，不搞形式主义，贯彻"两条腿走路"方针。《中共中央、国务院关于加强和改革农村学校教育若干问题的通知》则进一步确立乡村普及初等教育的目标，要求落实到县区和社队，并制定相应的标准。三是调整乡村中等教育结构。政府将发展职业技术教育视为振兴乡村经济、加速乡村现代化建设的一项战略举措，要求各地根据本地区实际需要与可能，有步骤增加一批农业高中和其他职业学校，并在普通高中增设职业技术课，开办职业技术班。四是加强对农民的扫盲教育和农业技术教育。《国务院关于扫盲工作的指示》针对当时农民群众中还有相当数量的文盲现象，将扫除文盲列为提高民族素质的基本要求，并规定了扫除文盲的目标和具体标准。教育部印发的《全国农民教育座谈会纪要》则对农民教育进行了政策性阐释，在继续加强农民扫盲教育的同时，突出了在农民中广泛开展农业技术教育的必要性。五是推动乡村学校教师队伍建设。由于这一时期我国既面临大量学历不合格的民办教师问题，又面临新的教育发展而导致的教师供给不足窘境，因此，政府所出台的政策数量较之以往明显增多，且主要围绕民办教师管理、乡村教师职后培训、乡村教师工资待遇、师范教育等展开。

在民办教师管理层面，相应的政策设计主要表现在两个方面。一方面，针对"文化大革命"期间乡村学校民办教师选拔和管理的乱象，教育部先后出台的《关于加强中小学教师队伍管理工作的意见》以及《转发河北省关于整顿民办教师队伍经验的通知》，对民办教师的管理权、选拔程序、考核办法、补充标准等做出了新的规定。另一方面，推动民办教师转为公办教师。民办转公办是我国乡村教育发展史上较为突出的政策事件，既体现了政府对历史与现实的理解、尊重，也是从特定层面肯定了民办教师对乡村教育发展所做出的贡献，具体的政策举措包括：根据国家财力物力状况，每年安排一定的指标，通过考核将一部分民办教师转为公办教师；将招收民办教师列入中等师范学校招生计划，每年划拨一定指标专门招收民办教师，使他们经过学习后成为公办教师。

在乡村教师职后培训层面,教育部颁发了《关于加强中小学在职教师培训工作的意见》,指出"中小学教育是教育的基础,要采取强有力的措施,尽快地、切实地抓好在职教师培训工作,用极大努力,提高教师的政治、文化和业务水平。要建立健全省、地、县、社和学校的师资培训网络,其中省地建立教育学院或教师进修学院,各县建立教师进修学校,公社建立培训站,不设站的,要有专人负责"。此后出台的《教育部关于加强中小学教师队伍管理工作的意见》《中共中央、国务院关于普及小学教育若干问题的决定》以及《教育部关于加强小学在职教师进修工作的意见》,都明确要求各部门做好教师培训进修工作。

在乡村教师工资待遇层面,相关的政策既突出重点,又兼顾全体。所谓突出重点,指对民办教师工资待遇的关注,教育部颁发的《关于增加中、小学民办教师补助费的办法》不但增加了民办教师的国家补助标准,还要求各地实行社队统筹工资制,切实保障广大民办教师的经济收入,有条件的地区可通过建立福利基金解除民办教师的后顾之忧。所谓兼顾全体,指对所有乡村教师的关心,《中共中央、国务院关于加强和改革农村学校教育若干问题的通知》以及《国务院关于筹措农村学校办学经费的通知》均明确提出要逐步提高乡村教师工资待遇,改善其工作条件和生活条件。

在发展师范教育、为乡村学校输送大批师范生层面,随着高考制度的恢复,不但原有的高等师范院校开始招生,同时新增设了一批高等师范专科学校,中等师范学校则成为中等学校招生的主体。为了推动师范教育的快速发展,教育部出台的《关于加强和发展师范教育意见》要求统筹规划,建立师范教育网,增强师资培养的针对性和层次性,在三到五年内使现有小学、初中、高中的大多数教师分别达到中等师范、师范专科和师范学院的学历水平。两年后,教育部又召开了全国师范教育工作会议,颁布了《关于师范教育的几个问题的请示报告》,会议和文件重申了师范教育的重要性,进一步明确了各级师范院校的培养任务,要求师范院校采取举办函授、讲习班、夜校、短训班等多种形式承担中小学教师的培训任务。

在相关政策的直接推动下,我国乡村教师队伍建设与管理逐渐走向规范化道路,待遇和地位逐步得到提升,整体素质较"文革"期间有了很大的改善。但客观而论,这一时期的乡村教师政策从整体上尚不成熟,部分政策条目比较模糊,政策涉及面比较狭窄,有些政策表现出浓厚的政治色彩。

五、1985年—1999年的乡村教师政策

1985年,《中共中央关于教育体制改革的决定》正式颁布,这在新中国教育政策建设中具有新的里程碑意义。上述文本清晰阐明了教育体制改革的动因与根本目的,确立了教育体制改革的内容和任务,提出了保证教育体制改革顺利进行的制度措施与组织方略。

1985年至1999年,我国乡村教育政策主要聚焦四个方面。一是推进乡村教育管理体制和经费保障机制改革,逐步实施九年制义务教育。1986年,《中华人民共和国义务教育法》颁布,这是新中国成立后出台的第一部专项教育法,该法律文本进一步明确了义务教育在国务院领导下、地方负责、分级管理的体制,为乡村有步骤实行九年制义务教育提供了法律支持与保障。1987年,国家教委、财政部印发了《关于农村基础教育管理体制改革若干问题的意见》,提出应从实际出发,科学划分地方各级政府管理基础教育的职责权限,要求扩大乡一级政府管理乡村学校的职责权限,发挥村组织在解决学校危房、改善办学条件等方面的作用。八十年代中期以后,我国乡村义务教育投入体制发生重大变化,其中财政预算内拨款主要由市县级地方财政负担,中央和省级财政只负责对贫困和少数民族地区提供专项资金与补助,而地方财政预算经费很大程度上依赖于征收乡村教育费附加,农民集资、学生杂费收取等亦成为乡村义务教育经费的重要来源。1994年,由于我国乡村发展不平衡问题较为突出,加之财政体制实行分税改革,国务院在《〈中国教育改革和发展纲要〉实施意见》中提出"县级政府在组织义务教育实施方面负有主要责任,包括筹措教育经费、调配和管理中小学校长与教师、指导中小学教育教学工作等,另外,有条件的经济发展程度较高的地区,义务教育经费仍可由县乡共管,充分发挥乡财政的作用"。二是推进乡村扫盲工作。截至上世纪八十年代中期,我国扫盲工作虽然取得显著成效,但乡

村的文盲与半文盲现象依然存在,在一些贫困地区,扫盲任务依然十分繁重。基于上述现状,国务院发布了《扫除文盲工作条例》,明确提出了扫盲的对象、脱盲的标准以及扫盲的形式,对扫盲工作的组织领导、经费保障、验收制度等重新进行规定。1993年,国务院对《扫除文盲工作条例》进行修订,在目标层面提出了更高要求。同年,《中国教育改革和发展纲要》要求"大力发展乡村成人教育,积极办好乡镇成人文化技术学校,抓紧扫除青壮年文盲。各级政府要增加扫盲拨款,设立扫盲基金,把扫盲任务落实到乡、村"。三是推进乡村教育结构改革,主要是:建立乡村教育综合改革实验区,并实行"点上深化、面上推广"的政策行动方略;实施"燎原计划",充分发挥乡村各级各类学校的智力、技术等相对优势;推进"农科教"结合,明晰其目的、任务和工作重心,并最终上升为法律规定。四是深化乡村教师队伍建设。相关的政策设计主要聚焦推动教师队伍建设法制化、为乡村义务教育培养合格师资、着力解决民办教师存留问题等。

推动乡村教师队伍法制化建设是这一时期我国乡村教师政策较为显著的特征之一。1986年7月开始施行的《中华人民共和国义务教育法》以法律形式规定,教师应当取得国家规定的教师资格,各级人民政府应鼓励、支持城市学校教师与高等学校毕业生到乡村地区从事义务教育工作。1994年元月开始施行的《中华人民共和国教师法》规定了教师的权利和义务、资格与任用条件,对教师培养、培训、考核、待遇、奖励以及法律责任等进行阐释。1995年9月开始施行的《中华人民共和国教育法》规定,国家实行教师资格、职务、聘任制度,通过考核、奖励、培养和培训,提高教师素质,加强教师队伍建设。

培养合格教师是这一时期我国乡村教师政策又一较为显著的特征。早在1985年,《中共中央关于教育体制改革的决定》便明确指出:"建设一支有足够数量的、合格而稳定的师资队伍,是实行义务教育、提高基础教育水平的根本大计"。为了培养合格师资,国家教委办公厅于1987年印发了《中等师范学校面向农村培养合格小学师资座谈会纪要》,强调中等师范学校主要为农村培养合格小学教师服务。1990年,国家教委印发了《关于当前师范专科学校工作的几点意见》,强调师范专科学校要坚持为基础教育服务的办学方向,主动适应乡村教育改革的需要,努力培养合格初中教师。国家教委还先后出台了《关于加强在职中小学教师培训工作的意见》《关于开展小学教师继续教育的意见》,要求对在职中小学教师进行专业培训,务必使绝大多数中小学教师的专业素质得到提升。

在推进合格教师培养过程中,民办教师暴露的问题日益突出,引起国家的重视。1988年出台的《关于农村年老病残民办教师生活补助费的暂行规定》,要求对离开工作岗位的乡村老、病、残民办教师发放生活补助费,补助费按月发放,标准由各省、自治区、直辖市根据当地经济情况自行制定。1992年,国家教委、国家计委、人事部、财政部联合下发了《关于进一步改善和加强民办教师工作若干问题的意见》,提出当前和今后一定时期内民办教师工作要以减少数量、提高质量、改善待遇、加强管理为总的指导思想,统筹解决民办教师问题,进一步调动广大民办教师教书育人的积极性,促进乡村基础教育事业的发展。1993年,中共中央、国务院印发的《中国教育改革和发展纲要》指出,乡村学校存在大量民办教师是历史形成的,各地要改进民办教师工资管理体制和统筹办法,逐步使民办教师与公办教师同工同酬,通过多种途径,逐步减少民办教师的比重。

1985年至上世纪末,我国乡村教师队伍建设虽然取得明显成效,但仍存在较为明显问题,其中与政策密切相关的问题主要表现在三个方面。首先,由于基础教育实行县乡管理,乡村教师的工资也由县乡政府发放,导致经济落后地区乡村教师的待遇不但得不到提高,而且出现了拖欠正常工资现象,这种拖欠的数额之大、时间之长、范围之广,甚至在新中国成立的历史上都未出现过。其次,由于城乡教育差距的存在,特别是重点学校制度的强化,使得乡村优秀教师大量流入城市,或流向国家行政机关、商业部门。这种流失,犹如釜底抽薪,进一步加剧了乡村教师结构不合理问题。再次,大量民办教师转为公办教师,成为青年教师进不来的重要缘由之一。新鲜血液的缺乏,不但使得乡村教师队伍年龄老化的现象日趋严重,而且导致一些学科专业教师的普遍匮乏。

第二章

新世纪我国乡村教师政策出台的多元背景

进入二十一世纪,特别是2006年以后,我国乡村教育发展进入黄金期,乡村教师政策密切、大量出台,由此引发的思考则是,新世纪我国乡村教师政策出台的动因是什么？庞丽娟等认为,促进城乡之间、区域之间教育资源的合理配置和义务教育的均衡发展,大力发展乡村教育事业,是教育扶贫工作的重点,而完善并落实乡村教师政策,则是实现教育精准扶贫的现实要求。[1] 孙德芳等通过问卷和访谈得出结论,政策建构与完善不仅是乡村基础教育改革深入推进的呼唤,更是乡村一线教师的殷切期盼,乡村学校的条件差、教师的福利待遇得不到保障、缺乏发展机会等诸多客观因素,需要一系列相关政策给予保障与支持。[2] 周兆海认为,传统社会的乡村教师地位依托于礼制道义,乡村教师由于履行教化职责,共享相应的"族权"和"神权",因而享有较高的社会地位。现在的乡村教师则与政府存在从属关系,其地位高低更多依赖于政府体制的政策力量。[3]

笔者以为,新世纪我国乡村教师政策的出台,原因错综复杂,既涉及国内,又涉及国外,既有教育外部因素,又有教育内部因素,只有全面把握,才能进一步深化对相关政策的理解。

---

[1] 庞丽娟,金志峰,杨小敏.新时期乡村教师队伍建设政策研究[J].中国行政管理,2017(5).
[2] 孙德芳,林正范.农村教师的生存发展现状及政策建议[J].教师教育研究,2014(6).
[3] 周兆海.农村教师社会地位变迁及其深层致因[J].河北师范大学学报(教育科学版),2016(2).

第一节 国外的影响

国外对我国乡村教师政策的影响主要表现在两方面。一方面,许多发达国家较早开展乡村教师研究,积累了诸多经验,提出了很多观点,这些经验或观点通过影响我国学界乡村教师政策研究,间接影响相关政策的内容与过程。另一方面,一些发达和发展中国家的乡村教师政策已相对成熟,且表现出普遍关注招募与保留、学习与发展、收入与补贴等共性特点,这对处于改革开放中的中国,不可能没有启示意义。

一、发达国家乡村教师研究的特点

查阅相关文献,发达国家乡村教师研究主要聚焦三个问题。一是关于乡村教师的价值。Queitzsch 等通过调查研究发现,新技术与社会发展给乡村教育带来了全面而巨大的挑战,乡村教师是否不断更新教育理念,构建新的课程并创新教学方法,直接关系到乡村教育能否改变乡村学生固有的生活观念与文化习惯,提升其与时俱进的工作技能。Brookhart 等通过样本观察,认为乡村教师的阅读教学水平直接影响着学生的阅读能力,乡村教师的阅读教学水平越高,其学生的阅读能力发展越快。二是关于乡村教师的生存。Motley 等通过调查发现,提升乡村教师的地位,改善乡村教师的生活环境,提供乡村教师专业发展的条件与机会,对乡村教育而言至关重要。Lassig 等对乡村教师的生存困境进行分析,认为教育市场化背景下的乡村教师流动通常是为了使其子女接受更好的教育。Acheson 等从情感角度探讨乡村教师的生存问题,认为忽视教师社区建设,缺乏相关体制支持,必然导致乡村教师缺乏工作动力,其职业倦怠感明显且工作中的自我效能感低下。三是关于乡村教师的建设与发展。Roberts 从资源配置视角提出了吸引和留住乡村教师的有效措施,认为应尽量避免将乡村的劣势与城市的优势进行比较,充分彰显乡村社会与乡村经济的独特性与优越性,促使乡村教师增进乡村认同感及职业认同感。Falvo通过质性研究发现,乡村教师使用互联网新教学技术,有助于抵消在乡村的孤独感,有助于乡村教师增进以学习者为中心的教学,有助于开展合作学习。Johnson从教师的自我体验出发,基于案例研究与个人访谈,认为增进教育知识以及提高教育技能,是促进乡村教师专业发展的有效措施。

政策的供给与实施通常在探讨乡村教师发展保障机制时被提及,另外,由于国外的乡村教师研究侧重于以问题为导向,因此,乡村教师生存与发展状态往往成为相关政策研究的始点。许多学者提出,收入偏低、发展的机会与资源偏少、生存环境与工作条件相对较差、对乡村学校文化的适应力和改造力较弱,是导致乡村教师留职率低、队伍建设任务艰巨的普遍原因。Liu与Johnson则认为,由于城乡经济发展水平差距过大、种族歧视是影响乡村教师专业发展的重要原因,因此必须从政策导向、经济待遇、法律制度等方面对乡村教师专业发展提供支持。

虽然国外学者通常立足于本国乡村教师的现实问题开展研究工作,且在具体的研究内容、研究视角、研究对象、研究方法、研究手段等方面各有侧重、各有千秋,但同时在研究范式与方法论层面呈现出以下四个共同特点:[1]

第一,研究内容突出微观性,强调"小题大做"。如:Patricia等在探讨乡村教师的专业特征时,没有试图阐述所有学段乡村教师的心理与行为特征,而是仅考察19所乡村高中的教师,研究这些教师的个体差异及其对课堂中使用激励策略的影响;Brookhart等在探讨乡村教师专业发展策略时,致力于构建一种"有意学习教学"的专业发展形式,通过描述6名乡村教师在课堂教学和探究学习中的形成性评估,说明"有意学习教学"是乡村教师专业发展的有效策略;Collins等在探讨乡村教师专业能力对学生学习成效影响时,避免采取全面分析之策略,而是仅从词汇教学入手,检验乡村教师词汇教学水平与乡村学生词汇推理技能之间的关系。

第二,研究视角呈现多元性,注重不同学科交叉。如在探讨乡村教师队

---

[1] 徐红,董泽芳.发达国家乡村教师研究的特点及启示[J].教育科学,2020(1).

伍建设问题时，Bell 和 Steinmiller 从社会学视角分析了乡村教师短缺的原因，在此基础上提出破解乡村教师短缺问题的有效对策；Roberts 从管理学视角探讨乡村教师配置模式，认为乡村地区与优越的大城市和沿海地区相比明显处于劣势，这种劣势导致一些乡村教师因缺乏对乡村地区及乡村学校的认同而流失；Patricia 和 Sullivan 从心理学视角对 75 名乡村高中教师展开混合研究，结果表明，乡村教师普遍承认自己因缺乏相应知识与能力而在课堂上缺乏激励学生学习的有效策略。

第三，研究方法凸显实证性，强调专业的量化分析。Motley 等通过叙事方式对澳大利亚偏远乡村地区的教师展开调查，试图明晰这些乡村教师的处境是否处于不利地位，这种不利地位是否影响教学活动以及教师自身的专业发展。Helvenston 运用在线调查、电话交流、面对面访谈等混合式调查法，对美国佛罗里达州乡村初任小学教师的专业现状进行统计和分析，认为这些乡村教师的关注点重在阅读的知识与技能，对专业发展的其他活动关注不足，尤其是在追求持续变化的专业发展方面用时不足。Murray 等基于课堂满意度能够反映受训教师接受培训课程的有效性这一立场，运用实验研究法开展相关研究工作，在此基础上确定了早期小学教师的培训课程设置。

第四，研究成果注重操作性，彰显实践价值。如针对乡村教师明显短缺问题，Bell 等提出有效的破解策略是招募潜在的乡村教师，并形成四大战略；Booker 等针对乡村学校难以留住教师的现实，提出包括提供乡村教师获得额外奖金机会与专业发展机会的职业阶梯计划，该计划明确规定教师必须完成与学生学业有关的课程及辅导工作后方能获得相应的奖金，详细阐述了操作程序以及相应三个阶段教师获得额外奖金的资格条件；Tytler 等认为乡村教师专业发展的影响因素除了乡村教师自身外，还包括乡村教师所处的整个教育系统以及区域背景，为此，应从乡村教师所在学校的教师群体、校长及学生层面构建乡村教师专业发展的第一维框架，从乡村教师所在学校之外的更为广阔的教师社区构建乡村教师专业发展的第二维框架，从家长、领导及学校委员会的话语社区构建乡村教师专业发展的第三维框架。

二、部分发达和发展中国家乡村教师政策的具体呈现

不同国家的乡村教师政策虽有一些共性特点,但同时表现出一定的个性色彩,共性体现的是政策发展趋势,个性则是国情差异的政策表现。

美国乡村地区学校位置偏远,社会文化活动缺乏,教师收入较低,专业发展受阻,所有这些,对招聘和留住乡村教师提出了严峻挑战。为建设高质量的乡村教师队伍,美国联邦政府以立法形式对公立学校教师的素质做出了相关规定,要求所有公立学校核心科目的任课教师必须是"高度合格的",在此基础上,联邦政府与各州政府主要围绕经济激励、加强在岗培训、信息技术支持等发挥政策效应。在国家层面,美国联邦政府于 2000 年签署了"乡村教育成就项目",这是美国历史上第一次专门针对乡村教育实施的拨款法案,主要指向那些由于缺乏人员和资源而无法有效争取联邦拨款的乡村学校。项目规定,对学生人数小于 600 的乡村学校,按照学生人数来分配资助金额,对贫困家庭学生占 20% 以上的学校,依据贫困生比例分配资助金额。2003 年,联邦政府颁布了《乡村教师住房法案》,该法案适用于人口少于 100 万的乡村地区以及土著人口较为集中的乡村地区,旨在为这些乡村地区公立中小学的教师和工作人员提供住房保障,联邦政府每年为这个法案提供 0.5 亿美元的资助。2005 年,美国国会通过了《乡村教师保留法案》,该法案规定现有的乡村教师和那些志愿到乡村学校工作的教师每年可获得 200 美元的额外奖金,已在乡村学校工作三年以上的教师以及志愿到乡村学校工作三年以上的教师每年可获得 3 000 美元的额外奖金。2006 年,联邦政府从年度教育预算案中单独划拨 5 亿美元,用于"教师激励金",为处于经济拮据、条件糟糕学校工作的教师提供奖励。2007 年,为解决乡村学校数学、科学教师短缺问题,联邦政府拨款 300 万美元设置专门的培训项目,该项目由学区选拔推荐受训人选,由相关专业机构提供网络教育课程。2009 年,联邦政府颁布了《美国恢复与改造法案》,致力于提高美国师资分配的公平性,同时为提高边远、贫困地区教师质量提供资金保障,该法案要求对教师质量保持长期、全面和系统的战略眼光,确保实现教师分配的

公平性和提高教师质量的有效性。2018年,美国国会通过了《解决教师短缺法案》,明晰美国乡村教师队伍目前存在的主要问题,提出一系列激励性的解决措施,包括服务奖学金和贷款免还、多途径提高教师留任率、新教师的入职指导与培训、培养高素质的校长、提供有竞争力的薪酬、出台新的招聘政策等。在地方层面,美国各州政府也普遍采用经济激励措施来招募和保留乡村教师,推动乡村教师专业发展。几乎所有的州均设立了家乡教师项目和新教师指导项目。家乡教师项目从职前阶段入手,采取定向招生、定向培养和定向就业的教师补充思路,从乡村地区选拔有天赋且有意愿的学生到当地的高等教育机构、教师教育机构学习,毕业后回到家乡的乡村学校任教,或至少在乡村薄弱学校任教5年。新教师指导项目旨在为新教师提供入职阶段的支持,包括上岗指南、简化教案、提供进修等内容。各州还根据自身的实际情况,制定相关政策,如:北卡罗来纳州不但为愿意在乡村地区任教三年以上的教师每年提供3 500美元的保留金,还通过"补偿包"项目,为乡村教师提供住房选择、同行帮助以及汽油补贴;马萨诸塞州每年均面向全国发出乡村教师招聘邀请,入选者将获取2万美元奖金,这些奖金分四年发放,其中第一年8 000美元,其余三年每年4 000美元;密西西比州实施了乡村教师住房补助项目,为已经工作或准备工作三年以上的教师提供住房资助,每年资助金额不超过6 000美元;田纳西州将乡村教师在线专业发展作为其"阅读优先"计划的一部分,通过相关课程设计,帮助、指导乡村教师科学阅读;蒙大拿州以在线研讨会方式,为乡村教师提供讨论和解决问题、实现专业发展的机会。

　　澳大利亚有超过三分之一的儿童在乡村地区上学,乡村学校师资匮乏、流失现象严重是多年来始终困扰澳大利亚乡村教育发展的两大问题。为了解决上述问题,澳大利亚联邦政府及各州政府分别从职前、职后两个层面强化相关政策设计。在职前层面,政府设立了两类奖学金。一是全程学习奖学金,即学生在职前学习阶段每年都会得到一定数量的奖学金,如新南威尔士州规定,修读乡村急需学科专业的学生,每年可获得5 000澳元的奖励,毕业时到乡村学校就业,还可获得3 000澳元的补助。二是教育实践奖学金,这类奖学金专门用于资助学生参加乡村教育实践,如昆士兰州规定,短缺学科专业的学生参与乡村教学实习,可获得1 500澳元的专项奖励。为进一步提高乡村教师职前培养质量,澳大利亚政府资助开展了乡村教师职前培养的全国性研究,并从2008年开始,先后实施了三个项目,分别是"乡村和偏远地区教师教育变革""革新乡村地区教师教育课程""乡村学校职前教师吸引与留任策略",上述三个项目各有侧重,最终形成了一个完善的"为乡村准备教师"模型。在职后层面,政府通过岗位补助、交通补助和住宿补助等专项补助的方式,提升乡村教师的薪酬待遇。专项补助按照学校所在地的经济状况逆向倾斜,即条件越差的地方补助额度越高,如新南威尔士州乡村教师每年最高的岗位补助仅为5 000澳元,而西澳大利亚州乡村教师的岗位补助则从5 000—13 730澳元不等。为了鼓励乡村教师长期留任,澳大利亚还普遍设置了乡村教学工龄津贴,具体标准依据教师在乡村服务时间的长短决定。澳大利亚特别重视新入职乡村教师的指导工作,规定每一位新教师都必须配备经验丰富的指导教师,指导教师作为引导者和顾问,要让新教师更快适应乡村教学环境,更好掌握乡村教学技巧,实现职业角色的转换。2001年,澳大利亚政府颁布教师适应能力建设计划,通过开设网络在线课程、建立在线社区、远程教育等方式,为在职乡村教师提供有效指导,每个教师可以通过访问一系列的在线参考互动模块,获取教学技能和情感态度的相关知识。维多利亚州、西澳大利亚和南澳大利亚州将工作能力培训作为强制性常规项目,要求乡村教师每年必须接受专业培训。

需要特别说明的是,澳大利亚的乡村教师政策支持系统并非一成不变,而是经历了从"不足模式"到"拟合模式"的变迁过程。[1] 所谓"不足模式",其潜在假设是,乡村教师在知识、技能和素质方面落后于城市地区教师,需要外界给予额外的经济支持和技能培训。与之相对应的政策举措,通常较为注重外部条件性支持和激励,忽略了乡村教师所处的特殊工作环境,其结果不但强化了教师到乡村学校工作的功利性目的,同时进一步凸显了乡村教

---

[1] 乔雪峰,杨佳露,卢乃桂.澳大利亚乡村教师支持路径转变:从"不足模式"到"拟合模式"[J].比较教育研究,2018(5).

师在教育系统中的弱势地位。所谓"拟合模式",其基本认知是,乡村是有别于城市的异质性社会空间,而不是偏僻落后的封闭环境,教师行动由个体特质与社会空间的属性所共同决定,教师在社会空间中逐步发展出独特的认知、情感和态度。基于上述认知,澳大利亚近十年的乡村教师政策注重从需求入手,以专项支持消缓场域落差,以共同体消除教师孤立感,通过营造支持性的学校组织环境,发展基于场域的实践,优化乡村教学空间,使教师扎根成为立足于乡村教育的在地工作者。

法国上世纪八十年代即提出"优先教育"理念,政府基于"给予最匮乏者最多、最好"的原则,对学生学业失败率较高的地区实行特殊的教育补偿,其主要举措是在学业极其困难的城区或乡村划出一定的区域,设立教育优先区,教育优先区根据学校的外部条件和内部条件确立,外部条件包括学校所处地理位置、社会经济状况、家庭条件,内部条件指学生的入学率、辍学率、升学率、外籍学生占比等,教育优先区一旦确定,所在学校即享有小班教学、小组活动、创新教学、3岁前儿童学前教育等一系列特权。为了鼓励和引导高校毕业生及教师到"教育优先区"的学校任教,法国政府对初次分配到"教育优先区"任教的教师,提供每人每年12 594法郎的特殊补贴,连续补贴三年。所有在教育优先区任教的教师,每年可享受6 900法郎的"特殊工作补贴"。上述政策设计,一定程度上减缓了由于工资不平等而导致的乡村教师"逆向流动"现象,为吸引优秀教师到经济落后地区、薄弱学校提供了现实基础。

加拿大虽以马赛克式的多元文化著称,但多元文化的价值观念并不能直接转化成深层次的社会平等。为了推动教育均衡发展,提升乡村教师的专业能力,吸引更多优秀教师为乡村学校服务,加拿大联邦政府、各省政府主要围绕经费投入、师资补充、培养培训等优化政策措施。在经费层面,由于作为乡村教育组成部分的原住民教育一直是加拿大教育的难点和弱点,因此,联邦政府近年来持续加大对原住民保留地的教育经费投入,2014—2016年每年增加4.5%的财政拨款预算,2015年开始提供至少4年的强化教育基金,2015年和2016年每年提供5亿加元基础设施基金。各省也将乡村学校列为教育经费投入重点,纽芬兰省政府于2006年颁布并实施《教育与我们的未来：追求创新与卓越之路》，该计划将加大教育投资、完善基础设施作为解决乡村学校问题的主要对策考量。曼尼托巴省政府于2007年召开专门会议讨论乡村地区教育政策发展方向，宣布增加教育经费投入3.3%，教师专业发展经费高达1 300万加元，重点投向乡村学校。在师资补充层面，联邦和各省政府通过设置多种教师职位，聘任文化督导、课程专家、代课教师、教学助手及资源教师等，改善乡村教师短缺的现状。文化督导主要负责协调各校读写课程教师的共同协作与经验交流，在解决相关师资短缺的同时，为教师专业发展提供机会。课程专家主要负责乡村学校课程研发，通过观摩课堂教学、为教师提供咨询服务、建立不同学校教师互助伙伴关系等方式，解决教师可能面临的教育困惑，促进教师的专业成长。代课教师主要来源于当地退休教师或已取得教师资格证的兼职教师，少数乡村学校基于资源匮乏，可将教育学专业毕业、尚未取得教师资格证的人员列入范围。教学助手与资源教师主要针对乡村地区学生群体结构日益复杂的现状而设立，其目的是有针对性地帮助移民学生、少数族裔学生，满足部分学生的特殊需求。在培养培训层面，不同主体的密切合作成为亮点。阿尔伯塔省政府针对乡村教师教育制定了五年计划，通过政府、职前教师培养高校、教师协会、学校管理部门与校董联合会的相互合作，从职前培养、入职辅导、职后培训三个层面全方位地推进乡村师资队伍建设，实现了乡村教师的有效供给。英属哥伦比亚大学与本省教育部及18个乡村学区建立了伙伴关系，实施了推动乡村学习的创新项目，主要奖励、资助乡村地区中小学具有创新性、实效性、合作性的教学项目。加拿大西部四省和三个特别行政区基于相似的教育背景和现状，签署了教育合作协议，试图通过课程资源共享、建立乡村教师学习共同体等，实现区域教育的协同发展。

　　日本上世纪中期开始，偏僻地区学生辍学率不断升高，升学率持续走低。为了解决上述问题，日本政府制定了《偏僻地区教育振兴法》，该法将偏僻地区定义为"交通、自然、经济、文化等条件不好的山区、孤岛及其他区域"，并按照一定标准将偏僻地区学校划分为五个等级，规定"为了振兴偏僻地区的教育，中央财政补助市町村在乡村贫瘠地区办学的费用"。进入新世纪后,随着社会经济实力的持续增厚,城市化水平的不断提高,乡村地域的狭小化趋势明显,日本已形成一套完整的乡村教师政策保障体系。在报酬方面,日本将乡村教师纳入公务员队伍范畴,由国家确保其工资和福利待遇,并实行全国统一的标准。乡村教师之间的收入差异,只与工作年限的长短有关,城乡教师之间的收入差距,在于后者有额外的乡村教师津贴。在评比方面,日本乡村基础教育阶段教师免评职称,没有先进与后进之分,一旦确定教师身份,便是终身制。在管理方面,日本乡村教师以县为单位进行管理,县教育委员会统一负责乡村教师招聘、培训、交流、评价工作,学校没有权力决定招聘和解雇教师,所有乡村教师都必须参加与自己任职年限相对应的培训。为了应对乡村的"空心化"和"荒废化",日本政府还修订了有关法律,进一步提高乡村教师的生活待遇,为乡村教师提供免费宿舍或低价住宅。

印度有着广阔的乡村地区,大多数人口聚集在乡村,由于乡村地区环境恶劣、教师待遇低、基础设施和社会服务设施落后,印度的乡村教师面临严重短缺窘境,单一教师学校普遍存在于印度教育系统中。为了解决乡村教师数量短缺、质量不高问题,印度政府采取了若干保障措施。一是提出"在乡村地区兴建各种住宅区,提供各种特殊津贴、奖学金或其他鼓励措施"。在旁遮普邦,乡村教师除了获得人力资源开支津贴之外,还可以得到乡村地区津贴。在卡纳塔克邦,偏远乡村地区的工作年限被列为教师能否获得调动机会的重要因素。二是通过降低生师比缓解乡村师资不足困境。印度初等教育普及计划最初将标准生师比定为40∶1,2009年颁发的儿童免费义务教育法案则将生师比修订为30∶1,目前这一比例在国家层面已经实现。三是建立优秀合同教师转正制度。上世纪八十年代后期,印度各邦开始雇用年度或短期合同教师,以应对乡村师资短缺与财政投入不足等难题。为了将在岗的合同教师正规化,印度政府近年来在逐步提高合同教师薪酬的同时,推动其中的优秀者转为长聘固定教师。四是招募当地乡村背景教师。印度政府明确要求"在乡村和部落地区招聘教师,应尽量选择本地人,并在必要时放宽合格教师的条件",在此背景下,奥迪沙、贾坎德、比哈尔邦上世纪九十年代便开始在乡村学校引进当地招聘的教师,中央邦政府则进一步推出了以当地招聘教师为基础的教育保障计划。五是建立乡村教师培训机构。印度"十一五"教育发展规划在已建立地区教育培训学院、乡资源中心、区资源中心的基础上，提出建立邦和县级教师培训体系，以加强对乡村教师的培训，促进他们的专业发展。印度还先后实施了初等教育普及计划与中等教育普及计划，通过这两个计划，督促各邦将大量资源用于乡村教师在职培训，为其提供相应的经费支持。

俄罗斯乡村教育在整个国民教育体系中占有十分重要的地位。由于城乡教育差距过大，严重制约义务教育均衡发展，因此，政府的政策主要围绕改善乡村学校条件、提高乡村教师地位、保障儿童受教育机会等展开，其中提高乡村教师地位的政策设计主要表现在两个方面。一方面，改革薪酬制度，提高乡村教师收入。俄罗斯教师的薪酬最初由课时量决定，2002年起，由统一的工资表制度向行业工资体系过渡，教师的工资水平更多地取决于学历高低、教学和科研年限以及技能情况。2007年以后，联邦政府出台了新的教师薪酬制度，规定教师工资包括基础工资和激励工资两部分，基础工资由课内外的教学活动构成，占总额的60%，激励部分主要取决于劳动的质量和成果，占总额的40%。上述制度保证了教师所从事的各种工作活动都劳有所得，对于乡村教师的意义尤为重大。另一方面，修改教育法案，增加乡村教师福利待遇。2004年，联邦政府对《联邦教育法》进行修改，给乡村地区的教育工作者以生活条件和公共服务方面的优惠，并用现金的方式予以补贴。2010年，俄联邦国家杜马通过了《关于教育工作者社会保障措施的俄联邦法案修正案》，明确规定：在乡村地区生活和工作的教师享有免费的住房、照明、取暖等社会保障措施，各项措施惠及教师的所有家庭成员，相应的经费支出由俄联邦政府保障；在乡村地区工作不少于10年的教师将获得联邦政府发放的养老金。

第二节 国家重大发展战略的提出与实施

国家战略是为维护和增进国家利益、实现国家目标而制定、采用的方略,包括政治战略、经济战略、心理战略、军事战略等多个不同类型。进入新世纪,我国基于外部形势和国内现状,对一些重大发展战略进行调整,这种调整,必然直接或间接影响我国乡村教师队伍建设的目标定位和具体举措。

一、全面建设小康社会

"小康"是中华民族自古以来的憧憬和守望,是广大人民群众对富裕、殷实生活追求的目标。《诗经》中"民亦劳止,汔可小康"通常被认为是对小康生活形态的最早描绘,自此以后,先人试图从不同视域对"小康"予以深刻阐释,如:"故天成,长兴间,比岁丰登,中原无事,言于五代,粗为小康"侧重于从经济角度对小康社会进行描述;"嗣守神器,每乾乾惕厉,勤念生灵,一物失所,无忘罪己,聿来四纪,人亦小康"侧重于从环境角度对小康社会进行描述。

新中国成立以来,党和政府对小康社会的认识经历了一个逐步深化的长期过程。1964年,周恩来在政府工作报告中描绘了国家"两步走"的发展蓝图。第一步是用15年左右时间,建立一个独立的、比较完整的工业体系和国民经济体系,使我国工业大体接近世界先进水平。第二步是力争在二十世纪末,使我国工业走在世界前列,全面实现农业、工业、国防和科学技术四个现代化。1979年,邓小平在接见时任日本首相大平正芳时首次提出"小康"一词,并将其引申为建设有中国特色社会主义的重要概念。1987年,党的十三大召开,大会确立了"三步走"的发展战略,明确提出到1990年,实现国民生产总值翻一番,解决人民温饱问题,到20世纪末,国民生产总值再翻一番,人民生活达到小康水平。1997年,党的十五大召开,大会确立了"新三步走"发展战略,提出到2010年,实现国民生产总值比2000年翻一番,人民的小康生活更加宽裕;再经过十年的努力,到建党100周年时,国民经济更加发展,各项制度更加完善;到21世纪中叶建国100周年时,基本实现现代化,建成富强民主文明的社会主义国家。2002年,党的十六大召开,大会丰富和发展了邓小平的总体小康思想,提出了新世纪开始20年我国全面建设小康社会的奋斗目标及各项举措。2007年,党的十七大报告提出了实现全面建设小康社会奋斗目标的新要求,主要是:增强发展协调性,努力实现经济又好又快发展;扩大社会主义民主,更好地保障人民权益和社会公平正义;加强文化建设,明显提高全民族文明素质;加快发展社会事业,全面改善人民生活;建设生态文明,基本形成节约能源资源和保护生态环境的产业结构、增长方式和消费模式。2012年,党的十八大首次提出全面建成小康社会,庄严承诺到2020年实现全面建成小康社会的宏伟目标,具体包括五个方面,即:国内生产总值和城乡居民人均收入比2010年翻一番;人民民主不断扩大;文化软实力显著增强;人民生活水平全面提高;资源节约型、环境友好型社会建设取得重大进展。2017年,党的十九大在综合分析国际国内形势和我国发展条件的基础上,提出新"两步走"的战略安排,其中第一阶段指2020年到2035年,要求在全面建成小康社会的基础上,奋斗十五年,基本实现社会主义现代化,第二阶段指2035年到本世纪中叶,要求在基本实现现代化的基础上,再奋斗十五年,把我国建成富强民主文明和谐美丽的社会主义现代化强国。

  从上述列举可以看出,小康社会是一个历史和时间的概念,是一种极具动态性的社会形态。上世纪八九十年代所言之小康,偏重于物质消费,是发展不均衡的低标准小康。本世纪所言之小康,致力于缩小地区、城乡、各个阶层差距,追求经济、政治、文化、社会、生态的共同发展,是较高标准小康。全面建成小康社会的提出和实践,不但反映了党和政府对小康社会认识的创新,是党和政府向全体人民做出的庄重承诺,而且具有历史、现实、未来等多重意蕴。现实角度的全面建成小康社会,必须坚持问题导向与目标导向,强调二者的统一。所谓问题导向,就是要聚焦我国实现全面建成小康社会目标以及面临的突出矛盾和问题,深入调查研究,坚持什么问题突出就重点解决什么问题,不断增强直面问题、分析问题与解决问题的勇气与智慧。所谓目标导向,强调的不仅是小康,更重要的也是很难做到的是"全面","全面"涵盖经济建设、政治建设、文化建设、社会建设以及生态文明建设,要求经济更加发展,民主更加健全,科教更加进步,文化更加繁荣,社会更加和谐,人民生活更加殷实。在此进程中,需要切实缩小城乡发展差距,实现城乡平衡发展,需要突出知识和人才的重要性以及教师的第一教育资源地位。

这时的乡村教师队伍建设,既是小康社会建设的内容,更是具体的抓手。

二、统筹城乡发展

城乡关系是政治关系、经济关系、阶级关系等诸多因素的集中反映。新中国成立以后,工业化赶超所导致的"农业支持工业、乡村支持城市"图景,无疑为我国建立比较完整的民族工业体系、实现中华民族复兴打下了坚实的物质基础,但同时形塑了城乡二元分割的长期格局。改革开放以来,党和政府通过改变乡村基本经营制度、建立家庭联产承包责任制、放开粮食市场、提高农产品收购价、搞活乡村商品经济和多种经营、发展乡镇企业和乡村工业等,释放了乡村的生产力,提升了村民发展的权利和机会,但随着市场机制的扩张与不断完善,加之改革的重心逐步重新向城市转移,我国城乡之间的差距一再拉大,"三农"问题逐渐成为影响社会发展的突出问题。

为了突破城乡二元结构,化解城乡矛盾,顺利实现小康社会建设目标,体现"共同富裕"的社会主义原则,在本世纪之初召开的党的第十六次全国代表大会上,首次提出"统筹城乡发展"这一重大命题,要求我国经济社会发展以城乡平等、协调、共同为基本理念,改变过去长期实施的"重工轻农"城市偏好,视城乡为整体,把乡村发展纳入整个社会发展的全局中通盘考虑,统一规划。在此之后召开的党的十六届三中全会进一步提出了"五个统筹",即统筹城乡发展、统筹区域发展、统筹经济社会发展、统筹人与自然和谐发展、统筹国内发展和对外开放,其中统筹城乡发展被列为五个统筹之首。2012年以后,随着对城乡关系认识的不断深化,党和政府在统筹城乡发展的基础上,提出城乡发展一体化以及城乡融合发展等命题,其中城乡发展一体化聚焦规划布局、基础设施、产业发展、公共服务、环境保护、社会治理等领域,旨在形成权利同等、生活同质、利益同享、生态同建、环境同治、城乡同荣的城乡发展共同体。城乡融合发展包括城乡要素融合、产业融合、居民融合、社会融合、生态融合等内容,其本质是通过城乡的双向互动以及相应的体制机制创新,形成共建共享共荣的城乡生命共同体。

统筹城乡发展是一个多层次、多领域、全方位的概念,涉及谁来统筹、统筹什么、如何统筹等难题。在统筹主体层面，由于"三农问题"不完全是市场机制作用的结果，"重工轻农、城乡分治"的经济社会发展战略才是其愈演愈烈的根源，因此，城乡统筹的主体只能是各级政府，政府必须履行统筹推进城乡资源合理配置和协调发展的责任。在统筹什么层面，有多种选择方案。有学者认为，当前我国统筹城乡发展所面临的突出问题和主要任务是：应对城乡差距的扩大，实现城乡平衡发展；减少城乡要素市场流动的制度壁垒，提升城乡活性化；改革单向的城镇中心的城镇化，实现城乡双向发展。① 还有学者认为，统筹城乡发展的主要内容包括统筹城乡资源配置、统筹城乡产业发展、统筹城乡国民待遇。② 教育学者眼中的统筹城乡发展，核心则是城乡教育发展的统筹问题，如何直面并解决目标定位的钟摆情结、逻辑路径的价值悖论、治理主体的结构缺失等现实矛盾，促进城乡教育的公平，尚有很长的路要走。在如何统筹层面，应推进城乡空间布局和基础设施一体化，推进新型城镇化和城乡产业融合发展，推进城乡环境治理与生态保护融合，构建城乡要素双向自由流动机制，促进城乡公共资源均衡配置。

三、新农村建设

新农村建设并不是一个新概念，但在当代中国尤有时代意义。改革开放以来，我国农村在政治、经济和社会制度上都发生了一系列的变化，这些制度变迁虽然在改革开放初期极大地解放了农村生产力，解决了农村绝大部分人的温饱问题，但随着时间的推移，随着市场化进程的加剧，上述制度变化所带来的边际收益日益降低，农民增收面临极限约束，负担居高不下。正是在这样背景下，2000年前后，学者们从不同角度提出了"新农村建设"的主张或建议。很多学者认为，以前农民对工业化、城市化的最大贡献是工农产品剪刀差，现在的最大贡献则是土地，解决"三农"问题，不能简单地采取城市"化"农村或城市"统"农村方式，而是要从"农业现代化"向"现代农

---

① 任远.统筹城乡发展的基本任务和制度改革[J].社会科学,2016(3).
② 傅晨,刘梦琴.统筹城乡发展的理论思考[J].城市观察,2013(1).

业"转变,推进有利于农民主体地位提高的组织创新和制度创新。

由于学术界与思想界的相互促动,新农村建设开始被纳入了国家发展的重大战略规划。2005年,党的十六届五中全会通过了《中共中央关于制定国民经济和社会发展第十一个五年规划的建议》,提出了建设社会主义新农村的重大历史任务。同年年底,中共中央、国务院以一号文件形式颁发了《关于推进社会主义新农村建设的若干意见》,明确要求围绕社会主义新农村建设做好农业和农村工作,提出社会主义新农村建设是一项长期而繁重的系统工程,应推进现代农业建设,强化社会主义新农村建设的产业支撑;促进农民持续增收,夯实社会主义新农村建设的经济基础;加强农村基础设施建设,改善社会主义新农村建设的物质条件;加快发展农村社会事业,培养推进社会主义新农村建设的新型农民;全面深化农村改革,健全社会主义新农村建设的体制保障;加强农村民主政治建设,完善建设社会主义新农村的乡村治理机制。2015年,中央一号文件继续聚焦"三农",明确提出"加强农村法治建设"。这一政策性要求,不但契合了法治中国建设的语境,而且客观上将农村法治建设纳入新农村建设的内容。同年,《美丽乡村建设指南》发布并实施,这一国家标准规定了美丽乡村的村庄规划、生态环境、经济发展、公共服务、乡风文明、基层组织、长效管理等建设内容,适用于以村为单位的美丽乡村建设,具有框架性、方向性、技术性等特点。

乡村教育与社会主义新农村建设有直接关系,其改革与发展是新农村建设的重要内容。新农村建设视阈的乡村教育改革与发展,必须正确认知农村经济社会发展水平,关注农业产业结构变化、农村人口结构变化、农村社会关系及社会生活的变化,必须理解、尊重农村教育发展规律,坚持乡土性与现代化的统一,避免发展目标的离农色彩、教育内容的城市化倾向。

四、乡村振兴战略

共同富裕是社会主义的本质要求,经济发展维度的共同富裕,不仅要求整体经济发展水平达到较高层级,还要求不同群体间的差距得到合理控制与缩小。为了进一步缩小城乡差别,积极应对迅速城镇化背后的乡村"空心化""老龄化"等反差现象,十九大报告首次提出"实施乡村振兴战略"。2018年,中央一号文件以《中共中央国务院关于实施乡村振兴战略的意见》为题,对乡村振兴战略进行全面布局。文件阐释了实施乡村振兴战略的重大意义和总体要求,明确提出到2020年,乡村振兴取得重要进展,制度框架和政策体系基本形成;到2035年,乡村振兴取得决定性进展,农业农村现代化基本实现;到2050年,乡村全面振兴,农业强、农村美、农民富全面实现。为了实现上述三个阶段目标,文件还围绕提升农业发展质量、推进乡村绿色发展、繁荣兴盛乡村文化、构建乡村治理新体系、提高乡村民生保障水平、打好精准脱贫攻坚战、强化乡村振兴制度性供给、强化乡村振兴人才支撑、强化乡村振兴投入保障、坚持和完善党对"三农"工作领导等进行具体的安排部署。同年,中共中央、国务院印发了《乡村振兴战略规划(2018—2022年)》,上述文本对实施乡村振兴战略做出阶段性谋划,按照产业兴旺、生态宜居、乡风文明、治理有效、生活富裕的总要求,明确了今后五年实施乡村振兴战略的重点任务,具体涉及22项指标,其中约束性指标3项,预期性指标19项。

由于实施乡村振兴战略最根本的因素在于人,在于人的现代化所蕴藏的强大乡村人力资本,而教育是传承乡村优秀文化的有效途径,是积累乡村人力资本的重要载体,是推动农业现代化发展的智识利器,因此,教育必须在以"乡村人力振兴"和"乡村文化振兴"为旨归的基础上,构筑起推进乡村振兴实践的服务性路径。在此过程中,作为知识分子的乡村教师,无论从历史还是逻辑、应然还是实然,都应是乡村振兴的中坚力量。

五、教育扶贫

消除贫困,不断改善民生,是社会主义的本质要求,是新中国成立后特别是改革开放以来,党和政府始终高度重视并不懈努力的工作。由于截至2014年年底,我国仍有七千多万农村贫困人口,严重制约全面建设小康社会的进程,因此,2015年中共中央、国务院颁发了《关于打赢脱贫攻坚战的决定》,党的十九大报告提出"要动员全党全国全社会力量,坚持精准扶贫",2018年中共中央、国务院发布《关于打赢脱贫攻坚战三年行动的指导意见》。

扶贫是一个内涵十分丰富的概念。我国贫困人口主要集中在乡村地区，尤其是中西部内陆地区的乡村，贫困不仅表现在经济生产层面，即农业生产力低下、农产品的交易方式落后、交易渠道封闭，还表现在教育层面，主要是教育基础设施落后、学校容纳率不足、教育质量低下。从这一角度理解，中国语境下的扶贫，必须包括教育的扶贫，或者说教育扶贫是中国特色贫困治理模式的重要组成部分。

教育扶贫包括"扶教育之贫"和"用教育扶贫"两个不同指向，我国的教育扶贫通常将教育作为扶贫的目标，重视并大力推动贫困地区教育事业的发展，同时视教育为扶贫的手段之一，通过教育发展推动贫困地区和贫困人口脱贫。作为政策要求的教育扶贫，最早出现在1984年的《中共中央、国务院关于帮助贫困地区尽快改变面貌的通知》。1994年，国务院制定的《国家八七扶贫攻坚计划》要求积极推进我国乡村，特别是贫困地区乡村的教育改革，改变教育文化落后的状况。进入新世纪后，随着"两基"目标的实现，我国教育扶贫由过去的"普惠式""多维式"逐步转向"专项式""精准式"。2013年，国务院办公厅转发教育部等部门《关于实施教育扶贫工程的意见》，明确提出教育扶贫的总体思路、主要任务和保障措施，要求进一步发挥教育对促进群众脱贫、增收的作用，把教育扶贫作为扶贫攻坚的优先任务，以提高人民群众基本文化素质和劳动者技术技能为重点。2015年，《中共中央、国务院关于打赢脱贫攻坚战的决定》把教育扶贫作为脱贫攻坚战的重要举措，要求尽快落实教育扶贫工程的实施，加大对乡村教师队伍建设的支持力度，让贫困家庭子女平等享受优质教育，阻断贫困代际传递。同年召开的中央扶贫开发工作会议明确提出，按照贫困地区和贫困人口的具体情况，实施"五个一批"工程，其中包括"发展教育脱贫一批"。2016年，国家《教育脱贫攻坚"十三五"规划》颁布，明确提出了教育扶贫的目标是发展学前教育，巩固提高义务教育，普及高中阶段教育，到2020年，贫困地区教育总体发展水平显著提升，实现建档立卡等贫困人口教育基本公共服务全覆盖，为此，要夯实教育脱贫的根基，加强和改善师资质量，切实解决乡村教师待遇问题。2018年，教育部、国务院扶贫办印发的《深度贫困地区教育脱贫攻坚实施方案(2018—2020年)》要求进一步聚焦深度贫困地区教育扶贫，用三年时间集中攻坚,确保深度贫困地区如期完成"发展教育脱贫一批"任务。

六、教育现代化

教育现代化是一个国家、民族或地区的教育在适应现代化社会发展要求的过程中,不断调整教育思想观念、教育制度规范、教育内容方法以及教育行为,逐渐形成新的教育形态及其现代性特征的过程。新中国成立后,我国的教育现代化经历了教育为现代化服务到追求教育自身现代化的变迁,这种变迁始于1983年邓小平为北京景山学校的题词,即"教育要面向现代化、面向世界、面向未来"。1985年,上述"三个面向"被写入《中共中央关于教育体制改革的决定》,并被列为我国教育改革与发展的重要指导思想。1993年印发的《中国教育改革和发展纲要》把建设社会主义教育体系、实现教育现代化作为教育改革和发展的基本目标。2010年印发的《教育规划纲要》提出到2020年基本实现教育现代化的宏伟目标,并强调我国教育的改革与发展从效率优先的重点发展转向公平导向的均衡发展。2017年召开的党的十九大强调,建设教育强国是中华民族伟大复兴的基础工程,必须把教育事业放在优先位置,加快教育现代化,办好人民满意的教育。2019年印发的《中国教育现代化2035》为新时代教育现代化建设提供了顶层设计,描绘了我国教育现代化的宏伟蓝图,提出到2035年,要建成服务全民终身学习的现代教育体系,普及有质量的学前教育,实现优质均衡的义务教育,全面普及高中阶段教育,职业教育服务能力显著提升,高等教育竞争力明显提升,残疾儿童少年享有适合的教育,形成全社会共同参与的教育治理新格局。同年,中共中央办公厅、国务院办公厅颁布的《加快推进教育现代化实施方案(2018—2022年)》聚焦当前,提出了未来五年推进教育现代化的十大任务,分别是实施新时代立德树人工程、推进基础教育巩固提高、深化职业教育产教融合、推进高等教育内涵发展、全面加强新时代教师队伍建设、大力推进教育信息化、实施中西部教育振兴发展计划、推进教育现代化区域创新试验、推进共建"一带一路"教育行动、深化重点领域教育综合改革。

教育现代化有相对固定的行动轨迹。当今中国,社会主要矛盾已经转化为人民日益增长的美好生活需要和不平衡不充分的发展之间的矛盾,反映在教育领域,则为人民群众日益增长的优质教育需求与教育发展的不平衡之间的矛盾。在此背景下的教育现代化,必须始终保持教育的优先发展地位,坚持教育为人民服务、以人民为中心的根本立场,不断提升教育治理的水平和能力;必须遵循教育发展的价值逻辑、系统逻辑和实践逻辑,构建教育现代化的具体测评模型,彰显教育现代化表现形式的多维性或多样性。事实上,中国视角的教育现代化,包括物质、制度、精神三个层面。物质层面的现代化,指向设备、设施、技术等非人力资源。制度层面的现代化,涉及教育法律法规、政策规划、体制机制、教育组织机构。精神层面的现代化,涵盖知识、道德、思想观念、行为方式。

第三节 我国基础教育改革与发展的吁求

基础教育改革与教师队伍建设密切相关。一切教育改革的梦想、意志与精神,离开了教师队伍建设的坚强支撑,都将是无本之木、空中楼阁。一切教育改革的勇气、毅力与坚守,离开了高素质教师,都将是天方夜谭、梦人呓语。

改革开放以来,我国的基础教育改革与发展主要围绕有学上、公平、质量、效能等展开,且表现出一定的阶段性特点。

一是将义务教育视为"重中之重",不断推动义务教育发展。1985 年,基于全国学龄儿童平均入学率已达到 95.9%,基本完成小学教育的普及工作,中共中央颁发的《关于教育体制改革的决定》首次提出"要把实行九年制义务教育当作关系民族素质提高和国家兴旺发达的一件大事",并确立了发达地区、中等发展地区、落后地区分类推进九年制义务教育的政策部署。1986 年,新中国第一部教育法《义务教育法》颁布,实施义务教育被列为国家意志与法定任务。1992 年召开的党的十四大明确提出,到 20 世纪末基本普及九年义务教育,基本扫除青壮年文盲,要求地方各级人民政府把"两基"的实现作为教育工作的重中之重。1994年,上述第一个目标被进一步具体化为"双八五",即到20世纪末,在占全国总人口85%的地区普及九年义务教育,初中阶段毛入学率达到85%。2004年,国家实施西部地区"两基"攻坚计划,并于三年后如期实现预定目标,"两基"人口覆盖率达到98%。2006年,修订后的《义务教育法》明确了九年义务教育的免费原则,规定实施义务教育不收学费、杂费。2008年秋季开始,我国首次全面实现城乡免费义务教育,学生上学不花钱成为现实。2010年,《国家中长期教育改革和发展规划纲要(2010—2020年)》颁布,义务教育均衡发展开始成为教育公平的政策重点,明确提出教育资源必须向西部地区、农村地区、贫困地区和薄弱学校倾斜。2011—2012年,教育部先后与31个省(区、市)及新疆生产建设兵团签署了义务教育均衡发展备忘录,印发了《县域义务教育均衡发展督导评估暂行办法》。

义务教育的发展需要关注一些特殊群体。为了保障农村进城务工子女平等接受义务教育的权利,国务院2001年提出流动人口子女接受义务教育实行"以流入地区政府管理为主"和"以全日制公办中小学为主",2016年则进一步提出随迁子女义务教育要纳入城镇发展规划和财政保障范围。为了保障家庭经济困难学生平等接受义务教育的权利,1999年召开的全国教育工作会议提出要增加对贫困家庭的教育资助,党的十六大报告进一步提出要完善国家资助贫困学生的政策和制度,党的十八大要求提高家庭经济困难学生资助水平,在制度上保障不让一个学生因家庭经济困难而失学。为了保障特殊儿童平等接受义务教育的权利,党的十七大提出要关心特殊教育,党的十八大强调要支持特殊教育,党的十九大则明确要求办好特殊教育。目前,我国视力、听力、智力三类残疾儿童义务教育入学率已从上世纪八十年代的不足10%提高到90%以上。

二是致力于构建多元主体办学格局。1985年,针对我国"穷国办大教育"的基本国情以及基础教育"国家—学校""决策者—执行者"的二元结构,中共中央颁发的《关于教育体制改革的决定》提出要"充分调动企事业单位和业务部门的积极性,鼓励集体、个人和其他社会力量办学"。1993年,中共中央、国务院颁发《中国教育改革和发展纲要》，要求"改变政府包揽办学格局，逐步建立以政府办学为主体、社会各界共同办学的体制"。1997年，《社会力量办学条例》出台，强调国家对社会力量办学采取"积极鼓励、大力支持、正确引导、加强管理"的十六字方针。2003年，《民办教育促进法》颁布，首次在法律上明确了民办教育事业是社会主义教育事业的组成部分，同时对民办学校的办学行为进行规范，要求各级人民政府将民办教育纳入国民经济和社会发展规划。目前，我国基础教育办学主体除政府外，还有社会团体办学、企事业单位办学、农村集体办学、中外合作办学、公办民助、公民个人办学等，主体角色由原先的投入者、管理者、办学者三者同一转向三类角色的分离。

三是改革基础教育管理体制，转变管理方式。基础教育管理包括政府行政与学校管理两个层面。由于两者不具有对等性，政府行政处于优势地位，学校管理受制于政府行政，因此，我国基础教育管理改革，核心是政府的教育行政改革。1985年，为了有效缓解基础教育资源紧缺的状况，中共中央颁发的《关于教育体制改革的决定》提出，实行基础教育由地方负责、分级管理的原则，除大政方针和宏观规划由中央决定外，具体政策、制度、计划的制定和实施，对学校的领导、管理和检查，责任和权力都交给地方。1993年开始，为了解决县级政府教育行政缺位问题，减轻乡镇政府和乡民沉重的教育经费负担，我国基础教育管理体制改革在原来"地方负责、分级管理"的基础上，增加了"以县为主"内容，强调县级政府在组织义务教育实施方面负有主要责任，负责统筹教育经费、调配和管理中小学教师、指导中小学教育教学等。2001年，为了彰显基础教育管理的公平与效能取向，国务院颁布《关于基础教育改革与发展的决定》，明确规定农村义务教育实行"在国务院领导下，由地方政府负责，分级管理、以县为主"的体制。国家确定义务教育的教学制度、课程设置、课程标准，审定教科书。省级和地市级政府要加强教育统筹规划，搞好组织协调，在安排对下级转移支付资金时要保证农村义务教育发展的需要。县级政府对本地农村义务教育负有主要责任，乡镇政府要承担相应的办学责任。2002年，国务院办公厅印发《关于完善农村义务教育管理体制的通知》，进一步细化省级、地级、县级以及乡镇人民政府的具体责任,鼓励发挥村民自治组织的作用。2010年,《国家中长期教育改革和发展规划纲要(2010—2020年)》提出不断推进中央向地方放权、政府向学校放权,形成政事分开、权责明确、统筹协调、规范有序的教育管理体制,要求改变政府直接管理学校的单一方式,综合应用立法、拨款、规划、信息服务、政策指导和必要的行政措施,减少不必要的行政干预。党的十八大以后,随着中国特色社会主义进入新时代,党全面加强对教育事业的领导,将重大教育决策的层级上移,通过组建中央教育工作领导小组,统筹教育领域综合改革,推进教育治理体系和治理能力现代化。

四是不断丰富全面发展的教育方针。新中国成立初期,毛泽东就提出"应该使受教育者在德育、智育、体育几方面都得到发展,成为有社会主义觉悟的有文化的劳动者"。改革开放以后,党的教育方针一脉相承,不断深化。1983年,邓小平在充分吸取历史经验教训的基础上,同时也为适应社会主义经济与文化发展的新形势,提出教育要面向现代化、面向世界、面向未来。1995年,党的教育方针被列入《中华人民共和国教育法》,强调教育必须为社会主义现代化建设服务,必须与生产劳动相结合,培养德、智、体等方面全面发展的社会主义事业建设者和接班人。2002年,党的十六大形成了新时期党的教育方针的表述,即"坚持教育为社会主义现代化建设服务,为人民服务,与生产劳动和社会实践相结合,培养德智体美全面发展的社会主义建设者和接班人"。党的十八大以来,习近平总书记多次强调要培养有理想、有本领、有担当的新时代青年,2018年,习近平总书记在全国教育大会上强调,要"培养德智体美劳全面发展的社会主义建设者和接班人",明确要求要在学生中弘扬劳动精神,教育引导学生崇尚劳动、尊重劳动,由此奠定了新时代党的教育方针的基调。2021年,修订后的《教育法》对教育方针进行阐述,其中"坚持党对教育事业的全面领导"是教育事业发展的根本保证,"为人民服务"体现了中国共产党的根本宗旨,"为社会主义现代化建设服务"反映了教育与社会发展的关系以及社会主义教育的性质和任务,"培养德智体美劳全面发展的社会主义建设者和接班人"则是具体的培养目标。

五是实施并发展素质教育。我国的素质教育主要针对应试教育的弊端而提出,1993年,中共中央、国务院颁发的《中国教育改革和发展纲要》首次在国家教育政策层面提出"素质教育",要求基础教育必须从应试教育转到素质教育的轨道上来。1997年,国家教委印发的《关于当前积极推进中小学实施素质教育的若干意见》对素质教育进行界定,明确了素质教育与受教育者长远发展的关系,强调素质教育是以提高民族素质为宗旨的教育,是面向全体学生,注重培养受教育者态度和能力,促进他们在德智体等方面生动、活泼、主动发展的教育。1998年,国务院批转的《面向21世纪教育振兴行动计划》把素质教育作为一个跨世纪工程提出,将课程改革置于素质教育的重点位置,要求2000年初步形成现代化基础教育课程框架和课程标准。1999年,中共中央、国务院颁发了《关于深化教育改革全面推进素质教育的决定》,明确指出目前的教育观念、教育体制、教育结构、人才培养模式、教育内容和教学方法相对滞后,影响了青少年的全面发展,不能适应提高国民素质的需要,因此,要以培养学生的创新精神和实践能力为重点,创造性地把素质教育落到实处,建立新的基础教育课程体系,试行国家课程、地方课程和学校课程。2001年,教育部印发了《基础教育课程改革纲要(试行)》以及义务教育阶段17个学科18门课程标准,正式拉开我国新一轮基础教育课程改革的序幕,这一轮基础教育课程改革具有一定的转型性特征,从价值取向、理论基础、课程管理、课程设置、课程内容、课程实施、课程评价等方面进行了革新。2010年,《国家中长期教育改革和发展规划纲要(2010—2020年)》不但重申了以人为本、全面实施素质教育的战略主题,而且把素质教育提高到一个新的层次,要求坚持德育为先、能力为重、全面发展,着力提高学生服务国家服务人民的社会责任感、勇于探索的创新精神以及善于解决问题的实践能力。2012年,国务院《关于深入推进义务教育均衡发展的意见》指出,全面实施素质教育是推进义务教育均衡发展的指导思想,要以素质教育为导向促进学生德智体美全面发展,提升义务教育质量。2016年,教育部在《关于全面深化课程改革落实立德树人根本任务的意见》首次提出核心素养概念,标志着我国基础教育课程改革进入深化阶段,这一阶段的改革虽然延续了过去的主体框架,但同时进行了一定程度的纠偏与修正,主要是:在课程目标上,从过去的"三维目标"转向核心素养;在课程管理上,强化了国家对语文、历史、德育等课程的控制;在课程评价上,加大了学业质量管理和国家统一考试的力度。党的十九大则站在新的历史起点,要求全面贯彻党的教育方针,落实立德树人根本任务,发展素质教育。

六是不断提高教育信息化水平。信息技术的发展,对教育工作产生革命性影响,对共享优质教育资源、促进教育公平带来了新的契机。改革开放以来,我国高度重视利用现代信息技术手段提升教育水平。上世纪80年代,国家便运用广播电视优化教育资源配置,为边远地区、农村地区拓宽接受教育途径。1999年颁布的《面向21世纪教育振兴行动计划》,要求开展现代远程教育工程,形成开放式教育网络。2010年颁布的《国家中长期教育改革和发展规划纲要(2010—2020年)》提出,信息技术对教育发展具有革命性影响,必须予以高度重视。2012年颁布的《教育信息化十年发展规划(2011—2020年)》提出,以信息化带动现代化是我国教育事业发展的战略选择,要通过优质数字教育资源共建共享、信息技术与教育的全面深度融合,助力破解教育改革和发展的难点问题。同年召开的全国教育信息化工作电视电话会议强调,要重点建设好"三通两平台",其中"三通"即宽带网络校校通、优质资源班班通以及网络学习空间人人通,标志着我国基础教育信息化水平已从加强基础设施建设、资源共享进入网络学习空间的建设。2016年印发的《教育信息化"十三五"规划》再次强调以信息技术促进教育公平发展,明确提出到2020年,基本建成与教育现代化发展目标相适应的教育信息化体系,基本实现教育信息化对学生全面发展的促进作用。

七是推进高中与学前教育普及。改革开放初期,我国高中阶段普职结构严重失衡,两者比例为15.4∶1。为了改变上述状况,我国从上世纪80年代中期开始调整中等教育结构,在实施重点高中政策、着力为高校输送优秀人才的同时,大力发展中等职业教育,以适应经济与产业结构变化的要求。90年代中后期,我国大力开展示范性高中建设,高中教育迅速发展,2016年,毛入学率提高到87.5%,多样化、特色化的发展格局基本形成。2017年,教育部等部门印发《高中阶段教育普及攻坚计划(2017—2020年)》,提出到2020年高中教育入学率达到90%的目标。为了解决公办园少、民办园贵、入园难、入园贵等难题,《国家中长期教育改革和发展规划纲要(2010—2020年)》提出基本普及学前教育,明确政府是发展学前教育的责任主体。

2010年,国务院颁发《关于当前发展学前教育的若干意见》,明确学前教育公益普惠的基本方向,在此基础上,连续实施了三个学前教育三年行动计划,使我国学前教育的毛入园率从2017年开始便达到中等偏上收入国家水平。

第四节 乡村教师队伍建设的困境

乡村教师队伍担负发展乡村教育的历史重任,其数量结构、能力结构、学科结构、年龄结构等制约着乡村教育发展的速度和质量。进入21世纪后,我国乡村教师队伍整体现状虽较之过去有不同程度的提升,但无论是从与城市教师队伍比较角度看,还是从与乡村社会特别是乡村教育适应性角度看,尚有明显差距,这种差距主要表现在以下五个方面:

第一,乡村教师"下不去"问题较为明显。"下不去"包括"无心"与"无力"两层含义。所谓"无心",本质是一种意愿的表达,指城市教师不愿去乡村学校特别是艰苦边远地区乡村学校工作,绝大多数师范类毕业生不愿回到乡村,即便在乡村学校任教,亦不是因为热爱乡村教育,而是主要基于解决职称问题、获得公办教师编制、减轻家庭经济负担、缓解自身就业压力等功利性考量。所谓"无力",指向供给与需求之间的矛盾。我国乡村地域辽阔,不但所需乡村教师的总量巨大,而且各乡村地区对教师素养的要求也各不相同,如一些乡村地区"小规模"学校数量众多,所实施的"小班化教学"急需全科教师,一些乡村学校的语文、数学教师趋于饱和,英语、音乐、美术等学科教师则较为缺乏。而与之相悖的是,我国教师培养高校的招生计划确定往往带有一定的盲目性,培养质量亟待提高,供求之间往往脱节。

教师对乡村学校特别是艰苦边远乡村学校的逃避与冷落,主要源于城乡差异性以及乡村学校内部的不均衡性。一方面,城乡教育资源的长期分配不均,使乡村教育的发展远远落后于城市,逃离乡村不仅成为人们一种普遍的社会价值选择,而且成为乡民积极的子女教育选择。另一方面,乡村学校及所在地的空间位置是能否吸引教师的一个非常重要因素,无差异的政策对待与客观存在的乡村学校空间位置差异,必然导致非艰苦边远乡村学校成为多重利益的集中地,成为向现实妥协的众多乡村教师首选目标。

第二,乡村教师"留不住"现象较为普遍。所谓"留不住",反映的是需求侧困境,集中指向乡村教师队伍的稳定性,特别是高位稳定问题。据相关资料统计,2010—2013年,我国乡村教师流失人数达142.5万,流失率为30%。边远贫困山区的教师流失现象更为严重,涉及一半左右乡村学校。乡村教师的流失主要有两种形式,一种是职业内的向城流失,另一种是职业间的跨越流失。有学者研究显示,我国乡村教师的留不住问题,主要表现在具有高等教育经历的新生代乡村教师身上,37.9%的新生代乡村教师离职意向非常高,40.6%的新生代乡村教师离职意向比较高,两者的比例高达78.5%。另外,从性别角度看,新生代男乡村教师的离职意向高于女乡村教师,从层级角度看,村小新生代乡村教师的离职意向最高,其次才是中心小学和初中。[1] 还有学者的研究表明,优秀教师由县城流动到乡村的"支援性流动"比例为8.1%,而从乡村到县城的"向城性流动"比例高达86.7%,流失的主要是骨干教师以及35岁以下的青年教师。[2]

我国乡村教师队伍的稳定性之所以较差,原因不是单一的。现代推拉理论认为,推动人口流动的因素除了具有更高的收入外,还有更优越的生活条件、更大的职业发展空间、为自己孩子争取更好的受教育机会与社会环境等。具体到乡村教师队伍,其稳定性更多受制于以物质收益、精神收益为显著特点的外在条件与以认可为显著特点的内在表现。物质收益包括工资、津贴、福利等,其提升在短期内产生的效果通常较为明显。精神收益主要指荣誉称号和高等职称的获取,对收益主体产生的影响较为长远。内在认可是一个心理学概念,涉及对职业目标、职业要求、社会价值以及其他相关因素的看法,由于职业认可度的高低关乎主体的忠诚度、成就感、事业心和向上力,因此,内在认可的影响力要远高于外在条件。换言之,乡村教师对自

---

[1] 刘佳,方兴.新生代乡村教师的离职意向与政策改进[J].教师教育学报,2020(2).
[2] 邬志辉,等.中国农村教育发展报告2015[M].北京:北京师范大学出版社,2016.

身岗位的消极认可,方是乡村教师"留不住"的更主要动因。

第三,乡村教师"教不好"问题客观存在。"教不好"是乡村教师队伍质量不高的重要外显,反映的是乡村教师专业知识、专业能力较之政策目标以及城市教师之间的差距。从政策目标观之,进入21世纪后,我国基础教育已处于从"有学上"到"上好学"的历史转型过程中,《国家中长期教育改革和发展规划纲要(2010—2020年)》明确提出"到2020年,形成一支师德高尚、业务精湛、结构合理、充满活力的高素质专业化教师队伍"。以此为观照,我国乡村教师队伍尚有比较大的提升空间。从学历层次看,2003—2008年,乡村专科以上小学教师较之城市相差28至32个百分点,初中相差33至39个百分点,这种差距近年来虽有所缩小,但并未完全消除,2019年,城乡专科以上学历小学教师比例相差2.8个百分点,城乡初中本科以上学历教师比例相差9.1个百分点。从职称结构看,受入职时学历、个人成长外部机遇等诸多因素影响,乡村教师获得高一级职称的机会明显低于城市教师,2013年,我国城市初中中教高级教师占比为18.77%,乡村则为10.77%。从年龄结构看,理想的教师队伍年龄结构应是老中青相结合的正态分布,不同年龄段的教师应各占一定比例,而现实中的乡村学校,往往年轻化与老龄化并存,出现"中年塌陷"现象,截至2018年年底,全国近250万乡村中小学教师中,40岁以下青年教师已占58.3%,村小、教学点的教师中则以50岁以上的老教师居多。从教学表现看,乡村教师的教学普遍存在流于经验、相互之间合作探究氛围不浓、理论知识匮乏、外在支持形式单一等问题,在主动关注学生成长、有效探求课堂教学改革、系统总结教育教学经验等方面,乡村教师的积极性、主动性总体低于城市教师。

乡村教师队伍之所以质量不高,既有历史因素,又有现实的制约。从历史角度观之,新中国成立至"文化大革命"前的十七年,我国实施城市优先、乡村支持城市的发展战略,在此背景下,城市基础教育师资主要由师范院校培养,而乡村学校特别是乡村小学的师资约50%为无财政编制、主要由乡村集体聘请并支付报酬、要求相对较低的民办教师。"文化大革命"期间,乡村学校民办教师的数量进一步膨胀,这种膨胀不仅表现为公办转民办,还表现为下放人员以及工农兵大量进入教师队伍。改革开放以来,大量的民办教师转公办,加之优秀乡村教师的流失,一定程度上固化了城乡教师之间的质量差距。从现实角度观之,由于乡村学校及其所在地的综合生态环境处于相对弱势,因此,优秀教师选择乡村学校的可能性不大。事实上,两个水平能力相近的大学毕业生,如果一个在城市优质学校就业,另一个在边远乡村学校,则入职几年后往往会表现出明显的发展差距。

第四,乡村教师的身份认同危机。身份认同是不同群体对于我是谁、我何以属于某个特定群体、我将要成为谁等命题的理解和确定。乡村教师身份认同危机主要涉及自我认同危机与社会认同危机,自我认同危机集中表现为乡村教师自我选择的困惑、自我价值的迷茫以及对教师身份的怀疑,社会认同危机则通常涉及三个层面。首先,随着网络媒体等知识获得渠道的丰富,乡村教师传统的文化占有状况被打破,乡村教师文化资本的积累不但因为发展路径缺乏而受到不同程度的限制,而且很难实现与社会资本、经济资本之间的转换或流通。其次,我国虽然有尊师重道的传统,但在以物质利益为主要诉求的当今时代,以知识传授为职业的乡村教师所享有的乡绅地位开始发生动摇,威信开始下降,乡村教师因为经济收入低、工作环境差、责任压力大等因素,不但可能被所谓的城里人瞧不起,甚至可能被一些暴发户式的乡民所鄙视。再次,在新自由主义时代,乡村教师与市场的关系日益紧密,一些乡村教师不再囿于学校场域工作,而是试图或不排斥通过各种辅导班、家教等增加收入,很多乡村教师把教学仅仅当作职业,当作谋生的手段,而不是作为人生的事业和精神追求,这时的乡村教师,与其他职业间的身份界限已变得模糊,往往被视为为乡村教育提供服务的职业人,而不再是传统意义上有着耀眼光环的"公家人"。

身份认同危机的形成,一方面源于以社会资源为中介的制度与文化影响。在《教师法》实施前,乡村教师的政治身份和待遇等同于国家干部,他们由国家统一分配、任命和管理,与政府之间存在着密切的关系。《教师法》实施后,特别是聘任制的普遍实施,乡村教师职业的特殊"公家人"光环逐渐褪去,政治身份所能带来的社会资源实质性减少。另一方面,虽然国家有关文件多次提出"确保义务教育阶段教师平均工资水平不低于当地公务员平均工资水平",但事实上并未真正实现。在我国,乡村教师工资待遇总体偏低是教育面临的一个老大难问题，社会声望不高则是一个不争的事实。很多乡村教师虽然在乡村从教，但更向往相对丰富多彩的城市生活，他们在城市和乡村之间徘徊、游走，既无法将自己视为真正的城市人，也无法很好地融入乡村。

第五，乡村教师的乡土性匮乏。乡土性是乡村教师生存和发展的根本属性，是乡村教师有别于其他教师的个性表现，有三个具体维度。一是专业情感的乡土性，集中表现为乡土情怀。乡土情怀是乡愁与乡情的一种概括，是教师在走进乡村、深刻认识与认同乡村基础上形成的一种情愫，要求乡村教师对乡村教育及乡村社会怀有持久而稳定的正面态度，从文化差异而非文化缺陷的角度看待乡村社会，热爱乡村教育事业，关心乡村儿童少年的前途命运，深刻把握乡村学生的身心发展特点以及生活环境特点。二是专业知识的乡土性，意味着乡村教师除了具备一般意义教师应有的专业知识外，还需具备具有本土色彩、乡土气息、地域性质的地方性知识，包括生产生活知识、历史文化知识、传统民俗知识、民间艺术知识、地理景观知识等。三是专业能力的乡土性，集中指向乡村教师的乡土课程开发的意识与能力，这些乡土课程应反映乡土文化的精华，并按照一定的逻辑进行组织。

乡村教师乡土性匮乏现象的产生，主要源于两个因素。一方面，在教师劳动力市场上，所有毕业生看重的是自身的人力资本和社会资本，很少考虑文化背景与岗位特征的匹配，由此带来的乡村教师来源多样化，必然引发乡土性的忽略。事实上，许多乡村教师由于在城市接受了高等教育，受到城市文化的洗礼，不同程度地具有城市文化情结，向往城市生活，因而难以甚至不愿意融入乡村文化。另一方面，农村出身且又自愿回到本乡本土工作的教师虽然具有很多优势，如熟悉风土人情、会说当地方言、理解乡村儿童少年的生活经验和处境、能够与家长保持熟稔关系和频繁互动，但这些教师一旦脱离熟悉的乡村环境，则上述优势便不复存在。

第五节 国内学界的推动

我国乡村教师政策的出台,尽管需要充分的调研论证并履行相对固定的程序,但从本质上看,通常是决策者与研究者互动的结果。一方面,科学语境下的乡村教师政策,需要相应的理论支撑,需要辨别真问题与伪问题、重要问题与次要问题、普遍问题与特殊问题、现实问题与未来问题,需要基于公共利益与利益平衡进行判断和选择,而所有这些,主要依赖于研究者的作为。另一方面,坚持"问题导向"和"社会需求导向",为决策提供服务,已成为当今教育研究的较为普遍趋势,成为研究价值的主要评判尺度之一。研究成果被束之高阁,这是大多数学者都不愿看到甚至无法接受的。

我国关于乡村教师的研究虽然可以追溯较久,如陶行知、梁漱溟等知名学者都曾密切关注乡村教师问题,但截至上世纪末,完全聚焦乡村教师政策的文献数量甚少,影响力甚弱。进入新世纪后,上述情况发生较大变化,具体有五个观察视角。从成果数量看,2000年至2020年期间,知网期刊全文数据库、博硕士学位论文全文库分别收录以"乡村教师政策"或"农村教师政策"为主题词的论文205篇和369篇。从成果质量看,尽管部分文献存在内容雷同、学术规范性缺乏、主观臆想色彩明显等问题,但其中不乏精品之作。从研究者构成看,约80%的期刊论文来自高校,其中CSSCI来源期刊论文基本由高校教师独立或合作完成,东北师范大学等国内少数高校已形成相对成熟的研究团队。从研究方法看,文本分析法、文献研究法、比较研究法是乡村教师政策研究较为常用的方法,近几年调查问卷法、访谈法的使用有上升趋势,不同方法的综合应用效应开始显现。从研究内容的聚焦看,主要围绕以下五个维度展开:

一是介绍国外乡村教师政策特点,试图为我国提供相关政策的框架或启示。研究者的观察对象尽管可能多元,可能单一,但通常局限于西方发达国家。邬志辉、李静美对一些国家吸引优秀人才到乡村学校任教的政策进行分析,归纳出这些国家具有普遍意义的政策举措分别是:利用经济激励,增强招募优势;培养当地人才,保障定向就业;注重乡村体验,完善职前培养;关注职业发展,注重情感激励;吸纳其他人员,转入教师行业。① 秦玉友等围绕招聘、留住、提高三个维度,从联邦政府、州、学区三个层面介绍美国加强乡村学校师资队伍建设的政策设计。② 卢锦珍对美国联邦政府的农村教师补充政策进行梳理,对实施效果进行分析,试图归纳出相应的运行规律。③ 谢艺泉在分析澳大利亚乡村教育存在问题的基础上,对其推动乡村教师职前培养改革的政策设计进行审视,详细列举了"捆绑式"激励、"乡村化"课程、"田野式"实践体验等政策举措的内涵。④ 石娟等介绍了加拿大联邦政府、省政府提升偏远乡村地区教师队伍建设水平的一系列政策措施,认为加拿大乡村教师队伍建设已形成相对健全的保障机制以及彼此融洽的合作伙伴关系。⑤

二是阐释我国乡村教师政策建构的重要性和必要性。研究者的阐释尽管切入点不同,但通常都以教育均衡、教育扶贫等为宏观背景。李兴洲等认为,教育扶贫是拔除穷根、阻断贫困代际传递的治本之策,由于乡村教师队伍建设既是教育扶贫的重要目标,又是教育扶贫的有力支撑,因此,必须调整完善和有效落实乡村教师政策。⑥ 孙德芳、林正范通过问卷和访谈得出结论:政策出台与完善是乡村基础教育改革深入推进的呼唤,是乡村一线教师的殷切期盼。⑦ 周兆海认为,传统社会的乡村教师地位依托于礼制道义,现在的乡村教师则与政府存在从属关系,其地位高低更多依赖于政府体制的政策力量。⑧ 解光穆认为,乡村教师之所以成为公共政策关注的焦点,根本

---

① 李静美,邬志辉.乡村教师补充策略的国际经验与启示[J].比较教育研究,2018(5).
② 李娟,秦玉友.美国农村教育师资队伍建设探析[J].教育发展研究,2009(15-16).
③ 卢锦珍.美国农村教师补充政策的研究[D].西南大学,2016:67-97.
④ 谢艺泉.澳大利亚乡村教师职前培养改革:动因、策略及启示[J].外国教育研究,2018(9).
⑤ 石娟,巫娜,刘义兵.加拿大偏远地区乡村教师队伍建设及其借鉴[J].比较教育研究,2017(2).
⑥ 李兴洲,邢贞良.攻坚阶段我国教育扶贫的理论与实践创新[J].教育与经济,2018(1).
⑦ 孙德芳,林正范.农村教师的生存发展现状及政策建议[J].教师教育研究,2014(6).
⑧ 周兆海.农村教师社会地位变迁及其深层致因[J].河北师范大学学报(教育科学版),2016(2).

原因在于这支队伍与社会期盼存在差距。①

三是对我国乡村教师政策进行梳理和整体评价。研究者的梳理有的从新中国成立或改革开放开始,有的则聚焦 2000 年以后。邹奇认为,我国教师教育长期秉持服务工农原则,在上世纪末则开始出现"去农村化"倾向,目前制定的乡村教师政策虽然一定程度上弥补或校正了以往的过失,但缺乏长效机制,实施效果有限。② 檀慧玲认为,改革开放以来,我国乡村教师政策由调整恢复向全面深化转变,政策取向从独立单一到综合灵活,政策对象由隐性到显性,同时存在政策实施泛而不精、政策措施缺乏延续性且顾此失彼、政策缺少追踪评估等问题。③ 王红蕾等认为,改革开放以来我国乡村教师政策已历经三次变革,分别是以民办教师为中心的政策建构、以"民转公"和师范生毕业分配制度为中心的政策建构、以城乡统一统筹为目标并向农村倾斜的政策建构,目前进行的变革并未取得预期成效。④ 王鉴等认为,乡村教师队伍建设的"根本"在于提高乡村教师职业认同感,创造条件让乡村教师实现自己的人生价值,而近年来我国乡村教师政策存在重"标"轻"本"现象,忽视了乡村教师自身的职业认同问题。⑤

四是基于乡村教师队伍现实问题提出相应的政策建议。唐松林等认为,乡村教师是乡村社会的智库、良知与灵魂,应该在乡村振兴战略中扮演重要角色,由于现实中的乡村教师不但身份式微,而且社会地位逐渐边缘化,因此,我国乡村教师政策应明确乡村教师于乡村振兴的多重职能,回归乡村教师与乡村社会的天然联系,建立多元化、规范化的乡村教师荣誉制度体系,赋予乡村教师领导基层的相关权益。⑥ 庞丽娟等认为,工资待遇总体

---

① 解光穆.乡村教师队伍建设政策述评[J].宁夏大学学报(人文社会科学版),2016(6).
② 邹奇,苏刚.建国后我国农村教师政策变迁及应然走向[J].东北师大学报(哲学社会科学版),2016(1).
③ 檀慧玲,刘艳.乡村教师政策发展的特点、问题及建议[J].教学与管理,2016(6).
④ 王红蕾,吕武.改革开放以来我国农村教师政策的演进与改革路径[J].现代教育管理,2017(5).
⑤ 王鉴,苏杭.略论乡村教师队伍建设中的"标本兼治"政策[J].教师教育研究,2017(1).
⑥ 唐松林,姚尧.乡村振兴战略中教师的使命、挑战与选择[J].湖南师范大学教育科学学报,2018(4).

水平较低、流失严重、数量短缺、队伍老龄化、工作繁重、专业素养不适应时代需要,是当前乡村教师队伍建设存在的主要问题,基于上述问题的乡村教师政策应致力于创新编制办法,确保乡村教师社会保险和住房有效落实,促进乡村教师收入倍增,通过倾斜性职称办法激励乡村教师专业发展。① 刘善槐等认为,农村小规模学校具有独特的群体特征,这一特征使相应的教师队伍建设面临诸多难点,为此,相关政策应基于"下得去、留得住、有发展"的三维核心目标,精准设计弹性多元的教师补充机制,科学制定"公平补偿＋差序激励"的综合待遇标准,构建适宜梯度的教师发展机制。② 陈黎明认为,我国目前的乡村教师队伍建设以分配正义论为价值原则,以功利性和实用性为政策导向,并不能解决所有问题,相应的政策制定应进一步关注多元正义论,考虑教师的精神性价值维度,通过重塑职业认同、关注情感需求等给予乡村教师内在的精神支持。③ 东北师范大学内设的中国农村教育发展研究院已连续几年每年发布《中国农村教育发展报告》,对我国乡村教师队伍建设的成效和问题进行梳理,在此基础上,有针对性地提出政策建议。

五是聚焦某一具体政策特别是聚焦《乡村教师支持计划(2015—2020年)》开展研究。这方面成果可以列举很多,其中《乡村教师支持计划(2015—2020年)》(以下简称《计划》)的研究主要围绕文本解读、政策实施评价等展开。在文本解读方面,邬志辉认为《计划》瞄准乡村教师"下不去""留不住""教不好"三个核心问题,从八个方面精准发力,无论是从整体设计还是具体举措看,都具有明显的"组合拳"特点。④ 张晓文等在详细分析了各省、市、自治区《计划》共同点的同时,认为还存在一定差异,这种差异集中表现在乡村教师内涵解读、乡村教师补充渠道、乡村教师生活待遇、乡村教师编制标准、乡村教师职称评聘制度设计等方面。⑤ 刘佳认为,部分省份的《计

---

① 庞丽娟,金志峰,杨小敏.新时期乡村教师队伍建设政策研究[J].中国行政管理,2017(5).
② 刘善槐,王爽,武芳.我国农村小规模学校教师队伍建设研究[J].教育研究,2017(9).
③ 陈黎明.我国农村教师队伍建设的政策导向与问题反思[J].教师发展研究,2017(1).
④ 邬志辉.打出"全方位组合拳"大力支持乡村教师发展[J].中国民族教育,2015(5).
⑤ 张晓文,张旭.从颁布到落地:32份《乡村教师支持计划》文本分析[J].现代教育管理,2017(2).

划》虽较国家《计划》有一定程度和范围的突破与创新,但总体看,国家《计划》所提出的各项举措在地方并没有得到细化和具体化。① 在政策实施的评价方面,邬志辉领衔的团队2017年发布了《〈乡村教师支持计划(2015—2020)〉实施评估报告》,对《计划》落实的成效和存在问题进行总结。付卫东、范先佐通过对中西部6省120余所乡村中小学调查发现,《计划》在实施过程中还存在不少问题,包括政策知晓率不高、乡村教师补充数量不足且质量难以满足实际需要、乡村学校教师编制供需矛盾尖锐、城镇教师向乡村学校流动不畅、乡村教师荣誉制度"不荣誉"等。②

  需要说明的是,我国乡村教师政策制定过程中决策者与研究者的互动,并非总是默契的,时常会出现"时差""错位"乃至相互抱怨现象。这种现象的产生,固然与政策制定和理论研究是两种性质不同的过程、存在价值取向偏差有关,甚至与决策者的胸襟和水平能力亦有一定关联,但同时不能漠视研究者因素。理想状态的乡村教师政策研究目前虽然没有统一的、标准的答案,但一些学者关于好的教育政策研究的阐释无疑有重要参考价值。朱旭东认为,好的教育政策研究涉及本体论、价值论、认识论、方法论、实践论等五个维度:本体论角度的"好"指向研究什么,强调要研究重大、重点、重要的教育政策问题;认识论角度的"好"隐喻认识框架、认识路径、认识范式,强调教育政策是用复杂方式进行编码和解码的一套陈述,一直处于形成中,需要跨学科、多学科的境界与视野;价值论角度的"好"包括学术价值和真正的实践价值,强调教育政策研究必须有用、管用、实用;方法论角度的"好"指向采取何种研究方法,强调教育政策研究更多时候需要实证研究;实践论角度的"好"指向具有实践性特征的目标实现,强调教育政策研究是对教育实践的理性升华,是对教育实践行动逻辑的可行性建构。范国睿认为,好的教育政策研究,除了理论建构,更重要的是担负起政策研究本应有的社会责任,坚持以人民为中心的研究导向,把教育政策评价作为教育政策研究的重要

---

① 刘佳."乡村教师支持计划"实施方案研究[J].教师教育研究,2017(3).
② 付卫东,范先佐.《乡村教师支持计划》实施的成效、问题及对策[J].华中师范大学学报(人文社会科学版),2018(1).

组成部分,明确回答相关政策的问题认定是否正确合理、目标是否恰当、方案是否可行、政策资源是否充裕。刘善槐认为,农村教育政策是学术弹性非常大的研究领域,这一研究领域的发展并不依赖于理论体系的演绎式拓展,而是主要取决于从现实问题中所提炼学术问题的深度和广度,好的农村教育政策研究必须是科学性与人文性的交互融合,科学性能够准确呈现工具理性的要义,人文性可以适切表达价值理性的内涵。[①] 综合上述学者的观点,我们可以尝试从研究主体、研究聚焦、研究方法等三个维度,相对客观地归纳出国内乡村教师政策研究的缺失。

研究主体问题主要指研究者中高校教师居多,乡村学校及其教师较少参与,特别是高质量参与十分鲜见,这与当今中国教育政策的范式存在逻辑上的悖谬。一方面,由于乡村教师政策所针对的是边界清晰的群体,加之政策的成效最终要通过学校和教师予以体现,因此,在政策制定和实施过程中准确了解乡村学校及其教师带有普遍性的吁求,尊重并充分体现他们的智慧,便显得尤为重要,这种重要不仅因为政策本质即诸多关联体利益的反复权衡,还因为强烈的民间意愿和民间智慧可以为政策提供公认的合法性依据,可以有效避免政策可能出现的错误认知与过激行为。另一方面,当今中国社会,民间意愿和民间智慧有多种征集方式,网络、专题性座谈会是常见的来源渠道,但这两种方式都有一定的局限性。本真意义的民间意愿、民间智慧,不是简单的百分比呈现,更不是外部主观臆想的表述,而是乡村学校及其教师的真实感悟,是基于客观现状分析的、带有普遍意义的、具有深刻反思性和一定创新性的理性诉求,从这一角度理解,具有"实践性反思者"特质的乡村学校及其教师更多地参与相关政策研究,无疑具有独到的、高校学者无法取代的价值。

研究聚焦问题集中表现为两点。首先,政策效果不仅取决于相应的文本是否完善,还取决于实施的路径、方法以及不同关联体的状态,因此,从学理层面构建多元主体参与并协同的乡村教师政策实施的社会支持体系,构

[①] 刘善槐.好的政策研究是科学性与人文性的交互融合——基于农村教育政策研究的探索[J].华东师范大学学报(教育科学版),2018(2).

建符合中国国情的乡村教师政策的评价体系，便显得尤有价值，这种价值不仅表现为学术层面的拓展研究内容、延伸研究深度，还表现在应用层面，即可为完善政策文本、改进政策实施过程、开展政策评估、改善关联体行为等提供相对科学依据。而与之相悖的是，当今国内学界的乡村教师政策研究重政策供给，轻政策实施与评估，相应的社会支持体系与评价体系建构尚未完成。其次，多数研究对乡村教师政策所针对的问题缺乏全面、深度的了解或把握，研究的前瞻性不明显。乡村教师队伍问题有两类之分，即：目前业已存在的现实性问题；未来可能出现甚至必然出现的发展性问题。综观已有成果，应该说对乡村教师的现实性问题已形成广泛共识，解决问题的策略探讨富有针对性和实践性，但对发展性问题的关注则相对不足。

研究方法问题主要表现在两个方面。一方面，国内学界采用的实证研究方法以问卷调查法、访谈法为主，这些方法值得肯定，但同时需要进一步细化和拓展，如可运用访谈法了解乡村教师政策实施情况以及问题形成原因，运用问卷调查法、田野研究法了解乡村教师的政策获得感。另外，科学规范的研究方法，隐喻专业性的量化分析，隐喻方法论建议、模型、元分析、可行性等应成为乡村教师政策研究的高频关键词，而所有这些，正是国内相关研究明显缺乏的部分。另一方面，我国乡村教师问题既是教育学的师资问题，还是经济学的财政问题、社会学的民生问题、管理学的体制机制问题、政治学的权利问题、文化学的民族或习俗问题，这种多学科交织的复杂性征，决定了乡村教师问题的广度和深度，意味着乡村教师政策研究必须强调"多学科"的研究范式。只有发挥多学科研究的"组合拳"力量，从经济学角度分析乡村教师工资及其他收入情况，从社会学角度分析乡村教师生存环境与社会地位，从教育学角度分析乡村教师教学环境及其负担，从管理学角度分析乡村教师人际关系，从心理学角度分析乡村教师压力及工作满意度，才能找到解决乡村教师队伍建设问题的真正有效之道。

第三章

新世纪我国乡村教师政策文本的梳理

我国乡村教师政策的制定主体不仅包括中央政府,还包括各级地方政府。由于中央政府制定的政策处于顶层设计位置,规定了地方政府的行为指向以及路径选择范围,而地方政府制定的政策通常是为了贯彻中央的决策意图,是中央意志的情境化、区域化,且构成较为复杂,因此,乡村教师政策的梳理,侧重于以中央政府为制定主体的相关文本呈现。

第一节 新世纪我国乡村教师政策文本的主要呈现

如何厘清 2000 年以来我国乡村教师政策的脉络,是一个颇有意义、需要深度探讨的命题。王红蕾等以城乡统一、均衡发展等为前置词,将所有文本划分为农村教师补充政策、农村教师待遇政策、农村教师职称政策、农村教师编制政策等四类。[①] 石连海等基于政策目标的考量,将所有文本划分为两类,即"以吸引优质师资为主的政策"与"以优化教育资源为主的政策",前

---

① 王红蕾,吕武.改革开放以来我国农村教师政策的演进与改革路径[J].现代教育管理,2017(5).

者主要包括"硕师计划""特岗计划""三支一扶计划"和"免费师范生计划",后者涉及岗位设置改革、绩效工资改革、教师编制改革、教师系列培训计划和乡村教师支持计划。①孙卫华以政策内容为分析视角,将所有文本划分为"以优质师资输入为主要目标的支持性政策"与"以提高既有乡村教师素质、教育、生活和工作条件为主要目标的支持性政策",其中"以优质师资输入为主要目标的支持性政策"包括"硕师计划"、"特岗计划"、优质师资支教计划以及定向师范生培养计划,"以提高既有乡村教师素质、教育、生活和工作条件为主要目标的支持性政策"包括乡村教师系列培训、义务教育学校岗位设置改革、乡村学校编制改革、义务教育学校绩效工资改革。②

上述颇具代表性的分类方法,无疑都有一定的合理性,为人们形成对乡村教师政策的整体认知提供了分析框架,但深度思之,则并非无懈可击。首先,我国相关政策文本有的完全聚焦乡村教师队伍建设,有的则部分内容涉及,如果有关列举仅局限于前者,则难免有遗漏之嫌。其次,每个政策文本对应的目标并无强制性规定,可能倾向单一,亦可能呈现出多维特征,可能显性,亦可能隐性,人为地将每个文本对应某个目标,采取非此即彼的思维方式,必然会引发不必要的争议。再次,我国既有的乡村教师政策文本时有出现表述相近、重复甚至前后不一致现象,如何对这种现象进行甄别或判断,对准确理解政策至关重要。

基于上述思考,可将我国乡村教师政策文本划分为完全性政策与关联性政策两类,每一类列举按时间远近排序,在此基础上,分不同指向归纳出既有政策文本所呈现的主要内容。

所谓关联性政策,指其中只有部分内容涉及乡村教师队伍建设的政策文本。截至2021年12月,关联性政策主要有:2001年国务院颁发的《关于基础教育改革与发展的决定》;2001年国务院办公厅颁发的《关于完善农村义务教育管理体制的通知》;2003年国务院颁发的《关于进一步加强农村教

---

① 石连海,田晓苗.我国乡村教师队伍建设政策的发展与创新[J].教育研究,2018(9).
② 孙卫华.我国乡村教师支持政策现状[J].浙江社会科学,2018(5).

育工作的决定》;2005年国务院颁发的《关于深化农村义务教育经费保障机制改革的通知》;2005年教育部颁发的《关于进一步加强和改进师德建设的意见》;2006年中组部、人事部、教育部等八部门颁发的《关于组织开展高校毕业生到农村基层从事支教、支农、支医和扶贫工作的通知》;2007年人事部、教育部颁发的《关于义务教育学校岗位设置管理的指导意见》;2008年国务院办公厅颁发的《关于义务教育学校实施绩效工资的指导意见》;2010年中共中央、国务院颁发的《国家中长期教育改革和发展规划纲要(2010—2020年)》;2010年教育部、财政部颁发的《关于实施"中小学教师国家级培训计划"的通知》;2012年国务院颁发的《关于加强教师队伍建设的意见》和《关于深入推进义务教育均衡发展的意见》;2012年教育部颁发的《小学教师专业标准(试行)》以及《中学教师专业标准(试行)》;2014年教育部、财政部、人社部颁发的《关于推进县(区)域内义务教育学校校长教师交流轮岗的意见》;2016年国务院颁发的《关于统筹推进县域内城乡义务教育一体化改革发展的若干意见》;2018年中共中央、国务院颁发的《全面深化新时代教师队伍建设改革的意见》;2018年教育部、国家发改委等五部门颁发的《教师教育振兴行动计划(2018—2022年)》;2018年国务院办公厅颁发的《教育部直属师范大学师范生公费教育实施办法》;2018年教育部颁发的《新时代中小学教师职业行为十项准则》;2019年中共中央、国务院颁发的《中国教育现代化2035》和《关于深化教育教学改革全面提高义务教育质量的意见》;2019年中共中央办公厅、国务院办公厅颁发的《加快推进教育现代化实施方案(2018—2022年)》和《关于减轻中小学教师负担进一步营造教育教学良好环境的若干意见》;2019年教育部、中组部等七部门颁发的《关于加强和改进新时代师德师风建设的意见》;2020年中共中央、国务院颁发的《深化新时代教育评价改革总体方案》;2020年教育部、中宣部等九部门颁发的《中西部欠发达地区优秀教师定向培养计划》;2021年中共中央办公厅、国务院办公厅颁发的《关于进一步减轻义务教育阶段学生作业负担和校外培训负担的意见》和《关于加快推进乡村人才振兴的意见》;2021年教育部、国家发改委、财政部颁发的《关于深入推进义务教育薄弱环节改善与能力提升工作的意见》;2021年教育部、财政部颁发的《关于实施中小学幼儿园教师国家级培训计划（2021—2025 年）的通知》；2021 年全国人大常委会审议通过的《中华人民共和国乡村振兴促进法》；2022 年教育部、中宣部等八部门颁发的《新时代基础教育强师计划》。

所谓完全性政策，指从某个或多个维度完全聚焦乡村教师队伍建设的政策文本。截至 2021 年 12 月，完全性政策主要有：2006 年教育部颁发的《关于大力推进城镇教师支援农村教育工作的意见》；2006 年教育部、财政部、人事部、中央编办颁发的《关于实施农村义务教育阶段学校教师特设岗位计划的通知》；2012 年教育部、中央编办等五部门颁发的《关于大力推进农村义务教育教师队伍建设的意见》；2014 年中央编办、教育部、财政部颁发的《关于统一城乡中小学教职工编制标准的通知》；2015 年国务院办公厅颁发的《乡村教师支持计划（2015—2020 年）》；2015 年教育部、财政部颁发的《关于改革实施中小学幼儿园教师国家级培训计划的通知》；2016 年教育部、人社部颁发的《关于向乡村学校从教 30 年教师颁发荣誉证书的决定》；2018 年教育部、财政部颁发的《银龄讲学计划实施方案》；2019 年教育部颁发的《关于开展中西部乡村中小学首席教师岗位计划试点工作的通知》；2020 年教育部、中组部等六部门颁发的《关于加强新时代乡村教师队伍建设的意见》；2020 年教育部办公厅颁发的《关于进一步做好乡村教师生活补助政策实施工作的通知》。

综合、全面分析上述所列政策文本，可以发现进入 21 世纪以后，我国乡村教师政策的出台不但数量较多、密度较大，而且政策内容的问题导向明显，具有较强的操作性。

第一，为乡村教师队伍建设提供必要的体制机制保障。明确规定我国农村义务教育实行"在国务院领导下，由地方政府负责、分级管理、以县为主"的体制，要求省级人民政府统筹农村义务教育发展，将农村教师队伍建设作为我国中小学教师队伍建设的重点。在此基础上，将农村义务教育完全纳入公共财政保障范围，建立中央和地方分项目、按比例分担的农村义务教育经费保障机制，相应的内容主要有：全部免除农村义务教育阶段学生学杂费；对贫困家庭学生免费提供教科书，相应的资金东部地区由地方承担，中西部地区由中央承担；补助农村学校寄宿生生活费，所需资金全部由地方承担;提高农村义务教育阶段学校公用经费保障水平,所需经费由中央和地方分担,其中西部地区比例为8:2,中部地区比例为6:4,东部地区除直辖市外分省确定;校舍维修改造资金中央与地方分担,中西部地区比例为5:5,东部地区主要由地方承担,中央给予适当奖励。十八大以后,我国整合农村义务教育经费保障机制和城市义务教育奖补政策,建立了城乡统一、重在农村的义务教育经费保障新机制,新机制强调,统一城乡义务教育"两免一补"政策,统一城乡义务教育学校生均公用经费基准定额,巩固完善农村地区义务教育学校校舍安全保障长效机制,巩固落实城乡义务教育教师工资政策。

第二,分阶段构建乡村教师队伍建设的目标系统。明确提出:到2017年,乡村学校优质教师来源得到多渠道扩充,乡村教师资源配置得到改善,教育教学能力水平稳步提升,各方面合理待遇依法得到较好保障,职业吸引力明显增强;到2020年,城乡师资配置基本均衡,乡村教师待遇稳步提高,岗位吸引力大幅增强;到2025年,完善部属师范大学示范、地方师范院校为主体的乡村教师培养支持服务体系,为中西部欠发达地区定向培养一批优秀中小学教师,乡村教师数量基本满足需求,质量水平明显提升,队伍结构明显优化,地位大幅提高,待遇得到有效保障,职业吸引力持续增强。到2035年,所有乡村教师的综合素质、专业化水平和创新能力大幅提升,能主动适应信息化、人工智能等新技术变革,积极有效开展教育教学,在岗位上有幸福感、事业上有成就感、社会上有荣誉感。

第三,致力于解决乡村教师数量满足与结构优化问题。相应的政策举措可概括为"七个实施",即:实施城乡统一的中小学编制标准,释放乡村教师队伍建设的空间;实施农村学校教育硕士师资培养计划,为乡村学校输送高学历的骨干教师储备;实施"三支一扶"计划、"西部计划"和"特岗计划",每年招募一定数量高校毕业生到乡镇支教或到中西部地区的乡村学校任教;实施部属师范大学师范生公费教育,要求毕业生履行为乡村教育服务的义务;实施乡村教师定向培养,根据当地乡村教育实际需求培养本土化的、一专多能型的乡村教师;实施城乡教师交流轮岗,通过"县管校聘"改革推动城市学校教师到乡村学校任教以及乡镇中心校教师到村小、教学点任教;实施银龄讲学计划,每年招募一定数量已退休的校长、教研员、特级教师、骨干教师到农村义务教育学校讲学。

编制对乡村教师配置具有重要意义。进入新世纪以来，我国中小学教师编制已经历了三次调整。2001年开始实行三分法，城市、县镇、乡村分别执行不同的标准。2009年以后实行二分法，城市一个标准，县镇及以下执行另一个标准。2014年，我国统一城乡中小学教职工编制标准，这种统一假定所有学校都有一定规模，所有班级都按规定人数成班，以城市学校为参照，以"生师比"为计算口径，规定高中教职工与学生比为1∶12.5，初中为1∶13.5，小学为1∶19。2020年，教育部等六部门颁发的《关于加强新时代乡村教师队伍建设的意见》提出：要创新乡村教师编制配备，对民族地区、寄宿制、承担较多教学点管理任务的乡村学校，按一定比例核增编制；要挖潜调整乡村学校编制，探索教师跨学科、跨学段转岗机制，通过跨校兼课、走教等方式实现区域内教师资源共享；要规范乡村学校人员管理，严禁长期空编和有编不补、编外用人，逐步压缩使用编制的非教学人员比例。

农村学校教育硕士师资培养计划简称"硕师计划"，2004年开始试行，2006年以后从国家扶贫县扩展到省级贫困县，从中西部地区扩展到东部地区。"硕师计划"由指定高校推荐并免试入学，原采取"3＋1＋1"培养模式，后改为"3＋1"，即"硕师计划"研究生先到县镇及以下的乡村学校任教三年，边工作边学习，通过现代远程教育、寒暑假集中面授等方式学习研究生基础课程，第四年到相关高校脱产学习核心课程，并完成教育硕士论文答辩，毕业时获得硕士研究生毕业证书和教育硕士专业学位证书。所有"硕师计划"研究生在读期间免缴学费，在三年服务期内按照在职教师相关政策待遇执行，三年服务期满后若与当地教育部门续签教师聘用合同，脱产学习一年的待遇按照在职教师脱产学习的规定执行。

"三支一扶"计划指每年招募高校毕业生去乡村基层从事支农、支教、支医和扶贫工程工作，以应届毕业生为主。该计划自2006年开始实施，每五年为一轮，2021年已进入第四轮，累计选派43.1万高校毕业生到乡村基层服务。"三支一扶"计划采取公开招募、自愿报名、组织选拔、统一派遣方式，工作时间二至三年，服务期内给予一定的生活和交通补贴，服务期满后虽自主择业，但可享受规定的优惠政策。

"西部计划"指每年招募一定数量的高校应届毕业生或在读研究生,到西部贫困县乡镇开展为期一至三年的志愿服务工作。具体分为七个专项,即基础教育、服务三农、医疗卫生、基层青年工作、基层社会管理、服务新疆、服务西藏,其中"基础教育专项"包括研究生支教团,主要服务于西部贫困县的乡村学校,招募对象优先考虑师范类专业学生。该计划2003年开始实施,服务范围涉及全国2 100多个县市区旗,截至2020年年底,已累计选派30万名志愿者。所有志愿者在服务期内享受一定的生活补贴,服务期满颁发证书,并在竞争公务员岗位时享受加分或优先录取政策。

"特岗计划"是农村义务教育阶段学校教师特设岗位计划的简称,指每年公开招募高校毕业生到相关省份的农村义务教育阶段学校任教,任期三年。该计划自2006年实施以来,已多次进行调整。从覆盖面观之,最初出台时,计划的实施范围以西部地区"两基"攻坚县为主,2009年则由西部扩大到中部,由"两基"攻坚县扩大到国家扶贫开发工作重点县。2012年,计划的实施范围再次扩大,涵盖11个集中连片特困地区和四省藏区县、中西部地区国家扶贫开发工作重点县、西部地区原"两基"攻坚县、纳入国家西部开发计划的部分中省份的少数民族自治州以及西部地区一些有特殊困难的边境县、少数民族自治县和少小民族县。2015年以后,计划的实施范围进一步扩大到中西部老少边穷岛等贫困地区。从年招募规模观之,表现出明显的递增态势,2006年为1.6万,2012年为6万,2016年为7万,2020年为10.5万,实施十余年来,已累计招募特岗教师近一百万,约90%的特岗教师转为正式在编教师。从工资补贴标准观之,最初的标准为人均每年1.5万元,2007年改为18 960元,2009年改为20 540元,2012年西部地区提高到2.7万元,中部地区提高到2.4万元,2014年再次调整,其中西部地区为3.1万元,中部地区为2.8万元。从岗位特点观之,开始的几年原则上安排在县以下农村初中,适当兼顾乡镇中心学校。2013年提出努力提高村小、教学点特岗教师招聘比例,推进偏远农村乡村学校教育质量的提高。2016年规定特岗教师优先满足连片特困地区和国家扶贫开发工作重点县村小和教学点的教师补充需求。

师范生公费教育2007年开始在教育部六所直属师范大学试点实施,被称之为师范生免费教育。2011年至2012年,国家对原有的政策设计进行完善,对就业、免试攻读教育硕士等具体工作进行部署和安排。2018年,国家将师范生免费教育改称为师范生公费教育,对相关政策的目标、内容进行重大调整。公费师范生享有的权利主要有:免缴培养期间的相关费用,生活补助由固定的助学金改为动态调整;就业得到有效保障,确保就业时有岗有编;职后发展渠道畅通,经考核可免试攻读非全日制教育硕士。公费师范生需要履行的义务最初规定为"毕业后回到生源所在省份的中小学任教,且从事中小学教育十年以上,其中到城镇学校工作的免费师范毕业生,应先到农村义务教育学校任教服务二年",2018年开始将服务期限调整为六年,将到农村中小学服务时间调整为一年。截至2020年年底,教育部六所直属师范大学已累计招收公(免)费师范生12万人左右。

乡村教师定向培养是师范生公费教育举措的延伸、推广,是中央与地方政府探索乡村教师质量提升与优化的实践结晶。目前全国已有28个省(区、市)实施乡村教师定向培养,每年补充4万余名毕业生到乡村学校任教。江苏省2016年起开展乡村教师定向培养工作,每年安排2 500人左右招生计划,学费采取先缴后补方式,所有定向生只要正常毕业并获得教师资格证就可直接入编上岗。湖南省在2006年便开始大专层次乡村小学教师定向培养工作,目前已形成四年制本科、六年制本科、五年制专科等多种培养格局,所需经费由省、市财政分别提供。广西壮族自治区规定,定向双语师范生由定向市、区按协议安排就业,必须在相关乡村小学或教学点从事壮汉双语教学8年以上。2021年开始,国家实施中西部欠发达地区优秀教师定向培养专项,试图从源头上改进和加强中西部欠发达地区中小学教师队伍建设。该项目采取"省来县去"的定向模式,由教育部直属师范大学与地方师范院校负责实施,每年为832个脱贫县和中西部陆地边境县培养一万名左右师范生,其中"优"具体表现在三个维度,即优管理、优培养、优保障。优管理指单列指标,单独划线,所有学生均须签订协议,承诺毕业后到生源所在省份定向县中小学履约任教不少于6年。优培养涉及一系列举措的落实,包括构建地方政府、中小学校、高校三方协同育人机制,利用人工智能等信息技术提升教师培养质量,全面落实高校教师与中小学教师共同指导教育实践的"双导师制"。优保障主要表现为经费支持与相关政策支持,如:优师计划学生在校学习期间免除学费、住宿费并享受生活补助,履约任教后优先安排培训项目、访学交流、教学技能竞赛等活动。

教师交流轮岗的目的是推动义务教育均衡发展,核心内容是推动城市优秀教师向乡村薄弱学校流动以及乡镇中心校教师向村小、教学点流动,关键词则有两个,即"县域内"以及"县管校聘"。所谓"县域内",强调的是教师交流轮岗的区域特点,其提出与实践,不但反映了我国义务教育管理"以县为主"的基本特征,而且涉及法律的权威性,我国《义务教育法》明确规定"县级人民政府教育行政部门应当均衡配置本行政区域内学校师资力量,组织教师的流动,加强对薄弱学校的建设"。所谓"县管校聘",本质是要通过推进教师由传统的"校管"走向"县管",打破教师交流轮岗的管理体制障碍,实现县域内教师的共享。我国 2006 年即出台了城市学校教师援助性流动的指导性文件,2012 年首次在国家政策文本中出现教师"交流轮岗"的表述,2014 年形成了县域内教师交流轮岗的工作方案,2015 年确立了十九个全国首批义务教育教师"县管校聘"改革示范区,2020 年明确提出"全面推行义务教育阶段教师县管校聘,有计划安排县城学校教师到乡村支教,要将到农村学校或薄弱学校任教 1 年以上作为申报高级职称的必要条件,村小、教学点新招聘的教师,5 年内须安排到县城学校或乡镇中心校任教至少 1 年"。目前,我国已有 25 个省份出台有关教师交流轮岗的政策,各省在交流对象、比例、类型、期限、范围、方式上存在一定差异,其中交流轮岗的途径和方式主要有定期交流、跨校竞聘、学区一体化管理、学校联盟、集团化办学、对口支援、学区内走教、乡镇中心学校教师走教、"管理团队+骨干教师"组团输出等。由于我国目前的教师交流轮岗已从"柔性流动"转向"刚性流动",从"鼓励引导"走向"制度性安排",表现出浓厚的行政强制特征,因此,从特定角度看,交流轮岗是公办学校在编在岗教师职业生涯中必须履行或担当的重要责任和义务。

银龄讲学计划自 2018 年起开始实施,所需工作经费由中央财政和省级财政共同承担,实施目的是发挥优秀退休教师的引领示范作用,为县镇特别是乡村学校提供智力支持,缓解乡村学校优秀教师总量不足和结构不合理等矛盾。截至2020年年底,银龄讲学计划已招募一万名讲学教师,这些讲学教师以已退休的校长、教研员、特级教师、骨干教师为主,服务范围以县为单位,涉及连片特困地区县、国家扶贫开发工作重点县、省级扶贫开发工作重点县、深度贫困县、贫困的民族县、革命老区县、边境县以及新疆生产建设兵团困难团场等,服务时间原则上不少于一学年,岗位职责包括课堂教学、听课评课、指导青年教师、参与教学管理等。

第四,聚焦待遇、条件等,力图让乡村教师留得住。相应的政策举措主要有:落实乡村教师工资待遇,依法缴纳住房公积金和各项社会保险;为乡村教师特别是集中连片特困地区乡村教师发放生活补助,实行差别化的补助标准;推进艰苦边远地区乡村教师周转宿舍建设,将符合条件的乡村教师住房纳入当地住房保障范围予以统筹;建立乡村教师荣誉制度,国家为在乡村学校从教30年以上的教师颁发荣誉证书,同时支持地方政府对乡村教师给予鼓励;实行职务(职称)倾斜政策,规定乡村学校教师高、中级岗位比例不得低于城镇同类学校,具体评聘时降低相关刚性要求。

落实乡村教师工资待遇包含两层含义,一是确保工资及时足额发放到位,杜绝拖欠现象,二是提高待遇,确保乡村教师年平均工资收入水平不低于当地公务员年平均工资收入水平。前者主要通过落实政府责任、加强督查予以保障,目前已收到明显效果,后者则涉及教师身份内涵的进一步明晰。我国乡村教师包括公办教师、临聘合同制教师、特岗教师、支教教师等不同类别,由于特岗教师、支教教师的工资体制不同于公办教师,而临聘合同制教师的待遇标准和工资保障高度分权化,主要由地方财政负担,因此,提高待遇主要指向公办教师。2009年,我国实施义务教育阶段学校绩效工资制度,教师工资被细分为岗位工资、薪级工资、绩效工资、津贴补贴四部分,其中岗位工资和薪级工资主要体现职称和工龄差异,绩效工资分为基础性绩效与奖励性绩效,分别占70%和30%,津贴补贴包括由中央财政负担的艰苦边远地区津贴和国家统一规定的特殊岗位津补贴。2015年,我国实施新一轮教师工资改革,此轮改革将部分津补贴或绩效工资纳入基本工资范畴,适当提高基本工资比重,试图体现行业平等、县域内校际平等原则。2018年,我国确立了公办中小学教师作为国家公职人员的特殊法律地位,要求核定绩效工资总量时统筹考虑当地公务员实际收入水平。2020年,教育部等六部门进一步要求,绩效工资的核定要向乡村小规模学校适当倾斜,相应的分配要向班主任、教学一线和教育教学效果突出的教师倾斜。据教育部统计,截至2020年年底,全国31个省(区、市)和新疆生产建设兵团已全部按预算安排实现义务教育教师平均工资收入水平不低于当地公务员的目标。

乡村教师生活补助旨在改善乡村教师生活条件,提高乡村教师的职业吸引力。该项工作于2013年启动,主要针对中西部集中连片特困地区的乡村学校教师,落实的责任主体是地方政府,即具体实施时间、补助范围和对象、补助标准和资金来源等,由各地结合实际情况确定。2015年,国务院提出要"全面落实集中连片特困地区乡村教师生活补助政策,依据学校艰苦边远程度实行差别化的补助标准"。2020年,针对一些地方补助额度相对较低、补助政策不够完善、工作开展不够规范、宣传引导力度不到位等问题,国家教育行政部门要求"保证集中连片特困地区全面落实乡村教师生活补助政策,并根据乡村学校艰苦边远程度,合理划分补助的档次及标准,实行有差别的补助政策。同时鼓励有条件的地方在现有基础上,进一步扩大实施范围,重点向教学点、村小和条件艰苦地区倾斜"。截至2020年年底,中西部22个省份725个集中连片特困地区县全部实施了乡村教师生活补助政策,人均月补助额达到369元。另外,中西部有17个省份扩大了政策覆盖面,将657个非集中连片特困地区县的乡村教师纳入补助范围,人均月补助额为331元。东部10个省份中有7个自主实施了乡村教师生活补助政策,人均月补助额为832元。

住房保障是乡村教师待遇政策的重要内容。从中央层面看,《乡村教师支持计划(2015—2020年)》《关于全面深化新时代教师队伍建设改革的意见》以及《关于深化教育教学改革全面提高义务教育质量的意见》,均明确提出要加快乡村学校教师周转宿舍建设,要求各地将符合条件的乡村教师住房纳入当地住房保障范围。从地方层面看,河南省政府办公厅2019年印发了《河南省农村教师周转宿舍建设实施方案》和《河南省农村教师住房建设工作实施方案》,明确提出"到2022年,基本实现全省在乡村公办义务教育学校（含教学点）工作的特岗教师、支教交流教师、离家较远需在校食宿的在编在岗教师一人一套周转宿舍；3—5年内，通过建设商品住房、组织团购、发放购房补贴或优惠券、提供教师公寓租住等方式，稳妥有序满足全省乡村学校（含教学点）在编在岗教师的基本住房需求，购买商品住房的原则上每平方米价格比同地段同品质商品房优惠不低于1 000元，或实际优惠幅度不低于20%"。甘肃省将解决乡村教师住房问题纳入为民办实事的具体工作范畴，2020年在全省23个深度贫困县建设乡村教师周转宿舍900余套。四川省教育厅等五部门2021年联合印发《四川省义务教育教师安身工程实施方案》，以县级统筹、相对集中、面积适宜、功能完善为原则，以方便工作和生活为主要考量因素，试图通过建租结合方式，为边远乡村义务教育阶段学校确有需要的教师解决安身问题。目前，我国乡村教师周转宿舍总体数量严重不足，仅有约20%的乡村教师享有周转宿舍，中西部地区乡村教师周转宿舍建设实际成效尚不容乐观，任务依然紧迫而艰巨。

乡村教师荣誉制度的实施，是我国教师发展进程中的一个里程碑事件。2015年，国务院办公厅颁发的《乡村教师支持计划（2015—2020年）》明确提出要建立乡村教师荣誉制度，由国家对在乡村学校从教30年以上的教师按照有关规定颁发荣誉证书，省（区、市）、县（市、区、旗）分别对在乡村学校从教20年以上、10年以上的教师给予鼓励，旨在通过荣誉制度的建设，提升乡村教师职业荣誉感，宣传乡村教师坚守岗位、默默奉献的崇高精神，在全社会营造关心支持乡村教师的浓厚氛围。2016年，国家开始"乡村学校从教三十年教师荣誉证书"的颁发工作，一些地方政府也制定了乡村教师荣誉制度的实施办法，如：甘肃省逐级建立与待遇水平相挂钩的荣誉制度；青海省对在乡村学校任教15年以上的教师由市州颁发荣誉证书。2020年，国家有关部门要求各地结合实际，对在乡村学校从教30年以上的教师给予奖励，同时在各类人才项目、荣誉表彰、评奖评优中向乡村教师倾斜。

职称具有重要的杠杆作用。城乡教师职称结构不均衡，乡村教师中高级特别是高级岗位比例偏低，导致不少乡村学校教师从教20余年没有机会评上中级职称，到退休无望评上高级职称。基于上述现象，《乡村教师支持计划（2015—2020年）》要求"职称评聘向乡村学校倾斜，实现县域内城乡学校教师岗位结构比例总体平衡"。人社部、教育部颁发的《关于深化中小学教师职称制度改革的指导意见》提出"职称评审的具体评价标准条件要综合考虑乡村小学和教学点实际,适当倾斜,稳定和吸引优秀教师在边远贫困地区乡村小学和教学点任教"。教育部、中组部等六部门颁发的《关于加强新时代乡村教师队伍建设的意见》要求"职称评聘向乡村教师倾斜,对长期在乡村从教的中小学教师,职称评审放宽学历要求,不作论文、职称外语和计算机应用能力要求。另外,允许乡村小学教师按照所教学科评聘职称,不受所学专业限制"。教育部、中宣部等八部门颁发的《新时代基础教育强师计划》规定"对长期在乡村学校工作的中小学教师,职称评聘可定向评价、定向使用,中高级岗位实行总量控制、比例单列,不受各地岗位结构比例限制"。

第五,扎实推进乡村教师专业发展。相应的政策举措包括:明晰对乡村教师的统一要求,切实减轻工作负担;聚焦师范类高校与师范专业建设,不断提高乡村教师职前培养质量;以职后培训作为乡村教师专业发展的主要路径,构建"国家—省—地级市—县—校"五级培训体系;启动中西部乡村中小学首席教师岗位计划,为中西部乡村学校造就基础教育领军人才;优化乡村青年教师发展环境,实施乡村青年教师专业成长项目。

我国对乡村教师的要求通常表现出鲜明的时代特点。2000年,教育部印发《关于加强中小学教师职业道德建设的若干意见》,从八个方面对中小学教师提出要求。2005年,教育部印发《关于进一步加强和改进师德建设的意见》,提出加强和改进师德建设的总体要求、主要任务以及措施。2008年,修订后的《中小学教师职业道德规范》要求中小学教师爱国守法、爱岗敬业、关爱学生、教书育人、为人师表、终身学习。2012年,教育部颁发了中小学教师专业标准,标准涉及专业理念与师德、专业知识、专业能力三个维度,每个维度划分为若干领域,在每个领域下,又提出了不同的基本要求。2014年,教育部印发《中小学教师违反职业道德行为处理办法》,设置了中小学教师师德的"十条红线",同时,针对少数教师利用职务之便违规收受礼品礼金等行为,印发了《严禁教师违规收受学生及家长礼品礼金等行为的规定》,明确提出"六个严禁"。2015年,教育部印发《严禁中小学校和在职中小学教师有偿补课的规定》,提出六条禁令。2018年,教育部印发《新时代中小学教师职业行为十项准则》，要求中小学教师坚定政治方向、自觉爱国守法、传播优秀文化、潜心教书育人、关心爱护学生、加强安全防范、坚持言行雅正、秉持公平诚信、坚守廉洁自律、规范从教行为。同年，教育部还对2014年印发的《中小学教师违反职业道德行为处理办法》进行修订，列举了应予处理的十一种情形以及具体的处理办法。2019年，教育部、中组部等七部门颁发的《关于加强和改进新时代师德师风建设的意见》要求大力提升教师职业道德素养，将师德师风建设要求贯穿教师管理全过程。2020年，中共中央、国务院颁发《深化新时代教育评价改革总体方案》，明确提出把师德师风作为教师评价的第一标准，作为教师资格定期注册、业绩考核、职称评聘、评优奖励的首要要求，要求突出教育教学实绩，把认真履行教育教学职责作为评价教师的基本要求，探索建立中小学教师教学述评制度。同年，教育部等六部门印发《关于加强新时代乡村教师队伍建设的意见》，要求乡村教师真正深入当地百姓生活，通晓乡情民意，厚植乡村教育情怀，发挥新乡贤示范引领作用，做乡村振兴和乡村教育现代化的推动者和实践者；要求乡村教师探索小班化教学模式，融合当地风土文化开发校本教育教学资源，关注留守儿童、特殊困难学生，通过家访、谈心谈话、指导开展家庭教育等方式帮助学生健康成长。

减负政策是对中小学教师负担过重现象的积极回应。从共性看，各种填表、考评、比赛、评估，压得许多中小学教师喘不过气来，很少有时间和精力静下心来研究教学、备课充电、提高专业化水平。从个性看，乡村教师的工作负担过重在量的特征上表现为工作总量多、工作时间长，在质的特征上表现为工作重心漂移、工作面过广。[①] 为此，2019年9月中央深改委审议通过了《关于减轻中小学教师负担进一步营造教育教学良好环境的若干意见》，上述《意见》阐述了中小学教师减负的重要意义，列举中小学教师负担较重的主要表现，从统筹规范督查检查评比考核事项、社会事务进校园、相关报表填写工作、抽调借用中小学教师事宜等四个方面，明确减负的主要任

---

① 朱秀红，刘善槐.我国乡村教师工作负担的问题表征、不利影响与调适策略——基于全国18省35县的调查研究[J].中国教育学刊，2020(1).

务、责任主体和重点举措。2020年,全国31个省(区、市)和新疆生产建设兵团都出台了教师减负清单。江西省委办公厅、省政府办公厅印发的《江西省减轻中小学教师负担十八条措施》,要求省政府教育督导委员会加强督导,把减轻中小学教师负担工作纳入对设区市政府履行教育职责督导评价内容。北京市教委建立《中小学教师减负工作任务台账》,要求各区确保对中小学校和教师的督查检查评比考核事项在现有基础上减少50%以上。宁夏回族自治区明确规定中小学教师减负"十条",对现有涉及中小学教师的督查检查评比考核事项进行全面清理精简,取消可有可无事项。

  加强师范类高校与师范专业建设是从源头上提升乡村教师队伍质量的重要举措。2001年,国务院颁布《关于基础教育改革与发展的决定》,用"教师教育"取代原来长期使用的"师范教育",提出要完善以师范院校为主体、其他高等学校共同参与、培养培训相衔接的开放教师教育体系。2011年,教育部颁布《教师教育课程标准(试行)》,这是我国教育史上第一部关于教师教育课程的国家标准,体现了国家对教师教育课程的基本要求。2012年,《国家教育事业发展第十二个五年规划》提出改革师范生招生制度,录取乐教、适教的优秀学生,同时根据培养质量和就业情况,调控师范院校、专业的招生规模。2017年,为规范和引导师范专业合理定位、特色发展、追求卓越,教育部印发《师范类专业认证办法》以及中教、小教、学前三个专业认证标准,由此拉开了我国师范专业认证的序幕。2018年,中共中央、国务院颁发《关于全面深化新时代教师队伍建设改革的意见》,明确提出建立以师范院校为主体、高水平非师范院校参与的中国特色师范教育体系,推进地方政府、高等学校、中小学"三位一体"协同育人,要求加大对师范院校的支持力度,教育硕士、教育博士授予单位及授权点向师范院校倾斜,支持高水平综合大学成立教师教育学院,积极参与基础教育教师培养工作。同年,教育部等五部门联合印发《教师教育振兴行动计划(2018—2022年)》提出建设一流师范院校和一流师范专业,通过多种方式吸引优质生源报考师范专业,推动实践导向的教师教育课程内容改革和以师范生为中心的教学方法变革,将师德教育作为师范生培养的必修模块。2021年,国家发改委、教育部、人社部印发《"十四五"时期教育强国推进工程实施方案》,提出支持一批优质师范院校建设,重点打造一批师范教育基地。2022年,教育部、中宣部等八部门颁发的《新时代基础教育强师计划》提出"明确师范院校教育教学评估和相关学科评估基本要求,探索建立符合教师教育规律的师范类双一流建设评价机制,切实推动师范院校把办好师范教育作为第一职责,将培养合格教师作为主要考核指标"。在中央政府的强力推动下,广东积极推进"新师范"建设,加大对师范院校和师范专业的支持力度。山东、重庆、甘肃、新疆等地提高师范专业生均拨款标准,有的已达到非师范专业的1.5倍。福建明确要求师范院校要重点发展师范教育,师范类在校生原则上不低于三分之一。广西以师范院校为主体实施高校师范专业办学能力提升计划,近6年累计投入近4亿元,重点建设20个教师教育基地。

职后培训对提升乡村教师队伍专业水平具有重要意义。2003至2007年,教育部组织实施了"中小学教师全员培训计划",该轮培训以面向全员、突出骨干、倾斜农村为原则,以新理念、新课程、新技术和师德教育为重点。2007年出台的《国家教育事业发展"十一五"规划纲要》强调通过现代远程教育,使中西部50%的乡村教师在2010年之前接受一次专业培训。2010年,教育部、财政部联合印发《关于实施"中小学教师国家级培训计划"的通知》,开始实施以"中小学教师示范性培训项目"和"中西部农村骨干教师培训项目"为重点的"国培计划"。2015年,在总结经验与问题的基础上,中央政府对"国培计划"进行改革,规定自2015年起,"国培计划"集中支持中西部乡村学校的教师校长培训,要求将乡村教师培训纳入基本公共服务体系,将师德教育作为乡村教师培训的首要内容,加强乡村学校音体美等师资紧缺学科教师的培训,采取顶岗置换、网络研修、送教下乡、专家指导、校本研修等多种形式。2016年,为推动各地变革乡村教师培训模式,提升乡村教师培训实效,教育部研究制定了《送教下乡培训指南》《乡村教师网络研修与校本研修整合培训指南》《乡村教师工作坊研修指南》以及《乡村教师培训团队置换脱产研修指南》。2018年,中共中央、国务院颁发《关于全面深化新时代教师队伍建设改革的意见》,要求转变培训方式,推动信息技术与教师培训的有机融合,实行线上线下相结合的混合式研修;要求改进培训内容,紧密结合教育教学一线实际,切实提升教师的教学水平;要求建立健全地方教师发展机构和专业培训者队伍,逐步推进县级教师发展机构建设与改革,实现培训、教研、电教、科研部门有机整合。2020年,教育部等六部门颁发的《关于加强新时代乡村教师队伍建设的意见》,提出构建省、市、县教师发展机构、教师专业发展基地学校以及名校长、名班主任、名教师"三名"工作室五级一体化、分工合作的乡村教师专业发展体系,引导师范院校教师与乡村教师形成学习共同体、研究共同体和发展共同体,推动名师走进乡村学校讲学交流,让更多乡村教师获得前往教育发达地区研修、跟岗学习的机会。2021年,教育部、财政部印发《关于实施中小学幼儿园教师国家级培训计划(2021—2025年)的通知》,明确提出"十四五"期间实施中西部骨干项目,支持国家乡村振兴重点帮扶县教师校长能力整体提升,要求推进以教师自主学习、系统提升、持续发展为导向的"国培计划"改革,建立教师自主发展机制,探索教师自主选学等模式,推进人工智能与教师培训融合发展。2022年,教育部、中宣部等八部门印发《新时代基础教育强师计划》,提出"深化精准培训改革",要求"通过建立标准、项目拉动、转型改制等举措,推动各地构建完善省域内教师发展机构体系,建强县级教师发展机构及培训者、教研员队伍,打造高水平课程资源"。截至2021年年底,我国乡村教师培训已取得显著成效,不仅精准性、全面性特点逐步彰显,而且形成了丰富的地方经验,如:贵州省从区域实际出发,努力构建"省内外优质教师培训基地—区域性乡村教师发展中心—乡村校本研修示范学校—乡村名师工作室一体化"的乡村教师专业发展服务支持体系;海南省建立省级教研机构分片视导和市县教研机构教研员包点帮扶制度,重点对乡村教师的教学基本功、教学基本规范和教育科研基本能力进行指导;辽宁省建立了100个乡村教师"影子"培训基地学校,组建了1 000名乡村教师导师团队;江苏省从2012年起开展了省示范性县级教师发展中心建设评估工作,力图使其对乡村教师专业发展的指导服务更接地气、更近需求、更有实效。

选聘乡村中小学首席教师,目的是培养当地基础教育领军人才,推动周围乡村教师专业发展,最终提高乡村教育质量。我国中西部乡村中小学首席教师岗位计划于2019年开始在河南、安徽、陕西、甘肃四省22个地市进行试点。首席教师比例以乡镇或学区为单位,按中小学专任教师数100人以下、100人以上200人以下、200人以上等三个档次,分别设立1、2、3个首席教师岗位,其选聘侧重语文、数学、英语学科,面向县域内中小学公开竞聘,申请人除了在教研教学以及师德等方面表现优异外,还需要具备副高以上职称、50周岁以下、非乡镇中心校正职校领导等条件。首席教师实行任期制管理,三年一聘,聘用期间不但要承担所在乡村学校的正常教学工作,还要参与所在县(市、区)、乡镇和学校的教育教学改革,组建教师发展共同体或名师工作室,培养乡镇青年教师,待遇可参照特级教师,评优评先时予以倾斜或者同等条件下优先考虑,贡献特别突出者,可破格晋升正高级职称。2020年,3 000多名乡村首席教师如一颗颗教育的火种,成为脱贫攻坚的中坚力量,点燃乡村的文明之光。2021年4月,乡村中小学首席教师岗位计划试点工作现场推进会在河南召开,会议在肯定试点成效的同时,要求建立健全遴选、聘任、培训、考核、激励、经费保障等环节的配套措施,把首席教师培养好、管理好、保障好、宣传好,支持他们立足乡村,大胆探索,成为教育家型的乡村教师。

  乡村青年教师多出生于80年代至90年代期间,对物质生活和精神生活的追求与老一辈教师有很大不同。为了彰显乡村青年教师的乡村教育主力军地位,湖北省自2015年以来普遍建立了乡村青年教师成长档案,支持高校建设乡村教师青春影像馆,积极组织乡村优秀青年教师高级研修培训,遴选一批乡村优秀青年教师跟踪培养。2018年开始,教育部教师工作司、中国教师发展基金会连续五年实施乡村优秀青年教师培养奖励计划,每年在全国范围内遴选出300名35周岁以下的乡村优秀青年教师,这些入选者由教育部及各省教育行政部门进行培养,由中国教师发展基金会负责奖励工作。2020年,教育部、中组部等六部门印发的《关于加强新时代乡村教师队伍建设的意见》提出,要在培训、职称评聘、表彰奖励等方面向乡村青年教师倾斜,通过实施多种形式的乡村青年教师成长项目以及乡村优秀青年教师培养奖励计划,通过名师、名校长、骨干教师的传帮带,加快乡村青年教师成长步伐。另外,要关心乡村青年教师的婚恋问题,组织青年教师参加乡村各种文化活动,融入当地文化社会。

第二节 新世纪我国乡村教师政策文本的结构解读

政策文本的结构解读涉及政策制定主体与政策文本形式。政策制定主体指制定和发布政策的权威者,对此进行分析可以了解政府对乡村教师队伍建设的重视程度以及政府部门间的协同力度。政策文本形式集中指向发文的方式,可以单一,也可能丰富多样,最终如何选择主要取决于政策所针对的问题以及政策的内容。

一、政策制定主体

政策制定主体可划分为中央层级政策制定主体与地方层级政策制定主体,其中中央层级政策制定主体包括中共中央、全国人大常委会、国务院、中共中央办公厅、国务院办公厅、中组部、中宣部、中央编办、教育部、国家发改委、财政部、人社部(人事部)、文化和旅游部、住房和城乡建设部、中国人民银行、国家乡村振兴局等。

中共中央、全国人大常委会、国务院处于国家治理的顶层,其制定和发布的政策通常为法律法规或政务性的,对乡村教师队伍建设具有整体、深刻和长远影响,是乡村教师队伍建设工作的根本遵循,是其他相关政策形成的重要依据,颇具代表性的政策文本主要是《国家中长期教育改革和发展规划纲要(2010—2020年)》《关于加强新时代教师队伍建设改革的意见》《中国教育现代化2035》。《国家中长期教育改革和发展规划纲要(2010—2020年)》是我国进入21世纪之后的第一个教育规划,是特定时期内指导我国教育改革和发展的纲领性文件,《规划》将教师队伍建设列为保障措施的主要构成,在第53条提出"以农村教师为重点,提高中小学教师队伍整体素质。创新农村教师补充机制,完善制度政策,吸引更多优秀人才从教。积极推进师范生免费教育,实施农村义务教育学校教师特设岗位计划,完善代偿机制,鼓励高校毕业生到艰苦边远地区当教师",在第54条提出"对长期在农村基层和艰苦边远地区工作的教师,在工资、职务(职称)等方面实行倾斜政策,完善津贴补贴标准。建设农村艰苦边远地区学校教师周转宿舍,对在农村地区长期从教、贡献突出的教师给予奖励",在第55条提出"逐步实行城乡统一的中小学编制标准,对农村边远地区实行倾斜政策。城镇中小学教师在评聘高级职务(职称)时,原则上要有一年以上在农村学校或薄弱学校任教经历"。2018年中共中央、国务院颁发的《关于加强新时代教师队伍建设改革的意见》是截至目前我国教师队伍建设最全面、最高规格、具有里程碑意义的文件,上述《意见》从党和国家教育事业发展的全局出发,绘就了新时代我国教师队伍建设与发展的宏伟蓝图,分别设立了5年目标和2035年远期目标,在此基础上,还专门针对乡村教师队伍建设提出明确要求,其中第22条规定"深入实施乡村教师支持计划,关心乡村教师生活,认真落实艰苦边远地区津贴等政策,全面落实集中连片特困地区乡村教师生活补助政策,依据学校艰苦边远程度实行差别化补助,鼓励有条件的地方提高补助标准,努力惠及更多乡村教师。加强乡村教师周转宿舍建设,按规定将符合条件的教师纳入当地住房保障范围,让乡村教师住有所居。拿出务实举措帮助乡村青年教师解决困难,关心乡村青年教师工作生活,在培训、职称评聘、表彰奖励等方面向乡村青年教师倾斜,优化乡村青年教师发展环境,加快乡村青年教师成长步伐。为乡村教师配备相应设施,丰富精神文化生活"。2019年印发的《中国教育现代化2035》是党中央、国务院立足国内国际形势,为实现"两个一百年"奋斗目标,根据党的十九大精神和全国教育大会精神,对我国教育现代化发展作出的系统谋划和总体部署。上述文本将建设高素质、专业化、创新型教师队伍作为教育现代化的十大战略任务之一,明确要求:大力加强师德师风建设,加强教师思想政治教育,创新师德建设机制;优化教师队伍管理,创新和规范教师配备,完善教师资格体系和准入制度,健全教师职称、岗位和考核评价制度;培养高素质教师队伍,振兴教师教育,夯实教师专业发展体系,提升校长办学治校能力,加快培养熟练应用信息技术的新型教师;提高教师社会地位,完善教师待遇保障制度,加大教师表彰力度。这些要求的提出，体现了将乡村教师队伍建设纳入教育现代化建设整体布局来谋划的政策导向，对加强新时代乡村教师队伍建设工作具有重要的导向作用。

中共中央办公厅、国务院办公厅发布的乡村教师政策有两种情形。第一种情形是政策的制定主体为中共中央办公厅、国务院办公厅，这种情形政策的内容通常是事务性的，是对中共中央、国务院此前已有文件的补充，如：2001年国务院办公厅颁发的《关于完善农村义务教育管理体制的通知》，是为了贯彻落实国务院《关于基础教育改革与发展的决定》的有关精神，确保新的农村义务教育管理体制在2002年全面运行；2019年中共中央办公厅、国务院办公厅印发的《加快推进教育现代化实施方案（2018—2022年）》，是根据中共中央、国务院所提出的2035年教育远景规划，聚焦未来五年教育发展的战略性问题、当前教育发展面临的紧迫性问题和人民群众关心的问题，按照可实施、可量化、可落地的原则而制定的行动计划和路线图；同年，中共中央办公厅、国务院办公厅印发了《关于减轻中小学教师负担进一步营造教育教学良好环境的若干意见》，上述文件出台的主要动因之一便是中央将2019年确定为"基层减负年"，明确了基层减负的硬杠杠，而与之相悖的是，教师队伍占据事业单位人员半壁江山，有关中小学教师负担过重的报道时有出现，成为广大基层教师反映强烈的突出问题。第二种情形是批转中央其他部门的文件，这种情形政策的内容必须经由党中央、国务院批准或同意，如：2008年国务院办公厅颁发的《关于义务教育学校实施绩效工资的指导意见》系国务院办公厅转发人社部、财政部、教育部联合制定的有关文本，其宗旨是深化教育人事制度改革，推进义务教育学校绩效工资制度的顺利实施；2018年国务院办公厅颁发的《教育部直属师范大学师范生公费教育实施办法》系国务院办公厅转发教育部、财政部、人社部、中央编办联合制定的有关文本，目的是落实中共中央、国务院《关于全面深化新时代教师队伍建设改革的意见》的相关要求，吸引优秀人才从教。

中央和国家部委办局制定、发布的乡村教师政策侧重于实践环节，与中共中央、国务院的顶层设计形成交相呼应关系，有独立主体与多元并列主体之分，具体如何选择由政策内容所涉及权力机构范围决定。独立制定、发布乡村教师政策的主要为教育部，相应的政策文本有《关于进一步加强和改进师德建设的意见》《关于大力推进城镇教师支援农村教育工作的意见》《中小学教师专业标准（试行）》《新时代中小学教师职业行为十项准则》《关于开展中西部乡村中小学首席教师岗位计划试点工作的通知》《关于进一步做好乡村教师生活补助政策实施工作的通知》等。由于乡村教师队伍建设的"跨界性"以及"边界模糊性"特点明显，不仅要解决乡村教师"下不去""留不住""教不好"等直接性问题，还要解决城乡二元体制机制、城镇化进程中的人口流动、乡土文化丧失等间接性问题，不仅是教育行政部门的职责，还涉及人事、编制、财政等部门的工作，因此，必须强调政策的协同性，这种协同有多个表现维度，其中之一就是部门协同，即同一政策由多个部门联合颁布。相关研究显示，新世纪我国乡村教师政策制定的部门协同呈现出"间断性上升"趋势。在2000年至2009年间，部门协同的趋势不明显，在此期间虽然出现了少数年份联合颁发政策的比例高达100%，但这主要是因为这几个年份的政策总量较少。2010年以后，联合颁发政策的比例整体较高，已达到了53.57%，每年均有多部门联合颁发乡村教师政策的情况。[①]

二、政策文本形式

新世纪我国乡村教师政策文本形式具有丰富性、多样性特点，具体包括法律、通知、意见、决定、方案、计划、纲要、办法、准则、标准等，其中最常用的形式为"意见"或"通知"。

"法律"是一种概括、普遍、严谨的行为规范，具有国家意志性、国家强制性等特点。自1980年《学位条例》颁布至今，我国教育立法发展已历经四十余年，形成了以宪法为统领，以《教育法》《义务教育法》《高等教育法》《职业教育法》《教师法》《民办教育促进法》《学位条例》《通用语言文字法》等八部

---

① 李玲,李伟.乡村教师队伍建设政策协同性评价研究[J].南京师大学报(社会科学版),2020(1).

法律为主体的中国特色社会主义教育法律法规体系。这些法律文本中"教育"条款的基本特征是：以调整教育主体之间的权利义务关系作为主要规范对象，以教育层级与内容的不同作为教育部门法划分的基础标准，以回应教育实践问题作为"教育"条款修订的触发条件。2021年4月，为了推进实施乡村振兴战略，发挥乡村在保障粮食等农产品供给、保护生态和环境、传承发展中华优秀传统文化等方面的特有功能，加强和改进乡村治理，增进乡村居民福祉，全面建设社会主义现代化强国，全国人大常委会审议通过了《中华人民共和国乡村振兴促进法》，并于2021年6月1日施行，该法强调"各级人民政府应当加强农村教育工作统筹，持续改善农村学校办学条件，支持开展网络远程教育，提高农村基础教育质量，加大乡村教师培养力度，采取公费师范教育等方式吸引高等学校毕业生到乡村任教，对长期在乡村任教的教师在职称评定等方面给予优待，保障和改善乡村教师待遇，提高乡村教师学历水平、整体素质和乡村教育现代化水平"。

"通知"是一种官方传达信息的书面文体，适用于发布、传达要求下级机关执行和有关单位周知的事项，批转、转发公文。作为我国乡村教师政策文本的"通知"，通常具有三个特点。首先，"通知"体现的是政府行政机构这种"语言社团"的话语规范和主流意识形态，由于主流意识形态规范源自中国共产党的政党领导以及全国人民代表大会的政体设置，因此，在"通知"的开始部分，往往会出现"为了……的需要，根据……精神"等字样，这种行文规范一方面反映了"通知"的意识形态背景，另一方面也彰显了这种意识形态的领导性地位。其次，"通知"的传达是在不同等级的政府或行政机构之间进行的，是"上"对"下"布置具体工作的一种文字工具，所以权利关系的线条非常明显，高一级的政府机关控制着"通知"的制定权，通过语言突出贯彻执行"通知"要求的必要性，被通知的对象作为政体关系中的下级，其排列顺序本质即是一种具体的权利分配现象。再次，"通知"与当前社会发展现状或社会问题有关，即通知的制定是为了应付或解决一种社会问题，不但具有现实性，更强调实效性，这种实效性虽然与阶级统治的政治需要紧密相连，要求准确传达执政党的意志，但同时必须顾及参与者、执行者、受益者因不同利益取向而产生的阐释差异。

"意见"是一种比较灵活、特殊的公文文种，适用于对重要问题提出见解和处理办法，可以多向行文，包括上行文、平行文与下行文。作为乡村教师政策文本的"意见"，通常是一种下行文，可细分为三种形态。第一种是规划性意见，即对某一时期某一方面的工作提出要求，这种意见通常只提出努力的方向，缺乏如何行动的具体措施。第二种是实施性意见，一般是为了贯彻某个重要的决定，或者使下级单位对某个问题有更为深入的理解。第三种是具体工作意见，即对某项工作做出比较明确细致的安排。不论是哪种形态的"意见"，出台的主要目的都是为了解决问题，因此，必须彰显指示性、规范性、针对性、探索性等特征。所谓指示性，是由公文的性质决定的，包含"意见"在内的公文，不是以潜移默化的启发来感染熏陶读者，而是要求照此办理，无条件执行，是指挥人们该做什么、不该做什么和如何去做的行为准则。所谓规范性，主要体现在"意见"能够被遵守，其基本特征是向下行文时会明确要求行文对象如何对待相关内容，最常见的就是要求行文对象"遵照执行"，或使用"应""应当""不得""不予"等标志性用语。所谓针对性，指"意见"一般是根据现实需要、针对现实问题提出的，主要目的在于解决问题，这与公文本身的定义是完全一致的，公文是"应用于社会公务活动之中、直接为社会公务活动服务的公务文书，它能直截了当地解决现实生活中的某些具体问题，要求现实的效用和显而易见的社会效果"。所谓探索性，指"意见"的内容往往不局限于已有规定，而是立足于开拓创新，这种创新可能涉及制度、体系，也可能涉及工作的目标、方式、方法。

"决定"是具有权威性、稳定性和长期性特点的决策性文种，是适用于对重要事项做出决策和部署、奖惩有关单位和人员、变更或者撤销下级机关不适当决定事项的公文。按照其内容和使用情况，"决定"可划分为四类，即法规政策性决定、部署指挥性决定、表彰处分性决定、决策知照性决定。法规政策性决定用于统一对带有普遍性重大问题的认识，确定大政方针，相应的文本结构主要有两种形式：一是"分部分"结构形式，即把全文划分为几个大的层次，层次与层次并列，各自相对独立；二是"分条列项"结构形式，即把全文分作若干条条，一条为一个独立的意思，条下再列项。部署指挥性决定用于部署某一重要工作或安排某一重要活动，往往需要先交代一下决定的背景与依据,在篇头处做文字撮要表达,然后再写具体内容与要求。为了表达清楚和便于执行,内容与要求多采用分条列项方法,条与条之间为并列的逻辑关系。表彰处分性决定一般采用"分列自然段"写法,即先用一段文字介绍被表彰或受处分对象的基本情况,用一段或数段文字表明表彰或处分的依据,在此基础上,再给出表彰或处分的决定,并据此提出希望、要求或发出号召。决策知照性决定由于是解决具体问题的,内容单一,文字简短,所以大都一气呵成,不分段落,采用"篇段合一"的结构形式。新世纪我国乡村教师政策以"决定"形式呈现的主要涉及前三类。如:2001年国务院颁发的《关于基础教育改革与发展的决定》分六个部分40条,总结了改革开放以来我国基础教育工作的经验,分析了当前基础教育面临的形势,深刻阐述了基础教育在社会主义现代化建设中的战略地位,描绘了进入新世纪基础教育改革与发展的蓝图,提出了解决基础教育突出问题的治本之策,应隶属于法规政策性决定范畴;2003年国务院颁发的《关于进一步加强农村教育工作的决定》分八个部分34条,就新时期农村教育工作发展做出了全面部署,重点突出了改革目的、改革内容、改革方向、经费保障、队伍建设等,应隶属于部署指挥性决定范畴;2016年教育部、人社部颁发的《关于向乡村学校从教30年教师颁发荣誉证书的决定》列举了颁发荣誉证书的动因和条件,要求地方政府和乡村学校大力宣传乡村教师优秀事迹,展现乡村教师良好精神面貌,完善利教惠师各项政策,保障教师合法权益,提高教师地位待遇。号召全国广大教师弘扬乡村教师坚守岗位、立德树人、淡泊名利、甘于奉献的崇高精神,争做有理想信念、有道德情操、有扎实学识、有仁爱之心的党和人民满意的好老师,应隶属于表彰处分性决定范畴。

"方案"一词来源于"方"和"案",本意指在案前得出方法,同时将方法呈于案前,后引证为行动的计划或制定的法式、条例。"方案"涉及标题与正文两部分。标题的呈现有"三要素"与"两要素"两种形式,"三要素"指标题由发文机关、计划内容和文种三部分组成,"两要素"则在标题中省略了发文机关。正文的呈现一般可分为常规法与变项法,前者适用于常规性单项工作,后者适用于特殊性单项工作,不管哪种写法,出台动因或依据必须说明。另外,主要目标、实施步骤、政策措施这三项虽然必不可少,但在实际成文时的具体称呼则允许不同。如：2018年教育部、财政部制定的《银龄讲学计划实施方案》将文本出台动因或依据概括为"深入贯彻落实习近平新时代中国特色社会主义思想和党的十九大精神，根据中共中央、国务院关于全面深化新时代教师队伍建设改革的有关精神，进一步加强农村教师队伍建设，充分利用退休教师优势资源，调动优秀退休教师继续投身教育的积极性，提高农村教育质量"，在此基础上，分目标任务、工作要求、保障措施、组织实施等多个部分展开；2020年中共中央、国务院颁发的《深化新时代教育评价改革总体方案》将方案出台动因或依据概括为"深入贯彻落实习近平总书记关于教育的重要论述和全国教育大会精神，完善立德树人体制机制，扭转不科学的教育评价导向，坚决克服唯分数、唯升学、唯文凭、唯论文、唯帽子的顽瘴痼疾，提高教育治理能力和水平，加快推进教育现代化、建设教育强国、办好人民满意的教育"，然后分总体要求、重点任务、组织实施三大块分别进行阐释。

"计划"是对未来活动所做的事前预测、安排和应变处理，可以按不同的方法进行分类。由于每一项计划都是在行动之前制定，针对某一个特定目标，且必须明确表达出组织的目标和任务，明确表达出实现目标所需的资源以及所采取的程序、方法和手段，明确表达出各类群体在执行计划过程中的权利和职责，因此，人们通常把"计划"的内容模块归纳为"为什么做——目的、做什么——目标、怎么做——措施、何时完成——步骤"。"计划"的文本结构主要有三种形式，即文章式、表格式以及时间轴式。文章式是把计划按照指导思想、目标和任务、措施、步骤等分条列项地编写成文，这种形式有较强的说明性和概括性，通常针对全局性的工作。表格式指整个计划以表格的形式呈现，一般用于时间较短、内容单一、量化指标较多的工作部署。时间轴式指计划按照主时间轴一次列开，内容按照实施先后顺序编制。从目前的情况看，新世纪我国乡村政策文本中以"计划"形式呈现的主要为第一种情形，如：《教师教育振兴行动计划（2018—2022年）》在描述政策出台动因的基础上，从指导思想、目标任务、主要措施、组织实施四个层面阐述如何建强做优教师教育，推动教师教育改革发展，其中目标部分明确提出"经过5年左右努力，办好一批高水平、有特色的教师教育院校和师范类专业，教师培养培训体系基本健全，师德教育显著加强，教师培养培训的内容方式不断优化，教师综合素质、专业化水平和创新能力显著提升"，主要措施归纳为"十个行动"，即师德养成教育全面推进行动、教师培养层次提升行动、乡村教师素质提高行动、师范生生源质量改善行动、"互联网＋教师教育"创新行动、教师教育改革实验区建设行动、高水平教师教育基地建设行动、教师教育师资队伍优化行动、教师教育学科专业建设行动、教师教育质量保障体系构建行动，组织实施则涉及责任主体、经费保障、督查机制等；2020年教育部、中宣部等九部门颁发的《中西部欠发达地区优秀教师定向培养计划》以贯彻落实习近平总书记关于教师队伍建设的重要讲话精神、落实《中华人民共和国国民经济和社会发展第十四个五年规划和2035年远景目标纲要》有关要求、推动巩固拓展教育脱贫攻坚成果同乡村振兴有效衔接等为宗旨，从工作目标、计划编制、招生录取、职前培养、就业管理、职后发展、实施保障七个方面阐述如何为中西部欠发达地区定向培养"四有"好老师，其中实施保障涵盖组织管理、经费支持、政策保障、督导评价等。2022年教育部、中宣部等八部门颁发的《新时代基础教育强师计划》以高质量教师是高质量教育发展的中坚力量为基本认知，以贯彻落实有关文件精神为主旨，从总体要求、具体措施、实施保障等三个方面阐释如何推动教师教育振兴发展，造就新时代高素质专业化创新型中小学教师队伍，其中总体要求涉及指导思想、基本原则以及目标任务，具体措施则包括提升教师思想政治素质、加强和改进师德师风建设、建设国家师范教育基地、开展国家教师队伍建设改革试点、建立教师教育协同创新平台、实施高素质教师人才培育计划、实施中西部欠发达地区优秀教师定向培养计划、深化精准培训改革、改进师范院校评价、进一步完善教师资格制度、优化义务教育教师资源配置、优化教职工编制配置、深化教师职称改革、完善岗位管理制度、加强教师工资待遇保障、推进教师队伍建设信息化等。

"纲要"属于一种计划体公文，是对某一时期或某一方面的重要工作如何完成，从指标、要求、方法、步骤到措施所做出的书面回答，具有指导和规范作用。由于"纲要"只是一种提纲挈领式的粗线条勾勒，适用时间较长，因此在写法上有其特定的内容与表现要求，通常由标题、制定机关名称和时间、正文三部分组成，其中正文强调意旨显豁、严整缜密，一般采用分部分的结构模式,每一部分虽各自表达一个完整的内容,具有相对独立性,但相互之间又有内在的必然联系,共同为表现全文主旨服务,如:《国家中长期教育改革和发展规划纲要(2010—2020年)》作为指导我国十年教育改革和发展的纲领性文件,分序言、总体战略、发展任务、体制改革、保障措施和实施六个部分,其中总体战略涉及指导思想、工作方针、战略目标以及战略主题,发展任务按学前教育、义务教育、高中阶段教育、职业教育、高等教育、继续教育、民族教育、特殊教育等不同类别分类阐述,体制改革包括人才培养体制改革、考试招生制度改革、办学体制改革、管理体制改革、建设现代学校制度以及扩大教育开放,保障措施集中围绕加强教师队伍建设、保障经费投入、加快教育信息化进程、推进依法治教、重大项目和改革试点、加强组织领导等展开;2019年中共中央、国务院颁发的《中国教育现代化2035》虽在标题中无"纲要"字样,但这是我国第一个以教育现代化为主题的中长期战略规划,是新时代推进教育现代化、建设教育强国的纲领性文件,具有全局性、战略性、指导性等特点。与以往党中央、国务院颁布的《中国教育改革和发展纲要》《国家中长期教育改革和发展规划纲要(2010—2020年)》等纲领性文件相比,《中国教育现代化2035》不但时间跨度更长,以我国基本实现社会主义现代化为时间节点,而且特别强调前瞻引领、立足国情、改革创新等特点的彰显,具体地,分为战略背景、总体思路、战略任务、实施路径、保障措施等五个部分,其中总体思路涉及指导思想、基本理念、基本原则和战略目标,战略任务包含学习习近平新时代中国特色社会主义思想、发展中国特色世界先进水平优质教育等十个方面,实施路径强调分区推进、分步推进、统筹推进、系统推进,保障措施包括加强党对教育工作的全面领导、完善教育现代化投入支撑体制以及完善落实机制。

"办法"有两种释义,作为汉语词语的"办法",指处理事情或解决问题的方法;作为应用写作范畴的"办法",指政府部门就贯彻执行某一法令、条例或开展某项工作而提出具体做法和要求的法规性公文。政策语境下的"办法",涉及标题、制定时间与正文。标题通常由发文机关、事由、文种构成,亦可仅涉及后两种。制定时间通常置于标题之下,采用加括号方式予以注明。正文可分章、分条叙述,包括依据、规定、说明,其中规定是"办法"的主体部分,需要将具体内容和措施依次逐条写清楚。如:2018年国务院办公厅颁发的《教育部直属师范大学师范生公费教育实施办法》由六章共二十七条构成,在总则部分,《办法》对师范生公费教育的实施宗旨、公费形式与内容提出总体性要求,明确指出《办法》的出台是"为了贯彻落实中共中央、国务院《关于全面深化新时代教师队伍建设改革的意见》,吸引优秀人才从教,培养大批有理想信念、有道德情操、有扎实学识、有仁爱之心的好教师,进一步形成尊师重教的浓厚氛围",在此基础上,围绕选拔录取、履约任教、激励措施、条件保障等,对2007年印发的《教育部直属师范大学师范生免费教育实施办法(试行)》和2012年印发的《关于完善和推进师范生免费教育的意见》进行改进与完善。在选拔录取部分,更加注重选拔乐教、适教的优秀学生加入公费师范生队伍。在履约任教部分,对公费师范生协议管理、服务期限、人事招聘、履约管理、诚信档案、攻读非全日制硕士学位等方面做出具体规定,明确权责要求。在激励措施部分,要求制订公费师范生生活费补助、奖学金等激励措施,支持履约任教的公费师范生实现专业发展。在条件保障部分,要求各地出台公费师范生编制、待遇等方面措施,加强公费师范生培养机制、教育实践、课程教学、师资等方面条件保障。《办法》最后还以附则形式对师范生公费教育的适用范围、施行时间和效力进行规定。

"准则"的理解有广义和狭义之分。广义的"准则",指言论、行动所依据的原则。政策语境下的"准则",系狭义所指,指政府根据需要所制定的关于群体行为的原则性要求。"准则"有原则性、全面性、概括性、特定性等特点。所谓原则性,指文本对于群体行为的规范主要着眼于大的方面,一般不涉及行为的细节。所谓全面性,指文本的内容应涉及群体相关行为的所有或主要方面,使组成群体的每一个个体在行为实施过程中随时有章可循。所谓概括性,指文本的条款在确保行为方向一致的前提下,应允许不同主体主观能动性的发挥。所谓特定性,指任何"准则"都是根据特定的人群而制定的,其适用范围和适用对象都是固定的。"准则"一般由标题和正文构成,其中标题可以是"适用范围+适用对象+文种",也可以是"适用对象+文种",正文则有条款式与引言加条款式两种呈现方法。条款式的要点是将准则所涉及的内容进行归类并细分为若干条,然后按照一定的逻辑顺序展开。引言加条款式的主体部分与条款式相同,只是前面有一段没有列入条款的引言,一般用来交代文本制定的根据、目的、意义等。如:2018年教育部印发的《新时代中小学教师职业行为十项准则》并没有涵盖中小学教师职业行为的所有方面,而是结合新时代、新要求、新形势,针对主要问题、突出问题进行规范,既有正面倡导、高线追求,也有负面禁止、底线要求。在相应的通知中,教育部强调了文本出台的动因。

"标准"是一个富有时间与空间特点的概念。农耕时代的"标准",通常是统治者意志的反映。工业时代的"标准",由于应用范围主要局限于工业领域,且依赖于技术的创新,侧重于效率的提升,因而本质上是一种"技术标准"。进入信息和知识时代,人们对"标准"的理解表现出多样化趋势,这种多样化不仅表现为不同社会组织、不同研究者的立场偏差,还表现为学科之间的认知差异。化学中的"标准",指组成确定、可准确计量、供相对分析用的纯物质。测量学中的"标准",指根据工作基准复现出不同等级、便于经常使用的计量器具或仪器。语言学中的"标准",可能指衡量事物的准则,亦可指本身合乎准则、可供同类比较核对的事物。公共政策学中的"标准",指政府制定的、以文本形式呈现的统一与基本尺度,这种尺度不但具备甄别与引导功能,还应当具有内容确定性、可反复操作等特点,不仅是预设的、可达到的,同时还是可测量的、可观察的,即必须将品质达到的程度予以量化,或转化为方便观察和评价的质性指标。具体地,以2012年教育部印发的《小学教师专业标准(试行)》为例。上述《标准》将小学教师专业划分为"专业理念与师德""专业知识""专业能力"等三个维度,然后在每个维度下确立若干领域,再在每个领域下提出了不同的基本要求。第一个维度分"职业理解与认识""对小学生的态度与行为""教育教学的态度与行为""个人修养与行为"等四个领域,共提出19项基本要求;第二个维度分"小学生发展知识""学科知识""教育教学知识""通识性知识"等四个领域,共提出17项基本要求;第三个维度分"教育教学设计""组织与实施""激励与评价""沟通与合作""反思与发展"等五个领域,共提出了24项基本要求。

第三节 新世纪我国乡村教师政策文本的演变逻辑

新世纪我国乡村教师政策并不是一个静态的集合,而是持续变化的动态系统,这种变化的关键时间节点是党的十八大。如何从纵向角度准确理解、描述政策的变化过程,对深化政策认识至关重要。

党的十八大开始,中国特色社会主义进入新时代。这里所言之"新",系相对于过去的近四十年而言,即相对于改革开放至十八大之前这一段时间,具体有多个观察维度。从外部特征看,新时代是承前启后、继往开来、在新的历史条件下继续夺取中国特色社会主义伟大胜利的时代,是决胜全面建成小康社会、到2035年基本实现社会主义现代化、到本世纪中叶把我国建成富强民主文明和谐美丽的社会主义现代化强国的时代,是全国各族人民团结奋斗、不断创造美好生活、逐步实现全体人民共同富裕的时代,是全体中华儿女勠力同心、奋力实现中华民族伟大复兴中国梦的时代,是我国日益走近世界舞台中央、不断为人类做出更大贡献的时代。从指导思想看,新时代强调更加强烈的使命责任意识、更加牢固的理想信念意识、更加明确的人民中心意识、更加全面的战略布局意识、更加科学的统筹推进意识、更加积极的创新发展意识、更加鲜明的政治核心意识、更加坚定的从严治党意识、更加执着的依法治国意识、更加清晰的文明共存意识。从社会主要矛盾看,我国原来的社会主要矛盾是人民群众日益增长的物质文化需要同落后的社会生产之间的矛盾,进入新时代后,已转化为人民日益增长的美好生活需要和不平衡不充分发展之间的矛盾。这里所言之需要,涉及物质、社会、心理三个层面,其中物质需要包括生存的物质生活需要、享受的物质生活需要以及发展的物质生活需要,社会需要包括社会安全需要以及教育保障、劳动保障、健康保障等社会保障需要,心理需要包括人的尊重需要、自我实现的需要。反映在教育领域,则集中表现为人民群众对共享教育改革发展成果的要求愈发强烈,对个性化教育以及优质教育的需求日益旺盛。

由于教师是教育的第一资源,百年大计、教育为本,教育大计、教师为本,因此,进入新时代的我国教师队伍建设,无论是定位、战略任务还是理论基础,都必然发生新的变化。

从定位观之,教师作为立教之本、兴教之源,在不同历史时期的角色定位并不完全相同。新中国成立后的过渡时期和建设时期,教师以技术促生产、以智识育信念、以教化树新风,在社会的经济、政治和文化建设方面发挥着重要作用。改革开放以来,党和政府将教师视为教育改革的主力军,不断提高教师地位,通过建设教师队伍促进我国教育事业不断发展。进入新时代后,教师成为打造中华民族"梦之队"的筑梦人,教师队伍建设不只是涉及个人的健康成长和学校发展兴衰,而是事关能否实现中华民族伟大复兴中国梦的战略性工程,是推进教育现代化和建设教育强国的基础性工程,是促进年轻一代健康成长的关键性工程。

从战略任务观之,虽可列举很多,但归纳起来主要表现在六个方面。一是将教育事业发展的战略重心从物力资本转向人力资本,把教师工作置于教育事业发展的重点支持战略领域,在规划上优先谋划教师工作,在经费安排上优先保障教师投入,在工作部署上优先满足教师队伍建设需要,从根本上解决发展教育事业究竟依靠谁的问题。二是将教师队伍建设的战略重心从数量转向质量,把建设高质量教师队伍作为新时代教师队伍建设的根本任务,通过突出师德师风要求、拓展师德师风建设内容、提高教师准入标准和专业素养要求等,从根本上解决发展教育事业究竟需要什么人的问题。三是让教师教育从高等教育的边缘重新回到中心位置,把建设有中国特色的师范教育作为战略任务,提高师范生生源质量,创新培养模式,增强培训实效,完善教师教育质量保障机制,从根本上解决高质量教师究竟从哪里来的问题。四是将提高教师职业吸引力的战略重心从社会地位转向工资待遇,把提高待遇作为引导教师安心从教、热心从教、舒心从教、静心从教的根本举措,通过健全中小学教师工资长效联动机制、确保中小学教师平均工资收入水平不低于或高于当地公务员平均工资收入水平、完善收入分配激励机制等,从根本上解决如何吸引优秀人才从教问题。五是将教师队伍管理改革的战略重心从内部系统治理转向外部合作治理,把管理体制改革与机制创新作为突破口,创新教师编制配备,改革教师管理体制以及职称制度、考核评价制度,加强教育行政部门与编制、发改、财政、人社等部门的协同,促进不同区域之间的相互学习、借鉴、支援,调动社会力量投入教师队伍建设的积极性,从根本上解决教师队伍治理现代化的路径问题。六是确保党对教师队伍建设工作的领导权,实行"一把手负责制",并将教师队伍建设纳入各级党委常委会的常规议事日程,通过党的总揽全局、协调各方,彰显教师队伍建设的"重大政治任务"以及"根本性民生工程"定位,从根本上解决加强教师队伍建设的组织保障和实施能力问题。

从理论基础观之,党的十八大以来,习近平总书记高度重视教师队伍建设,围绕为什么要加强教师队伍建设、新时代建设什么样的教师队伍、怎样建设教师队伍等重大理论和实践问题,提出了一系列具有战略意义的新思想、新论断、新要求。在为什么要加强教师队伍建设层面,习近平总书记强调:"教师是人类灵魂的工程师,是人类文明的传承者,承载着传播知识、传播思想、传播真理、塑造灵魂、塑造生命、塑造新人的时代重任";"一个人遇到好老师是人生的幸运,一个学校拥有好老师是学校的光荣,一个民族源源不断涌现出一批又一批好老师则是民族的希望"。2014年9月,习近平总书记在考察北京师范大学时指出"各级党委和政府要从战略高度来认识教师工作的极端重要性,把加强教师队伍建设作为基础工作来抓",在同师生代表座谈时,习近平总书记提出"教育就是要培养中国特色社会主义事业的建设者和接班人,而不是旁观者和反对派,今天的学生,就是未来实现中华民族伟大复兴中国梦的主力军,广大教师就是打造这支中华民族梦之队的筑梦人"。在新时代建设什么样的教师队伍层面,习近平总书记于2013年提出希望全国广大教师"牢固树立中国特色社会主义理想信念、牢固树立终身学习理念、牢固树立改革创新意识"。2014年,习近平总书记提出"好老师没有统一的模式,可以是各有千秋、各显身手,但有一些共同的、必不可少的特质",即:要有理想信念,心中有国家和民族,明确意识到肩负的国家使命和社会责任;要有道德情操,率先垂范,以身作则,引导和帮助学生把握好人生方向,特别是引导和帮助青少年学生扣好人生的第一粒扣子;要有扎实学识，不仅有胜任教学的专业知识、广博的通用知识和宽阔的胸怀视野，更应成为智慧型老师，在各个方面给学生以帮助和指导；要有仁爱之心，懂得爱的真谛、爱的力量、爱的方法、爱的艺术，用爱培育爱、激发爱、传播爱，通过真情、真心、真诚拉近与学生的距离，滋润学生的心田，使自己成为学生的好朋友和贴心人。2016年，在全国高校思想政治工作会议上，习近平总书记提出"要加强师德师风建设，坚持教书和育人相统一，坚持言传和身教相统一，坚持潜心问道和关注社会相统一，坚持学术自由和学术规范相统一"。2016年教师节前夕，习近平总书记到北京市八一学校看望慰问师生并强调"广大教师要做学生锤炼品格的引路人，做学生学习知识的引路人，做学生创新思维的引路人，做学生奉献祖国的引路人"。在怎样建设教师队伍层面，习近平总书记提出教师队伍优先发展、教育者要先受教育、师德师风是第一标准、思政教师是重中之重等战略性思考。2018年，习近平总书记在北京大学师生座谈会上指出"要坚持教育者先受教育"，"评价教师队伍素质的第一标准应该是师德师风，师德师风建设应该是每一所学校常抓不懈的工作，既要有严格制度规定，也要有日常教育督导"。同年，习近平总书记在全国教育大会上强调，不同学科不同专业的教师，研究领域、教学任务各有不同，但理论素养的要求是一样的，只有熟练掌握马克思主义基本原理和立场观点方法，才能拥有一双观察世界的慧眼、应对各种乱象的静气和定力，才不会迷惑彷徨、五心不定、胸无定见、随波逐流，跟着错误的东西跑，成了错误言论的传播者。2019年，习近平总书记主持召开学校思想政治理论课教师座谈会，指出思想政治理论课是落实立德树人根本任务的关键课程，办好思想政治理论课的关键在教师，思政课教师政治要强、情怀要深、思维要新、视野要广、自律要严、人格要正。

正是由于教师队伍建设的定位、战略任务、理论基础等诸多要素的影响，导致进入新时代后，我国乡村教师政策设计发生重大变化。事实上，教师队伍建设是一个由培养、配置、发展、管理、保障等环节构成的系统工程，主要被运用在政策文件和教育管理实践中，政策只是教师队伍建设的应有之义，教师是政策话语探讨的对象，队伍是政策话语探讨的集体角度，建设是政策话语探讨的旨归。

第一，由被动应对向主动呼应过渡。被动应对与主动呼应是两种相悖的行为状态描述，被动应对主要表现为"要我做"，是外界压力推动甚至胁迫下的一种无奈行为，主动呼应则集中表现为"我要做"，是主体积极心态与自觉自律以及相应水平能力、思维品质的综合反映。

由被动应对转向主动呼应，首先表现为长远、系统谋划乡村教师队伍建设。2000年至2011年，我国乡村教师政策通常立足当前，"一事一文"，且不同文本的内容相对独立。党的十八大以后，政府的思维方式发生明显变化，这种变化反映在政策制定上，即在高度关注现实的同时开始关注未来，强调对乡村教师队伍建设诸多要素的分析以及不同要素之间关系的理解，力图彰显政策建构的"组合拳"特点。这方面的佐证可以列举多个，代表性文本则是《乡村教师支持计划（2015—2020年）》以及2020年教育部、中组部等六部门颁发的《关于加强新时代乡村教师队伍建设的意见》。《乡村教师支持计划（2015—2020年）》视乡村教师队伍建设为系统工程，充分吸纳学者、媒体舆情、乡村一线教师的政策建议，敏锐捕捉现实中的问题变量以及不同问题之间的内在关联，提出未来五年全面加强乡村教师队伍建设的秉承原则、目标任务以及具体举措，涉及师德水平、补充渠道、生活待遇、教师流动、编制标准、职称评聘、能力素质、荣誉制度等多个方面。《关于加强新时代乡村教师队伍建设的意见》是在《乡村教师支持计划（2015—2020年）》实施五年周期即将到期之际，从政策连续性出发而出台的新的政策文件，所以特别注重两者之间在导向上的一致性，强调目标任务的衔接和延续，重视推出成功经验，在原有基础上，根据新形式、新问题、新矛盾做出新的部署，追求理念、内容和措施的创新。

由被动应对转向主动呼应，还表现为在我国教师队伍整体建设的大格局中思考并解决乡村教师队伍问题。加强乡村教师队伍建设，通常有两种遵循思路。一是坚持城市中心，以城市学校为比照标准，通过弥补差距解决城乡教师队伍失衡窘境。二是城乡一体，建构城乡教师队伍建设的统一尺度，以此甄别所有教师并引导其行为。审视新世纪我国乡村教师政策文本，如果说前十几年主要是第一种思路，近十年来则倾向后者，即相应的政策并不否认城乡教师队伍均存在不足，而是基于共同的目标假设探索城市与乡村教师差异化的来源和成长设计。以《全面深化新时代教师队伍建设改革的意见》为例,上述文本将教师工作提到前所未有的政治高度,针对教师队伍建设普遍存在的不平衡、不充分问题,分别设定"五年左右""2035年"两个阶段目标,并根据教师层级、类别的不同以及城乡、校际的差异,提出相应的政策举措。

第二,由关注部分人向关注所有人过渡。政策观照的对象包含事与人,无论是其中的哪一个,都涉及概念的边界问题。事的边界厘定相对简单,视具体情况而定。人的边界厘定则较为复杂,至少有部分人与所有人之分,而最终如何选择,通常由政策制定者决定。

部分人与所有人的选择是一个情境化命题,虽然没有绝对的标准答案,但具体到乡村教师队伍建设,由关注部分人转向关注所有人则有里程碑式意义。事实上,乡村教师队伍建设不仅受制于内部,还受制于外部。从内部看,乡村教师队伍是一个庞大群体,其建设成效依赖于所有教师而不是其中部分人的作用;从外部看,政府尽管对乡村教师队伍建设的进程快慢与成效大小有重大影响,但并不是唯一的决定因素。

关注所有人有两个突出表现。突出表现之一是政策设计逐步覆盖不同区域、不同学科、不同年龄的乡村教师。新世纪开始十余年的乡村教师政策,侧重中西部老少边穷岛等边远贫困地区,关注人员的引入,关注少数骨干的培养,因此所涉及的只是部分乡村教师。党的十八大以后,相应的政策设计不但重视稳定和扩大队伍规模,提升乡村教师教学水平与能力,而且重视工作和生活环境的改善,使每一位乡村教师都成为政策的红利获得者。突出表现之二是政策设计在肯定政府地位的同时,逐步重视其他群体特别是教师培养高校与乡村学校校长的作用。为了提升包括乡村教师在内的教师入口质量,教育部等五部委启动了《教师教育振兴行动计划(2018—2022年)》,力图通过落实师德教育新要求、提升培养规格层次、改善师范生生源质量、创新教师培养模式、强化师范院校主体地位等,形成一批高水平、有特色的教师教育院校和师范类专业。另外,国家还制定了义务教育学校校长专业标准,颁发了乡村学校校长"三段式"、"送培进校诊断式"以及"工作坊研修"的培训指南,这些文本不但将引领教师成长列为校长的专业职责之一,同时促进了乡村校长培训向乡村校长专业化建设的转变。

第三,由强调基本合格向促进个体持续发展过渡。农村学校教育硕士师资培养计划、农村义务教育阶段学校教师特设岗位计划、乡村教师定向培养计划的实施,为解决乡村教师数量与结构问题无疑提供了帮助,但同时带来了新的困惑。一方面,无论是师范专业本、专科生还是教育硕士,刚开始走向教育教学一线岗位时,绝大多数都无法达到教师专业标准的要求,都不能称之为合格教师。另一方面,由于历史和现实原因,我国原有的乡村教师队伍基础薄弱,整体素质不高,已难以适应基础教育改革与发展需要,亟待更新教育理念,提升教学水平和实践能力,逐步形成并在实践中彰显教学智慧。

正是基于上述考虑,进入新世纪特别是2006年《义务教育法》修订后,国家相关政策设计在扩大乡村教师数量、完善乡村教师队伍结构的同时,通过制定《小学教师专业标准(试行)》和《中学教师专业标准(试行)》等,对教师的教学行为和专业发展提出合格要求,通过实施"中西部农村骨干教师培训项目",发挥国家级培训的示范引领与雪中送炭作用。党的十八大后,推动乡村教师专业发展被置于政策的醒目位置,2012年,教育部等部门印发的《关于大力推进农村义务教育教师队伍建设的意见》明确提出"大力促进农村教师专业发展",《乡村教师支持计划(2015—2020年)》则将"全面提升乡村教师能力素质"作为加强乡村教师队伍建设的重要举措之一。具体的做法主要有两点。一方面,致力于乡村教师专业发展的动力形成。由于动力涉及外在动力与内在动力,因此,动力形成的相关政策设计不仅表现为对乡村教师专业发展的价值支持,还表现为主要来自政府而非民间的信念支持,即通过"越往基层、越是艰苦,地位待遇越高"的激励机制以及建立荣誉制度、增加职称晋升机会、调整职称评聘标准等,体现社会特别是政府对乡村教师的存在肯定与生命关怀,使乡村教师不断增强其自我认同感,心系乡村,安于乡村。另一方面,强化乡村教师培训。2015年,国家有关部门对"国培计划"进行改革,改革的目的是集中支持乡村教师培训,推动乡村教师培训的常态化和专业化,改革的重点是:改进培训内容,贴近乡村教育教学实际,分类、分科、分层设计培训主题和相关课程;创新培训模式,倡导集中面授、网络跟进研修、课堂现场实践三者结合,促进乡村教师学用结合;强化培训质量保障体系建设,通过聚焦培训团队自身能力提升以及学员评价、专家评估、第三方评估等多种质量评估方式的综合运用,推动培训的过程监管和持续改进。据教育部统计,2015 至 2019 年,中央财政已投入"国培计划"100 亿元,累计培训乡村教师 950 万余人次。

第四章

新世纪我国乡村教师政策供给的评价及改进

系统论视阈下乡村教师政策供给的评价与改进研究,至少关涉三个命题:一是阐释研究的动因,解决为什么研究问题;二是建构相应的指标体系,解决评价尺度是什么的问题;三是通过应然与实然的比较,解决政策供给现状如何评价与改进问题。上述三个命题既相对独立,有各自的关注重点和内容,又彼此呼应,形成逻辑或结构层面的递进关系。

第一节 政策供给评价释义

"评价"一词英文为evaluation,其词源含义为引出和阐发价值。Bloom将评价作为人类思考和认知过程的等级结构模型中最基本的因素,认为评价就是对一定的想法、方法、材料等做出价值判断的过程,是一个运用标准对事物的准确性、实效性、经济性、满意度等方面进行评估的过程。N.E. Gronland认为"评价=量或质的记述+价值判断",这里所言"量或质的记述"指对事物现状、属性与规律的客观陈述,"价值判断"指在事实判断的基础上,根据人的需要和愿望对客观事物做出评判。马克思认为,评价是一种认识与反映的过程,是一种特殊的认识活动,评价不是盲目的,而是自觉的,以物的尺度与人的尺度作为判据,前者是关于"真"的评价,检验人们的认识活动和实践活动是否符合客观规律,后者是关于"善"的评价,检验人们的认识活动和实践活动是否合乎主体的需要和目的。我国《辞海》最初将评价解释为"评论货物的价格,今泛指衡量人物或事物的价值",后在修订版中解释为"评估人、事、物的优劣、善恶、美丑或合不合理"。

综合以上观点可以看出,评价并不是主体的盲目活动,而是评价者根据一定标准,对评价对象做出评论和判断的行为,是一个量化或非量化的测量过程。评价可以指向不同的客体属性,诸如自然的和社会的、物质的和精神的,也可以指向由这些事物属性与主体之间构成的价值关系。评价的作用发挥尽管受制于评价对象、评价活动结构、评价运行机制等要素,但并不否认甄别与引导是评价的两个基本功能。所谓甄别,即通过与标准的比较,判断被评价对象合格与否、水平高低、优劣及其程度等,最终实现由事实判断向价值判断的转化。所谓引导,指评价对被评价者行为目标、动力、方式、手段的影响,体现的是社会需要与人的发展之间的关系。

现代意义的政策评价起源于 20 世纪初的美国,早期的政策评价,主要关注政策活动的结果,侧重于对政策的效率、效能和效益的评价,对政策活动中应包含的价值因素和伦理因素则缺乏应有重视。六七十年代,为了解决严重的社会经济问题,提高政策的有效性,一些西方国家开始强调政策评价的价值判断功能,即评价者在对政策进行评价时,不仅要将实验研究方法与实地调研方法相结合,而且要将个人的价值观融入对政策的判断和评价之中。90 年代以后,世界许多国家相继开展了政策评价工作,并普遍将效率、社会公平、代际公平、社会秩序、可持续发展等因素视为政策评价标准的重要组成部分,在此过程中,人们对政策评价概念的解释呈现出多样化性征,如:政策科学的创始人之一 Haorld Lesswell 从公共政策的发生、发展的全过程角度,把评价理解为"就公共政策的因果关系作事实上的陈述",这一定义不仅要求对政策产生的原因、执行的过程以及执行后的结果做出分析,而且要求对原因和结果之间的关系做出陈述,基本涵盖了政策分析的主要内容;Charles O.Jones 把政策过程划分为五个阶段,政策评价只是其中的一个阶段,是"政府有关机构对政策执行情况进行说明、检核、批评、量度与分析",这一定义把政策评价看成是政府的行为,并且局限在政策执行之后,具有明显的总结性评价性质;Urban Institute 高度重视政策方案绩效的评定,在提交给美国联邦政府的报告中将政策评价界定为"(1)衡量一项进行中的计划所达成预期目标的效果,(2)根据研究设计的原则区分方案效力与其他环境力量作用的差异,(3)通过执行过程中对方案的修正使计划得以完善",这一定义不仅将政策评价的主体延伸至政府之外,而且较好体现了"评价不在证明而在改进"的思想;Yehezhel Dror 把政策制定过程划分为元政策制定、政策制定、后政策制定等三个阶段,相应的评价活动也划分为三种类型,这一定义把评价的范围由政策执行过程扩展到政策制定,尤其强调政策执行前对政策方案进行评价的必要性;James E. Anderson 认为"政策评估不仅是一项技术或分析的过程,也是一个政治的过程",试图说明政治性是政策评价的显著特征。

西方国家的政策评价主要有理性主义与建构主义两种模式。理性主义认为政策评价是对既定目标实现程度的测量,评价者的重要任务在于针对已经确立的目标去收集事实,描述政策运行情况。评价以标准、方法和主体为核心要素,其中主体与方法围绕标准而展开。建构主义认为评价的主要任务不是关注目标实现程度,不是简单地收集信息和证据,而是识别并协调利益相关者的利益诉求和政策主张,需要嵌入一定的价值标准,需要利益相关者的参与。目前,理性主义与建构主义在西方国家表现出相互吸纳、相互渗透的理论耦合趋势,这种耦合隐喻政策评价是一个技术属性与价值属性兼备和混合的过程,既具有科学调查的秉性,同时具有价值嵌入的秉性。[①]

我国的政策评价始于 20 世纪 80 年代,90 年代后期开始进入快速发展阶段。郑新立主编的《现代政策研究全书》认为,政策方案制订出来或实施后,就要对其与实际情况的符合程度或运行效果进行评价,这就是政策评价。张金马主编的《政策科学导论》认为,政策评价是围绕政策效果而进行的规范、测度、分析、建设等一系列活动的总称,要回答的基本问题包括:政策执行以后是否达到了政策制定者预期的目标;该项政策给国家及社会生活带来了什么样的影响;政策是继续执行、进行革新还是马上终止。林水

---

① 鄢益奋.公共政策评估:理性主义和建构主义的耦合[J].中国行政管理,2019(11).

波、张世贤合著的《公共政策》认为,政策评价是应用某些价值标准评断现行或过去的政策行动,其功能包括:建立政策绩效之资讯;显示政策目标达到的程度或范围;解释政策目的成就或未成就、问题解决或未解决之因素。目前,国内对政策评价概念的解释主要有三种观点。一是认为政策评价主要是对各种政策方案进行可行性分析和判断,得出研究报告以供决策者参考。二是认为政策评价贯穿于政策制定和实施的全过程,是政策主体决定一项或多项政策制定、持续、终止的关键。三是认为政策评价包括政策结果评价、政策效益评价和政策效力评价,并认为这是实践中较多采用的观点。

从上述列举可以看出,政策评价是一个多样化解释的概念,正是这种多样性,决定了回答何谓政策评价的必要性。事实上,任何一项政策评价,都具有三个特点。首先,政策评价带有较强的政治性,所谓政治性,指评价具有特定的政治背景与目的,目的的不同,必然导致评价模式、方法、角度、途径的差异。其次,评价需要价值尺度,这里所言之尺度,有多种选择方案,可以是事先公布的目标,也可以是纵向或横向人为比较的结果,其存在不但可以彰显政策评价的客观性,避免主观臆想成分,而且隐喻不同类别的评价对象应有不同的价值尺度。再次,政策评价包含不同的环节,既有对政策全过程的评价,也有仅涉及政策文本、政策执行、政策绩效其中之一的评价。基于上述三个特点,可将政策评价定义为"基于一定目的、比照相应标准、采取相应方法和手段对政策生命周期或生命周期中的某个环节所进行的价值判断",这样定义,不但强调了政策评价的本质即价值判断,强调评价必须按照一定的价值准则进行,同时还明确了政策评价的对象、阈限。

由于政策供给只是整个政策生命周期的一个部分或环节,因此,上述政策评价定义实质上已回答了什么是政策供给评价,不同的只是评价对象进一步明晰化。需要强调或说明的是,政策制定过程与最终文本呈现存在应然与实然两种状态,应然状态指政策应该怎样制定,其本质即评价标准或尺度的建构,实然状态不但指向怎样制定政策,还指向制定了怎样的政策,政策制定评价则是介于这两种状态之间的活动,是实然政策分析和应然政策分析的分界线。

第二节 重构乡村教师政策供给评价尺度的理论与实践动因

甄别与引导是评价的基本功能，正是由于这两个基本功能，加之乡村教师政策质量对乡村教育发展、乡村教师队伍建设所具有的特殊意义，决定了对相关政策文本进行评价的价值所在，这种价值集中表现为：改变政策出台即政策完成的思维定势，通过基于一定理论的实践范式形成，对我国乡村教师政策文本的经验特别是问题进行总结，探讨问题成因，最终实现政策完善之目的。

乡村教师政策供给评价的价值体现及其最大化，并不是自然的、必然的过程，而是创新评价尺度、培育评价组织、规范评价程序、优化评价方法的结果，其中评价尺度的创新不但具有奠基意义，对评价结果的客观性、有效或认同程度具有决定性影响，同时也是一个颇具难度的理论命题。事实上，评价本质即被评价对象与"他事物"比较的过程，作为参照的"他事物"，理论上虽然有多种选择方案，涉及纵向与横向结构，但具体到国内学界，主要有以下三种情形：

一是以其他国家特别是发达国家的乡村教师政策为评价观照对象。如：李玲等考察了西方国家中小学教师流动的理论与实践，认为西方国家的中小学教师流动往往建立在人力市场供求关系、内部人力市场以及人力资本等理论基础之上，相应的政策举措是以项目形式推动教师流动，教师个人、所在机构、政府政策均影响流动的效果，所有这些，为我国建构中小学教师流动机制的理论框架、指导原则与阶段性目标提供了有益启示；[①]孙闻泽等聚焦国外乡村小规模学校发展，认为欠发达国家在解决乡村小规模学校教师短缺问题时通常采用乡村赤字模式，具体包括强制与激励两种策略，其

---

① 李玲,韩玉梅.西方国家中小学教师流动的经验与启示[J].比较教育研究,2011(11).

中强制指为了给偏远乡村地区的学校配备人员,使用强制职位和流转程序,激励指对教师在偏远乡村学校任教所必须承受的困难加以补偿,包括工资、住宿补贴、旅行优惠、医疗补贴、学习机会休假、长期服务休假、增加晋升机会等,我国乡村小规模学校的发展应汲取国外经验,提高相关教师待遇,培养"全科教师";①李先军聚焦新南非乡村教师培养,认为新南非政府在1997—2001年所设计的独立教育学院并入大学或理工学院政策虽然实现了教师教育大学化,但同时为南非乡村小学师资短缺埋下了隐患,此后颁布的多项教师教育发展激励政策亦收效甚微,这些经验和教训,对解决我国师范教育布局调整后乡村教师队伍存在的数量与质量问题,有一定的启示意义;②付卫东等分析了美国、澳大利亚、印度乡村教师招募与保留的政策设计,认为这三个国家虽然所处发展阶段和国情背景有别,但在政策的发力方向上殊途同归,主要集中在经济激励、教师的培养与培训、现代技术运用、多方参与等方面,我国乡村教师的招募与保留政策应借鉴和学习他国的政策经验;③付淑琼则从州政府层面审视美国的乡村教师保障政策,认为各州政策具有契合乡村教师实际需要、从职前入手、重视经济保障且形式多样和注重实效、充分利用各方资源特别是地方高校等共性特点,我国乡村教师政策要进一步建立在教师的真实现状和真实需要上,充分发挥地方高校的作用,分层分级保障乡村教师的物质与生活需求。④

二是以新中国成立后某个特定时期的乡村教师政策为评价观照对象,在肯定政策变化的同时提出进一步完善的思路或具体建议。如:王红蕾等认为,改革开放以来我国乡村教师政策已历经三次变革,分别是以民办教师为中心的政策建构、以"民转公"和师范生毕业分配制度为中心的政策建构、以城乡统筹并向乡村倾斜为方向和目标的政策建构,第三次政策建构较之以往虽然中央和地方政府均做出了巨大的努力和创新,在已有的框架内进行了各种尝试,乡村教师队伍建设取得了一定成效,但在当前乡村适龄儿童

---

① 孙闻泽,范国睿.乡村小规模学校发展的国际经验与启示[J].全球教育展望,2020(6).
② 李先军.新南非教育学院的合并及其影响[J].外国教育研究,2019(1).
③ 付卫东,刘源.农村教师招募与保留政策的国际比较及启示[J].教师教育论坛,2019(3).
④ 付淑琼.美国州政府的农村教师保障政策研究[J].比较教育研究,2012(2).

数量下降的情况下,教师数量仍不充足,合格教师补充困难,教师老龄化趋势加剧,优秀教师流失严重,这意味着我国乡村教师政策的重构并未取得预期的成效;[1]石连海等认为,进入新世纪后,我国乡村教师政策设计逐步走向系统化和综合化,已扩展为专门的政策体系,最突出的特征在于政策取向的转型,即由传统自上而下的"压力传导"与"激励诱导"政策向上下联动、分级治理的"主动呼应"与"标本兼治"政策转型。政策的制定和调整从关注某一方面的发展扩展至对乡村教师队伍建设进行整体规划,从着重解决乡村教师队伍补充转向关注乡村教师整体队伍素质提升,从通过外部补充措施转向关注内涵发展,从单纯依赖外部力量措施转向积极激发乡村的内生力量;[2]高慧斌认为,《国家中长期教育改革和发展规划纲要(2010—2020年)》实施以来,我国不断补足政策短板,从聚焦村庄学校、教学点教师,到聚焦最薄弱的集中连片特困地区、国家级贫困县、三区三州乡村教师,通过细化乡村教师补充政策、强化乡村教师工资待遇保障政策、优化乡村教师管理政策、深化提高乡村教师质量政策等,不断加强乡村教师政策体系建设,为缩小城乡教育差距、促进义务教育均衡发展提供了有力保障;[3]何菊玲等认为新中国成立以来,关于乡村教师队伍建设的政策主要嵌套在其他相关教育政策中,2006年以后,专指性、具体性政策才相继出台,政策的演进经历了乡村教师队伍建设的初步探索时期(1949—1976)、积极探索与发展时期(1977—2005)、均衡聚焦发展时期(2006—2021)等三个历史阶段,第一阶段由于乡村基础教育边缘化,导致乡村教师队伍建设的政策十分鲜少,第二阶段的政策在快速补充乡村教师队伍数量的同时,对质量的要求明显重视不够,第三阶段政策前期以补充、扩大乡村教师数量为主,后期以提升质量为主,目前的政策在完善乡村教师培养的长效体制与机制、培养高质量的教师

---

[1] 王红蕾,吕武.改革开放以来我国农村教师政策的演进与改革路径[J].现代教育管理,2017(5).
[2] 石连海,田晓苗.我国乡村教师队伍建设政策的发展与创新[J].教育研究,2018(9).
[3] 高慧斌.短板下的聚焦:乡村教师政策演变分析[J].河北师范大学学报(教育科学版),2021(1).

教育者、发挥乡村教师主体性等方面尚有不足;[1]赵垣可等认为新中国成立以来我国乡村教师政策的发展大致可以分为三个阶段,分别是"前十七年"政治牵引下低水平向前发展的乡村教师政策、"文化大革命"期间具有显著阶级斗争色彩的乡村教师政策以及改革开放以来多元、系统、全面的乡村教师政策,政策的价值取向整体上经历了大规模扩张、数量稳定、专业合格、高素质发展的变化,政策内容由单一走向多元,政策的现实针对性与时代感日益突出。[2]

三是基于某种理论对乡村教师政策进行评价。如:李玲等依据政策协同理论,通过建立协同度量模型,对改革开放以来我国乡村教师政策设计进行分析,结果表明,专题型政策成为主要类型,政策制定逐渐由单一部门为主向相关部门联合为主转变,呈现出"间接性协同"特点。十八大以后,政策措施的协同度增长趋势明显,且"增减方向"基本保持一致,补充性政策措施与其他政策措施的相互协同度明显高于评价性、待遇性、培训性政策措施之间的协同度;[3]席梅红从关心关系的伦理学视角分析乡村教师专业发展政策,认为教育管理者与乡村教师之间还未建立真正的关心关系,教育管理者认为非常关心乡村教师,努力做出了关心的行为,而乡村教师却感受不到,认为没人关心他们,对政策没有做出积极反应。为此,要调整目前乡村教师政策制定的重心,真正了解乡村教师的实际需求和愿望,建立持续关心关系的政策支持体系;[4]谢倩等运用政策工具理论与人力资源管理理论对乡村教师政策文本进行量化分析,认为在政策发文机构合作关系上,初步形成"党中央—国务院""教育部—财政部—人力资源和社会保障部"两大核心网络,前者通过宏观政策指导、后者通过具体条令执行共同作用于乡村教师专业

---

[1] 何菊玲,赵小刚.新中国乡村教师队伍建设政策演进的历史逻辑与优化策略——基于政策文本的分析[J].陕西师范大学学报(哲学社会科学版),2021(4).

[2] 赵垣可,刘善槐.新中国70年农村教师政策的演变与审思[J].西南大学学报(社会科学版),2019(5).

[3] 李玲,李伟.乡村教师队伍建设政策协同性评价研究[J].南京师大学报(社会科学版),2020(1).

[4] 席梅红.论乡村教师专业发展的政策支持[J].中国教育学刊,2018(4).

发展。在政策工具使用比例上,环境型政策工具使用过溢,供给型政策工具使用不足,需求型政策工具缺失,环境型政策工具成为政府支持乡村教师专业发展的主要推动力量;[1]罗碧琼等基于柏格森的生命哲学、克拉希里莫提的灵魂哲学,将乡村教师充分发展的审美谱系界定为热爱之美、理性之美与自由之美,其中热爱之美蕴含着爱思想、爱儿童、爱乡村、爱教育等生命情欲之美,理性之美承载着发现、体验、创造等生命理性之美,自由之美体现平等、独立、负责等生命联动之美。我国乡村政策设计的标准主义遮蔽了生命的内在之爱,绩效主义遮蔽了理性精神的张扬,外在主义抑制了生命的潜能,未来政策的完善应让热爱、理性、自由等审美元素融入乡村教师发展过程,彰显个体自足的生命力量与人生幸福;[2]王爽等基于"事实—价值"的评估理论框架,对乡村教师生活补助政策进行评价,认为政策在事实性层面上取得显著成效,主要表现为生活补助标准逐年提升、政策覆盖范围持续扩大、逆差序化待遇格局初步形成,但从价值层面看部分相关主体的利益诉求难以得到充分满足,为此,应在政策的制定环节精准补助目标群体,合理划分发放档次,设定最低的发放标准。[3]

  上述三种情形从观察问题的视角看无疑都有其存在合理性,为评价我国乡村教师政策设计提供了不同的方法论选择,但同时都存在不足。第一种情形尽管有助于把握世界各国乡村教师政策发展的共性趋势,对我国这样一个"后发型"国家尤有必要,但最终必然回归至国际化与本土化的关系处理,需要明确回答他国的政策经验是否具有普适意义、是实然还是应然、是否具有可比性等难题,不但难以形成共识,而且容易引发实践层面的"水土不服"现象。第二种情形实际上是一种纵向角度的比较,这种比较以政策发展的阶段划分为基础,以分析不同阶段的政策为重点,对厘清政策演进逻

---

[1] 谢倩,王子成,周明星.新中国成立70年乡村教师支持政策文本量化分析[J].现代教育管理,2020(4).

[2] 罗碧琼,唐松林,吕馨.乡村教师充分发展的审美谱系与政策支持[J].湖南师范大学教育科学学报,2019(5).

[3] 王爽,刘善槐.乡村教师生活补助政策评估与优化[J].华中师范大学学报(人文社会科学版),2019(4).

辑、肯定新世纪特别是十八大以来政策制定的经验无疑具有不可或缺的意义，但对政策的文本问题列举、归因分析、完善建议提出则并非必须，有时甚至没有意义，后者才是政策评价的根本目的所在。第三种情形的优势在于能增加对乡村教师政策理解的深度，使政策供给评价基于一定的认知之上，不足是任何理论或分析框架都不是绝对的，都有相对固定的适用边界与条件，将其运用于乡村教师政策供给评价，不但可能面临适切与否的质疑，还表现在结论上，即理论的局限性可能导致评价结论系统性、应用性的缺乏。

乡村教师政策供给评价研究的梳理与分析，意味着国内学界应强化对相关研究行为的批判性审视，将政策供给评价置于政策是否继续、是否调整、是否消除的先决位置，将深化相关研究作为个体勇于担当、善于担当等品质的重要体现。所谓勇于担当，涉及对评价现状的理解。乡村教师政策供给评价是一项专业性且程序规范的活动，需要形成科学的、得到社会普遍认同的、富有时代特征和操作意义的评价尺度，需要民众的充分和广泛参与，需要强调专家立场以及培育第三方力量，以此为观照，应当说我国乡村教师政策供给的评价实践尚处于形式化、口号式阶段。所谓善于担当，指研究重点的把握。为了保证结果的确定性、权威性，避免不同评价尺度所导致的评价结论不一致现象，必须设法补齐以往研究的短板，创新性构建我国乡村教师政策供给的评价体系，为政府优化乡村教师政策供给、提高服务效能提供强力支撑。

第三节 乡村教师政策供给评价尺度的建构立场

所谓立场，指评价尺度建构时必须坚持的站位和态度，其本质是对研究行为的规范，避免话语霸权的产生。为了切实彰显研究成果的理论创新和实践操作价值，我国乡村教师政策供给评价尺度的建构需要突出三个指向。

第一，彰显科学性。科学性的解释，必须建立在对科学的准确认知之上。从哲学角度看，作为概念的"科学"，有多个不同的定义。德国古典哲学创始人康德认为"任何一种学说,如果它可以成为一个系统,即成为一个按照原则而整理好的知识整体的话,就叫作科学"。爱因斯坦认为科学"是寻求我们感觉经验之间规律性关系的有条理的思想,是要发现规律,使人们能把各种事实联系起来,并且能预见这些事实"。英国科学哲学家查尔默斯认为"科学是从经验事实中推导出来的知识,是以我们所能看到、听到和触摸到的东西为基础的,而不是以个人的观点或推测性的想象为基础的"。伯兰特·罗素认为"科学是依靠观测和基于观测推理,试图首先发现关于世界的各种特殊事实,然后把各种事实相互联系起来的规律"。从词源学角度看,中世纪之前,科学一直被用来指称复杂的、严肃的、成体系的、确定性的、需要习得的知识。从十八世纪中叶的《百科全书》开始,科学被越来越多地用来指称借助新型研究方法获得的关于自然的知识以及追求这一类知识的活动。十九世纪中叶,科学被固定地用来指称以自然为研究对象、以培根的"新工具"为研究方法、以追求确定性知识为目标的研究活动以及通过这种活动获得的系统知识。二十世纪,人类对科学的认知趋于深化,《苏联大百科全书》将科学定义为"在社会实践基础上形成和不断发展的关于自然界、社会和思维及其客观发展规律的知识体系",我国《现代汉语词典》将科学定义为"反映自然、社会、思维等客观规律的分科和知识体系"。从历史学角度看,科学是一种十分稀罕的人类文化现象,最早可追溯到古埃及和两河流域,后历经多个不同的发展阶段,其中十六至十八世纪为科学的兴起阶段,以牛顿力学、血液循环的发现为代表,十九世纪为科学与生产的密切结合阶段,以电磁学理论、进化论、相对论为代表,二十世纪是科学的飞跃阶段,以信息技术、航空航天技术的发展为代表。

"科学"一词在我国历史上虽然早已出现,但现代意义的科学无疑是西方国家的舶来品。洋务派用明清以来常常使用的"格致"一词指称西方科学,认为格致兼有"道艺""器用"之意,强调"道以成器、器以载道"。辛亥革命以后,随着传统儒家权威的跌落,国人对科学的理解从自然科学领域扩大至人文社科和社会生活领域,从侧重科技工艺的"术""力"层面渐次过渡到以科学方法和精神为主体的"道""理"层面。我国一些学者如任鸿隽、梁启超、冯友兰等先后提出了"中国没有科学"观点,其中任鸿隽的观点建立在

"科学是系统的知识"之上,认为中国传统文化缺乏实验的实践精神,更缺乏在系统实验基础上进行归纳的抽象能力。冯友兰认为中国科学不发达不能归之于气候、地理环境、经济等因素,应归于中国的价值观即中国哲学。到了60年代,英国生物化学家李约瑟发出疑问:中国古代有发达的科学技术,为什么近代科学只在欧洲而没有在中国诞生呢?

从上述列举可以看出,科学是一个内涵和外延十分丰富、动态发展的概念,虽然给科学下一个简明而精确的定义确有必要,但客观上并不容易做到。事实上,科学有狭义与广义之分,狭义的科学专指自然科学,广义的科学包括自然科学、人文社会科学和思维科学。目前学界对科学内涵的解读主要有四个视角。一是知识体系或学科视角,如霍奇森提出"科学是主要的定量知识的集合体,这些知识是人通过能动的努力、以系统的和可交流的方式理解他的周围事物和他自己而建立起来的",拉维茨提出"科学意味着一门学科或各个分支学科"。二是过程或方法视角,如李克特认为"科学是一个或一组相互关联的过程,通过这个或这组过程,我们获得了现代的甚至是正在变化之中的关于自然世界的知识",莫尔认为"科学是人类为取得真实知识而进行的一种系统的精神探索",林德赛认为"科学是叙述、创造与理解人类经验的一种方法"。三是社会建制视角,如培根曾对作为社会建制的科学进行了生动形象的描绘,拉契科夫则提出"科学是一种特殊的社会活动,是一个相对独立的社会体系,这个体系把科学家和科学组织联合起来,为认识实在的客观规律和确定实际应用这些规律的形式和途径服务"。四是综合性视角,如凯德洛夫认为"科学是人类知识的最高形式,是借助相应的认识方法获得的、以精确的概念表现出来的发展着的知识体系",拉特利尔认为"科学可以看作是当代科学知识的总和,或者看作是一种研究活动,或者看作是获得知识的方法"。目前,尽管人们对科学的解释存在多个不同视角,但一致认同科学具有客观性、系统性、实践性、发展性等特征。客观性指科学以事实为依据和出发点,从"实事"中"求真""求是",是对事物本质及其规律性的真实反映。系统性指科学是由概念、定理、定律等要素构成的有形结构,是一种系统化、体系化的知识。实践性指任何科学都是人类社会实践的产物,都要接受实践的持续检验。发展性指科学作为认识的结果,是时间的函数,是发展着的知识体系。

科学性是对科学内在品质的一种抽象与概括,是一门学科成为科学的衡量标准,同时也是一个内涵不断变化的概念。从历史角度看,先后出现过科学性即正确性、科学性即实证性、科学性与人文性相互对立等多个观点。从现实角度看,科学性在不同的语境下有不同的解释。中文词典释义的科学性主要包括两方面的内容,一是注释准确无误,不会引起争议,二是注释完备,没有漏掉重要义项。司法鉴定的科学性有形式与本质之分,形式上的科学性表现为技术性,本质意义的科学性则要求鉴定人、律师、法官等均具有科学精神。[1] 学术研究的科学性涉及态度、方法、精神以及成果内容。所谓科学态度,有单一成分、双成分、三成分等不同解释,单一成分将科学态度等同于科学情感,双成分认为科学态度由科学认知与科学情感组成,三成分认为科学态度包括科学认知、科学情感和科学行为三部分。无论选择三种解释中的哪一种,都不能否定科学态度的核心要素是严谨认真、实事求是以及持之以恒。所谓科学方法,指认识自然或获得科学知识的步骤、顺序或过程,科学方法虽然形形色色,有普遍的也有特殊的,但归纳起来无非三大类,即经验方法、理性方法、审美方法,从方法论观之则涉及定量研究、定性研究以及混合方法研究。所谓科学精神,包含两个层面含义:一方面,科学精神是人类在科学探索活动中形成的信念、价值和行为规范的总和;另一方面,科学精神是科学主体的内在精神气质以及在科学活动中表现出来的追求真理、崇尚理性、勇于创新的品质。成果内容的科学性主要是指论述问题有理论与事实根据,征引资料全面、准确、可靠,提出的观点能够自圆其说,经得起实践检验,得出的结论能够揭示客观事物的本质规律。

乡村教师政策供给评价尺度的科学性涉及"为什么"与"是什么"两个问题。以科学性作为乡村教师政策供给评价尺度的建构原则之一,源于评价尺度有科学与非科学之分,科学性是评价尺度得以普遍认同和广泛应用的重要基石,是评价正向功能发挥的先决条件。在此意义上的科学性,可归纳

---

[1] 刘鑫.论司法鉴定的科学性[J].中国政法大学学报,2014(5).

为三个"必须",即:必须根据指标间的逻辑联系设计指标体系,论据合理,论证严密、符合教育科学规律,力图使评价结果能够从事实角度反映乡村教师政策设计的合理成分与不足;必须强调指标体系是一个全面完整的有机体,每个指标相对独立,边界清晰,所有指标层次分明,表述简洁;必须体现可操作特点,即应将品质达到的程度予以量化,或转化为方便观察的质性指标。在具体建构过程中,既要防止我认为是什么即是什么的主观式认定,又要防止简单套用公共政策或教育政策相关研究成果的平移式思维,前者因缺乏充分的梳理或论证而难以服众,后者则漠视了乡村教师政策供给评价的个性特点。

第二,彰显中国意识。意识有广义与狭义理解,广义的意识指大脑对客观世界的反映,是个人直接经验的主观现象,表现为知、情、意三者的统一。现代心理学中的意识,通常为狭义所指,指人们对外界和自身的觉察与关注程度,可依据行为上的倾向划分为外在意识与内在意向。中国意识的提出,本质是强调对国家、民族现实情况和独特经历的理解和尊重,强调不同国家乡村教师政策供给评价尺度差异存在的客观性与合理性,指相关研究要尊重中国国情,直面中国问题,指导中国实践。需要说明的是,中国意识、中国理论、中国学派是三个存在递进逻辑关系但内涵并不完全相同的概念。中国意识的萌发,是在学习借鉴国外特别是西方理论的基础上形成的,是中国理论的基础。中国理论无疑是个复数,不但是众多理论流派进行理论探索的行为总和,也是中国意识在理论研究中的成果。当中国理论发展到一定阶段,以集中的形式体现出来,并且已建立起与国际学术界相通、又有民族特色的本位理论及方法,中国学派才可能产生。

以中国意识为乡村教师政策供给评价尺度的建构原则,首先源于教育国际化的发展以及在此过程中国际化与本土化的关系变迁。教育国际化是超越边界的教育发展关系,是世界各国普遍的实践探索行为。对我国而言,教育国际化并不是全新的话题,我国现代意义上教育体系的建立和变迁,都与教育国际化有着密切而直接的关联,甚至从一定程度上讲,我国目前的教育体系本身就是教育国际化的产物。十九世纪末二十世纪初,我国在技不如人的弱者心态下接触西方文化和教育,采用"拿来主义"模式,照搬欧美和日本的教育制度、课程、教学与学校管理方法,实现了从延续数千年的传统教育向现代教育的转变。这时的教育国际化,本质是一种被动的、不得不采用的国际化,以违背本国原有的价值理念和文化传统为代价,以外国的文化侵略为特征。二十世纪五十年代至"文化大革命"前,在苏美两大阵营对峙、西方国家对新中国封锁的国际背景下,我国的教育开放主要是面向苏联和东欧社会主义国家,通过全面学习苏联,加速建立了社会主义新中国的教育体系。这一时期的教育国际化,应当说是一种相对封闭的国际化,是我国在特殊环境下实施的一种对外学习、交流和自我建设的自觉行动。1977年至上世纪末,我国的教育国际化表现出鲜明的主动特点。力图科学认识和准确把握世界范围内教育发展趋势,学习和借鉴国际教育发展的先进经验,逐步走向世界,广泛开展多种形式、不同层次的国际教育交流与合作,是这一时期我国教育国际化的主要内容。进入新世纪后,我国的教育国际化进入双向阶段,引进国外教育资源更加积极主动,教育"走出去"的步伐明显加快,教育的国际影响力和竞争力进一步增强。在此过程中,把国际化视为西方化、对于国外教育改革经验不加选择地照单全收、对本国教育热衷于推倒重建等错误认知或现象得以纠正,教育国际化与本土化的关系得以重新确立,基本形成了三个共识。首先,国际化不是只输出不引进,也不是只引进不输出,而是引进与输出的双向过程。国际化使一个国家的教育发展具有更宽广的视野和更远大的前景,有利于促进全球性的资源交流和共享,有利于促进不同文化的理解、沟通和合作,有利于解决学校面临的共同问题,从这一意义理解,国际化即本土化在范围上的必要延伸。其次,本土化包含了一种民族情结,一个国家的能力意识和责任意识,是一种对自我的认同和对自身的肯定,是一个国家独立于世界的基础。正是由于本土化,才有了国家之间的异质性以及由此而产生的互补性,才有了教育的多样性、独特性和民族性,才使得国家之间的联系不仅必要,而且从机械转向有机,从偶然转向常态。再次,教育不是一种纯粹的服务贸易,还包含许多政治或意识形态色彩的东西,包含许多文化的内容,以国际化否定教育所承载的社会使命和国家使命,不但给国家的政治、经济、文化安全带来深刻影响,同时会削弱教育发展的动力源泉。

以中国意识为乡村教师政策供给评价尺度的建构原则,还是文化自信的具体表现。文化自信是一个民族、国家、政党对自身文化价值的充分肯定和对自身文化发展的坚定信心,具体隐喻三层含义:一是对千百年来积淀而成的中华优秀传统文化的认同、传承和弘扬;二是对社会主义革命过程中所产生的革命文化价值的充分肯定以及景仰之情;三是对社会主义建设过程中形成的社会主义先进文化价值的高度认同与积极践行。[1] 文化自信的提出,有着较为丰富的历史依据、现实依据和理论依据。从历史角度观之,中华文明是世界文明史上最伟大的文明之一,是世界上唯一没有中断、世代延续的文明,曾对世界各国产生重大影响,诚如美国学者坦普尔所言"近代世界赖以建立的种种基本发明和发现,可能有一半以上源于中国,为工业革命打下基础的欧洲农业革命,是输入中国的思想和发明以后才开始的"。从现实角度观之,我国之所以取得举世瞩目的伟大成就,中国特色社会主义之所以成功,与中华民族的文化基因密不可分,这种文化基因不但指向马克思主义文化形态,同时包括源远流长的中华传统文化,如:小康社会根植于我国源远流长的社会理想;改革的渐进式道路蕴含着中华文明的中庸智慧;自我改革的巨大勇气源于穷则思变、与时偕行、自强不息的民族精神;社会主义与市场经济的创造性结合体现了中国文化中的包容性思维。从理论角度观之,文化自信的依据主要有三个。[2] 首先,农业革命发生之后,世界上各族群的社会和文化发展进化是多线的,不是单线的,是多种发展模式,不是一种发展模式,在此过程中,一个民族的历史越悠久,文化积淀越深厚,其民族性就越稳定。其次,文化可分为世界性文化与民族性文化两大类,其中民族性文化具有超时代性特征。如汉字的使用最晚始于商代,是世界上最古老的文字之一,也是当前世界上唯一流传三四千年而不中断并继续使用的文字。又如二十四个节气的划分战国时期便已基本成型,在此基础上,才形成了春节、元宵节、清明节、端午节、七夕节、中秋节、重阳节、冬至节、腊八节等一个

---

[1] 刘权政,黄晶,刘长亮.中国共产党百年自信成就中华民族伟大复兴[J].西藏民族大学学报(哲学社会科学版),2021(3).

[2] 何星亮.坚定文化自信的历史和理论依据[J].中南民族大学学报(人文社会科学版),2021(10).

个耀眼的中华文化符号。再次,文化的各个组成部分具有可分性,这种可分性意味着对待本民族传统文化可取其精华去其糟粕,避免陷入"传统即是好"的迷思,对待外国文化应取长补短互通有无,既不文化自卑又不文化自大。彰显文化自信,至少关涉两个方面。一方面,文化自信不同于文化自省和文化自觉,要求摆脱盲目迷信西方理论的学徒状态,形成对中国道路的合理解释而不是处于"失语"状态,促进文化自信从文化姿态转化为文化成果。另一方面,要推动中国文化的内涵式发展。内涵式发展与外延式发展是两种不同的文化发展主导方式,外延式发展通过改善外部条件推动文化生产,强调规模与数量,内涵式发展诉诸文化观念的内在积淀与创新,核心是承认人在文化创造活动中的主体性地位,强调文化内容的建设而不是追求花哨形式和表面文章,强调文化发展的质量而不是低水平重复和大规模粗制滥造。

第三,彰显新时代特征。新时代是一个政治学概念,指党的十八大以来我国社会发展所处的历史时期。中国特色社会主义进入新时代是以习近平同志为核心的党中央坚持历史、现实与未来相贯通,深刻分析中国特色社会主义发展的历史渊源、现实境遇和时代使命,提出的合乎规律性和合乎价值性的重大命题,是对我国发展阶段的战略判断与科学定位。新时代有多个观察维度,从世界社会主义发展史看,自苏联解体、东欧剧变至今,世界社会主义运动总体上处于低潮之中,在这个大背景下,中国特色社会主义进入新时代,在世界上人口最多的国家成功开辟出具有高度现实性和可行性的正确道路,不但意味着科学社会主义在二十一世纪的中国已焕发出新的蓬勃生机,同时在一定程度上意味着世界社会主义发展已在实现从空想到科学、从理论到实践、从一国到多国的基础上,步入了新的阶段,迈向了新的高度。从新中国史看,新时代是相对于1949—1978年、1978—2012年的第三个重要时期。如果说在前两个时期中国人民在以毛泽东、邓小平为主要代表的中国共产党人带领下,分别实现了"站起来""富起来"的梦想,解决了挨打、挨饿问题,那么第三个时期则是要解决发展起来以后出现的新问题,解决"强起来"问题,由"少部分地区少部分人富裕"推向全体人民的"共同富裕"。目前,我国决胜全面建成小康社会已取得决定性成就,第一个百年奋斗目标已经达到,成为世界第二大经济体,所有这些,无疑为推动第二个百年奋斗目标的实现、到2035年基本实现社会主义现代化、到2050年本世纪中叶把我国建设成为综合国力和国际影响力领先的国家奠定了坚实基础。从社会主要矛盾看,能否区分纷繁复杂的社会矛盾,弄清楚何为矛盾的主要方面,何为矛盾的次要方面,对认清时代的基本特征、制定正确的路线方针政策,具有基础性、决定性意义。1956年,随着社会主义改造的基本完成和社会主义制度的建立,党的八大提出"我们国内的主要矛盾,已经是人民对于建立先进工业国的要求同落后的农业国现实之间的矛盾,是人民对于经济文化迅速发展的需要同当前经济文化不能满足人民需要的状况之间的矛盾"。1981年,党的十一届六中全会将社会主要矛盾确定为"人民日益增长的物质文化需要同落后的社会生产之间的矛盾"。党的十九大提出,中国特色社会主义进入了新时代后,我国社会主要矛盾已经转化为人民日益增长的美好生活需要和不平衡不充分的发展之间的矛盾。从教育基本理论看,涉及"新时代发展什么样的中国特色社会主义教育、怎样发展新时代中国特色的社会主义教育"这两个重大命题,具体的,就是要坚持以马克思主义为指导,坚持社会主义办学方向,坚持党对教育工作的全面领导,坚持立德树人的根本任务,建设具有中国特色、世界水平的现代教育,培养德智体美劳全面发展的社会主义建设者和接班人,培养能够担当民族复兴大任的时代新人。就是要优先发展教育事业,深化教育综合改革,推进教育内涵式发展,把教师队伍建设作为基础工作,建设高素质专业化的教师队伍,形成高水平的人才培养体系。

新时代尽管有多个观察维度,但具体到人文哲社科学,特别是具体到乡村教师政策供给的评价尺度建构,则有特别的意义。一方面,由于人类社会或人类文明的每一次重大发展之前,都有人文哲社科学的发展所产生的思想和知识为之做准备,加之解放思想是中国社会变革中第一个也是最重要的支柱,因此,新时代是一个需要思想理论也应该产生思想理论的时代,人文哲社科学应通过理论上的创新,为解决我国现代化进程中如何贯彻落实新发展理念、如何更好保障和改善民生、如何促进社会公平正义等提供足够的智力支持,逐步实现我国由研究人数多、论文数量多、政府投入多的人文哲社科学大国向学术思想活跃、学术观点新颖、学术话语影响力强、学术大师众多的人文哲社科学强国转变。另一方面,由于新时代社会治理更加重视人民群众的切身利益和获得感,更加关注治理方式的创新,因此,乡村教师政策供给的评价尺度建构必须基于新时代特点,坚守求真求善的内在价值与求实创新的外在价值,强调高质量和高智慧。高质量指评价尺度的理论与实践价值,集中表现为对政策评价、乡村教育以及教师专业成长规律的理解与运用。高智慧指思维方式的转变,要求评价尺度建构彰显整体思维、复杂性思维特点,防止碎片化现象和线性思维方式。

第四节 乡村教师政策供给评价尺度的指向与内涵

国内乡村教师政策供给评价尺度的系统与深度研究目前尽管处于空白状态,但并不是说可供参考的成果完全没有。由于乡村教师政策既是特殊的公共政策,同时还是特殊的教育政策,因此,公共政策、教育政策的相关成果可以为乡村教师政策供给评价尺度的建构提供有价值的参考。

新世纪我国公共政策评价研究以规范分析为主流方法,形成了"对比—借鉴"和"实践—反思"两条研究路径。[①] "对比—借鉴"指通过对国外政策评价理论和体系的学习与比较,为我国政策评价提供可参考经验。"实践—反思"指从国内政策评价的现状出发,找出存在问题并提出可行性方向。研究内容主要围绕评价目的、评价体系展开。评价目的研究有三个基本观点,即:政策评价有助于责任政府的建立,提升政府管理能力;政策评价有助于推动政策制定过程的科学化,提高政策执行力,为政策终结提供依据;政策评价有助于平衡各方利益,消除利益分歧,推进国家治理能力和治理体系现

---

① 彭忠益,石玉.中国政策评估研究二十年(1998—2018):学术回顾与研究展望[J].北京行政学院学报,2019(2).

代化。评价体系研究涉及价值取向、评价标准、评价主体、评价方法等多个维度。在评价标准层面,鄞益奋分析了理性主义模式与建构主义模式的特征以及差异,认为两者在理论发展上已表现出相互吸纳、渗透的耦合趋势,公共政策评价应综合运用理性主义和建构主义的标准,强调封闭与开放相结合、定量与定性相结合、核心标准与多元标准相结合、测量目标实现度和追求协商共识相结合、诊断问题与政策推广相结合。① 高峰从内涵与外延两个层面对政策评价进行定义,在此基础上,尝试给出包括政策方案评价在内的通用模型和经验矩阵,认为评价的标准可以有也可能无,可以是客观的也可以是人为规定的,若标准为正式宣布的目标,则为正式评价,如果标准没有严格的界定,则为伪评价。② 范柏乃等对公共政策的质量进行概念性构思,认为公共政策的质量主要体现在政策的制定环节,可细化为政策是否合情合法、是否具有可行性、是否体现了利益相关者的利益诉求,相应的测量指标由政策问题、政策方案、政策价值组成,其中政策问题应体现准确性与必要性,政策方案应强调有效性、适应性、系统性、明确性、可行性等,政策价值虽然呈现多元化态势,但社会公正是其最基础的价值。③ 许淑萍在分析公共政策伦理评价意蕴以及过程性特点的基础上,提出其实践操作的三个维度,即目标伦理性、内容伦理性、过程伦理性,其中目标伦理性指向维护公共利益和实现社会公平,内容伦理性指向符合法律法规以及社会倡导的道德伦理规范,过程伦理性指向程序公正与公众参与的广度和深度。④ 邱尔丽等认为互联网的普及和大数据技术的发展,为准确、动态评价公共政策提供了条件,公共政策供给的舆情评价体系由政策吸引、政策支持、政策投诉三个一级指标构成。政策吸引主要考察该政策对公众的吸引程度,包括关注度、传播度两个二级指标。政策支持主要考察公众对该政策的立场倾向,包括媒体支持度、网民支持度两个二级指标。政策投诉主要考察该政策的舆论

---

① 鄞益奋.公共政策评估:理性主义和建构主义的耦合[J].中国行政管理,2019(11).
② 高峰.政策评估的通用模型研究[J].科技管理研究,2015(24).
③ 范柏乃,张茜蓉.公共政策质量的概念构思、测量指标与实际测量[J].北京行政学院学报,2014(6).
④ 许淑萍.公共政策伦理评价的意蕴、标准及其维度[J].学习与探索,2017(4).

投诉或反映问题情况,包括媒体曝光度、网民投诉度两个二级指标。①

我国教育政策评价研究受国家教育政策的导向性影响较为明显,主要遵循两种研究路径。② 第一种是采用质性研究范式,根据特定的价值标准来判断政策影响,重点关注教育政策的公平性、充足性、回应性。第二种是借助量化研究的技术手段,从事实层面评价教育政策过程各环节的有效性,更加注重教育政策的实际效果和效率。具体研究内容涉及四个领域,分别是:教育政策评价的内涵要素研究;教育政策评价的价值研究;教育政策评价的实践应用研究;教育政策评价的国际经验比较研究。评价标准研究无疑隶属于第一个领域。涂端午等认为一个好的教育政策,除了有"好"的生产(话语)过程、形成"好"的文本外,还要看这种文本是否产生"好"的社会效应。"好"的政策文本表现在权威、价值和控制三个维度,权威不但指向作为组织形态存在的政策制定机构,还涉及上述机构对社会组织和个人所具有的强制性关系。价值包含物质层面的实体价值与精神层面的符号价值,对价值的考量主要触及政策中的价值构成以及不同价值间的冲突情况。控制包括分配、规制、倡导等具体方式,对其考察主要看以上三种方式在政策中的构成及效果。③ 蔡剑桥认为好的教育政策需要进行风险评估,各类风险因素不可能有序出现,而是呈现出较强的随机性。政策制定阶段的高风险因素主要表现在政策话语与政策文本方面,其中政策话语的高风险因素包括官方话语权过大、媒体话语的无价值判断、公众话语权缺乏,政策文本的高风险因素主要涉及公平与效率的协调性、国家发展需要与教育发展需要的协调性、不同历史阶段关注重点的连续性。④ 吴晓蓉认为适切是教育政策的本质要求,是教育政策评价的发展方向,包括合理性与合目的性两个层次。合理性以"充分"与"必要"为标准,要求教育政策的价值目标明确,与施行环境、利益相关者需求相一致,避免模棱两可或难以衡量的概念与表述。合目的

---

① 邱尔丽,等.基于网络舆情大数据的公共政策评价研究[J].领导科学,2021(8).
② 檀慧玲,王发明.教育政策评估研究的关键词共现可视化分析[J].华南师范大学学报(社会科学版),2017(4).
③ 涂端午,魏巍.什么是好的教育政策[J].教育研究,2014(1).
④ 蔡剑桥.风险评估:"好的教育政策"评价之依据[J].高校教育管理,2017(6).

性以"成效"与"回应"为考量,要求教育政策的制定者回答三个问题,即:能否解决实际问题;是否多样化以符合不同教育发展需求;是否具有根据政策环境变化而改进的灵活性。① 祁型雨等认为价值是教育政策理论和实践最根本、最核心问题,基于价值观考量的教育政策,应重视直接利益人的利益,坚持管理功能与协调功能并重,强调政治性与公共性、合法性与合理性、外在价值与内在价值、实然价值与应然价值、显性价值与隐性价值的统一。② 白贝迩等认为教育政策评估标准包括形式标准、事实标准、价值标准,其中形式标准集中指向教育政策的制定,具体包括:政策文本是否具有确定性,在语言使用上有无含混不清现象;与现行的教育政策体系是否具有一致性,与体系内部的其他政策有无冲突和重复;政策程序是否具有法定性,决策过程是否科学民主。③

上述所列一系列观点,虽然切入点、侧重点不一样,但目的都是试图回答公共政策或教育政策的供给质量如何评价。研究者们的回答可能是一种整体性建构,亦可能只触及局部,可能是操作性指标,亦可能只是概括性描述,不论其中的哪种情形,都对乡村教师政策供给的评价尺度建构具有启示意义,这种启示归纳起来即:乡村教师政策评价尺度应有相对稳定的结构,其展开必须遵循一定的逻辑。具体地,涉及"维度"与"要求"两个层级,其中"维度"为一级评价指标,"要求"为二级评价指标。

"维度"指向评价尺度的框架设计。由于框架是评价尺度的核心部分,其内在的逻辑性、完整性、系统性决定了评价尺度的科学性和解释力,因此,维度的确定尤为重要。笔者以为,如果排除用词的进一步斟酌,乡村教师政策供给评价尺度应以必要性、可行性、过程、文本为结构性要素,在此基础上进行内涵的诠释。这样一种设计思路的提出,主要源于四个认知。第一,包括乡村教师政策在内的任何政策出台都有明确的问题指向,这里所言之问题由于反映了社会发展的普遍与迫切需求,诠释了政策制定动因,因而总是

---

① 吴晓蓉.适切:我国教育政策评价新取向[J].国家教育行政学院学报,2015(3).
② 祁型雨,李春光.我国教育政策价值的反思与前瞻[J].现代教育管理,2020(3).
③ 白贝迩,司晓宏.教育政策评估的困境及其超越[J].教育理论与实践,2016(1).

实践性而非理论性的,即相应的答案并不要求说明"知道什么",而是侧重于"应当做什么"的陈述,陈述中隐喻的理论性正是政策的价值负载体现。第二,政策文本的可行性分析是政策分析过程中一个独立而重要的环节,有相对固定的逻辑始点和思路,可具体划分为逻辑可行性与现实可行性,这种可行性分析的价值在于避免荒诞、不可行政策的出台,彰显政策制定的积极而非消极意义。第三,政策制定是政府作为公共权威主导下的利益调整过程,由于不同的利益相关者有不同的政策需求,而资源总是稀缺的、有限的,因此,相互冲突的需求虽然应当带入政策制定过程,但不可能同时得到最大化满足。如何准确了解需求并基于公平、效率、质量、成本、效益等价值观以及公共利益进行权衡,对政策供给的质量具有决定意义。第四,所有政策最终必须通过文本形式予以呈现,文本有好坏之分,一旦产生,不同的人就会用不同的方式对文本进行解码,每个个体究竟会建构什么样的政策含义,依赖于读取文本的情景以及个体自身所持有的价值和理念。

"要求"即维度的具体化或指标化。为了避免不必要的争议,所有的要求都应具体明确,且不同维度的要求不应出现重叠现象。在"必要性"层面,如果说以人民为中心、办人民满意教育是乡村教师政策出台的最终动因,那么新农村建设、统筹城乡经济社会发展、教育均衡、教育公平、教育扶贫等则是乡村教师政策出台的直接推动力量,在此背景下的政策所针对问题,不但要求是真问题而不是逃避现实、闭门造车、凭空臆想、坐而论道的假问题,是乡村教育特别是乡村教师普遍关注的问题而非个别性问题,同时还必须是乡村教师队伍建设的重大、重点、重要问题,这些问题不应局限于现状性的、已客观存在的范畴,还应包括发展性的、未来可能出现或遇到的问题,唯有让乡村教师从政策这一公共产品的消费服务中获得实质性的满足,才能切实彰显政策制定的工具主义或实用主义取向。在"可行性"层面,由于乡村教师政策供给是一个现实的存在,主要涉及政策问题、政策目标、行动规划及其所遵循的思路,因此相应的可行性判断应侧重三个方面,即:政策目标是否针对问题,能否实现规制、分配、倡导等政策控制方式所隐喻的效果;相应的行动规划是否具有较强的操作性,方便转化为政策执行的行动;政策与被其运用的客观和主观条件关系如何,是否具有契合性。在"过程"层面,工具理性和价值理性相统一是乡村教师政策质量的保障和体现,政府作为决策者的自负和自利则是政策形成过程中必须高度警觉的倾向,这种倾向不但可能导致政策供给的价值模糊、效率低下,同时必然引发政策合法性的危机。事实上,社会治理现代化、协商民主等语境下的乡村教师政策形成过程,即是广泛征集民意、充分发挥民智的政府主导过程,民意与民智不但奠定了政策的合法性基础,而且成为过程评价的两个关键词。在"文本"层面,乡村教师政策有单个与整体之分,可能指某一个具体文本,也可能指向若干文本的集合。对单一文本而言,由于政策的呈现有相对固定的结构,必须面对所有的社会民众,因此,文字表述是否容易被准确理解、结构是否明晰且符合规范、不同部分的内在逻辑关系如何,无疑具有重要意义。对多个文本而言,不同乡村教师政策之间可能存在目标上的冲突、陈述上的分歧、立场上的矛盾,这必然削弱政策的权威。如何在保持不同政策文本内容相对独立的同时,彰显相互之间的支撑、补充意义,从简单的文本堆积转向彼此关联的有机体,应成为政策整体化与系列化设计的主要表征。

第五节　基于统一尺度的我国乡村教师政策供给评价

评价尺度的提出与建构,不但弥补了国内乡村教师政策研究的不足,有一定的理论创新意义,而且有明显的应用价值,主要是:为回答新世纪我国乡村教师政策供给应予肯定的有哪些、还有什么偏失等命题提供了统一的、全面的、相对客观的标准,有效避免了相关结论的主观成分与片面性、多样性。

必要性是乡村教师政策供给评价的第一个维度。新世纪我国乡村教师政策的密切与大量出台,与一些发达和发展中国家高度关注乡村教师发展,普遍关注招募与保留、学习与发展、收入与补贴等有一定关联,但更主要的是我国乡村教师数量目前已近300万,占教师总量的四分之一左右,不但有东部、中部、西部以及近郊、远郊、偏僻等不同区域之分,还涉及高中、初中、小学、幼儿园以及中心校、村小、教学点等不同层级,多年来始终面临城市教师不愿到乡村学校任教、乡村优秀教师和青年教师大量流失、城乡师资水平差距明显、乡村教师身份认同感普遍较弱等现实窘境,这种窘境由于明显有悖全面建设小康社会、推进教育现代化、建设教育强国、统筹城乡经济社会发展等国家重大发展战略,严重动摇了让每个孩子接受公平与有质量教育的根基,因而成为相关政策设计所针对的主要问题。不足之处表现在三个方面。首先,目前我国乡村教师政策多为"问题驱动型"政策,即有了问题才引起相关部门的重视,进而制定政策进行补救,这样的政策虽然具有强烈的现实针对性,容易得到社会的广泛认同,但难免有"头痛医头、脚痛医脚"之嫌。如何直面我国优质教育发展的不平衡、不充分矛盾,以此为突破口强化顶层设计,打造乡村教师队伍建设的长效机制,达到未雨绸缪之效,如何在继续彰显政策辅助性"输血"作用的同时,从乡村实际出发,充分挖掘场域优势,推动乡村教师自主发展,实现"输血"功能与"造血"功能的完美结合,应是今后我国乡村教师政策的改进方向。其次,我国颁布的乡村教师政策更多表现为"中央强制型"政策,即由少数专家和学者设计,以党中央、国务院、中央部委办等名义发布,然后强制性地层级推进,这样的政策虽然有利于短期内在全国范围贯彻落实党和国家的教育意志,但容易忽视、轻视地方基层特别是乡村一线教师的呼声。笔者近两年的实证调查结果表明,只有近20%的受访者认为我国乡村教师政策设计已很好、很完善、很到位,西部省份的比例则为30%左右,对既有政策文本不满意或不太满意的原因涉及多个维度,其中之一便是政策设计没有完全反映一线乡村教师的生存状态和真实感受,一些政策问题没有进一步细化或分解,问题成因的分析没有完全聚焦要害。再次,乡村教师包括普通中小学教师、幼儿园教师、职业学校教师、成人教育教师等不同群体,唯有所有群体的共同作用,才能破除乡村教育内部发展长期存在的不平衡、不充分现象,形成协调有序的发展格局。而综观目前的乡村教师政策,针对的群体主要是处于义务教育阶段的乡村中小学教师,学前教育特别是职业教育、成人教育还没有受到应有的重视,相应的教师队伍建设相对滞后。

可行性是乡村教师政策供给评价的第二个维度,主要关涉目标、举措等。从政策目标看,相关政策文本先后提出四个阶段目标,分别是:到2017年,力争使乡村学校优质教师来源得到多渠道扩充,乡村教师资源配置得到改善,教育教学能力水平稳步提升,各方面合理待遇依法得到较好保障,职业吸引力明显增强;到2020年,城乡师资配置基本均衡,乡村教师待遇稳步提高,岗位吸引力大幅增强;到2025年,完善部属师范大学示范、地方师范院校为主体的乡村教师培养支持服务体系,为中西部欠发达地区定向培养一批优秀中小学教师,乡村教师数量基本满足需求,质量水平明显提升,队伍结构明显优化,地位大幅提高,待遇得到有效保障,职业吸引力持续增强;到2035年,所有乡村教师的综合素质、专业化水平和创新能力大幅提升,能主动适应信息化、人工智能等新技术变革,积极有效开展教育教学,在岗位上有幸福感、事业上有成就感、社会上有荣誉感。上述四个阶段目标主要针对政策问题设定,可观测特点较明显,可实现度较高,不足之处是有些可以进一步量化的指标没有量化,为目标实现度的考核带来一定难度,另外,不同阶段目标的递进关系虽已有所体现,但总体上观之并不是很清晰。从政策举措看,主要涉及农村义务教育经费保障机制、统一城乡中小学编制标准、实施农村学校支教计划、实施农村义务教育阶段学校特岗计划、推动乡村教师定向培养、实施农村学校教育硕士师资培养计划、建立城乡教师交流制度、统筹推进义务教育教师队伍"县管校聘"改革、每年招募一定数量已退休优秀者到农村义务教育学校讲学、为乡村教师特别是集中连片特困地区乡村教师发放生活补助、推进艰苦边远地区乡村教师周转宿舍建设、为乡村学校从教一定年限的教师颁发荣誉证书、提高乡村学校高中级岗位比例并降低评聘要求、把乡村教师培训纳入基本公共服务范畴、启动中西部乡村学校首席教师岗位计划等。上述一系列举措中,有的已具备相应的实施条件,有的尚有欠缺,有的明晰了责任主体与主体责任,有的则较为含糊,即便明确了责任主体与主体责任,更多的是"规定""要求"或"鼓励"相关部门和人员"应该做什么"或"不应该做什么",对于政策执行中可能存在的逾越行为或者未切实遵循政策内容的放任行为,并未提出具体的惩戒措施。另外,降低乡村学校高中级岗位评聘要求以及表彰奖励向乡村教师倾斜的政策规定,虽然体现了政府对乡村教师的关心,得到了相关群体的认可,但由于这一政策性举措实质上是视乡村教师为弱势群体或需要照顾、倾斜的对象,是以牺牲评聘要求的普适性为代价,而不是试图构建契合乡村教师身份内涵的评价机制,因而有进一步商榷之必要。城乡中小学校实行统一的编制标准虽然有效缓解了城乡倒挂现象,但未充分考虑乡镇寄宿制学校的特点,在中西部地区,小规模学校和小班额现象较为普遍,成班率较低,在这些地区实行以生师比为依据的编制标准,无疑容易造成名义上的足编而事实上的缺编。乡村教师培训目前虽已基本形成"国培""省培""市培""县培""校培"五级培训体系,但由于相关的政策要求仅具原则性和倡导性,缺乏明确具体的规范,缺乏相关保障性支持,因而一定程度上导致乡村教师难以抽出足够的时间外出脱产培训,导致一些培训的内容安排与乡村教师的实际需求严重脱节。

过程是乡村教师政策供给评价的第三个维度。应然指向的乡村教师政策,通常都要经历从确立政策问题、启动政策议程、设计和选择备选方案再到政策合法化的复杂过程,在此过程中,尽管政策问题的性质、政党领袖、政策资源、制度基础等都在不同程度地影响着政策的内容,但更主要的是民意民智的征集对象与方式。从征集方式看,现实中的民意民智征集,通常以特定群体的座谈会方式进行,这种方式不但受访面较窄,而且由于参加者通常并无清晰且严格的条件规定,实际组织时可调整空间或者说随意性较大,因而给征集过程的质量带来较大的不确定性。事实上,网络时代的民意民智征集,不应再局限于集中会议、书面等形式,而应更多地通过意见征集平台、电子邮件等网络渠道进行,这种政策过程的民主化方式,涉及面广,操作方便经济,结果可信度高。从征集对象看,应然意义的民意民智征集对象,必须涵盖地方政府、多学科专家、乡村学校以及乡村教师。尊重地方政府话语权,源于我国农村义务教育实行的是"在国务院领导下,由地方政府负责、分级管理、省级统筹、以县为主"的体制,地方政府兼具政策执行者与地方性政策制定者双重身份。尊重专家话语权并强调多学科特点,不仅因为政策制定是一项专业性工作,真正意义专家可提供系统的、有深度的知识支持,还因为乡村教师问题不仅是教育学命题,同时还是经济学、社会学、管理学、政治学、文化学命题。尊重乡村学校话语权,源于学校是教师生存和发展的主要场域,学校更能准确反映和描述乡村教师队伍建设的困境及其区域特点。尊重乡村教师话语权,是因为乡村教师支持是政策合法性的最主要表现,一个不被乡村教师普遍理解、接受、认同的政策,不仅不能谓之为好的政策,还必然陷入执行的困境。

文本是乡村教师政策供给评价的第四个维度,有文本结构与文本关系两个具体观察视角。从文本结构观之,进入新世纪特别是党的十八大以后,我国乡村教师政策尽管由被动应对向主动呼应过渡,由关注部分人向关注所有人过渡,由强调基本合格向促进个体持续发展过渡,但并非所有的文本呈现均严格遵循政策文本的固有范式,有的较为严谨规范,有的则很简单,应付色彩明显。比较典型的是,在国务院颁发《乡村教师支持计划(2015—2020年)》后,全国31个省(区、市)与新疆生产建设兵团虽按要求陆续出台了各自的地方性版本,但普遍存在目标定位不清、内容与形式简单化、监督与评估模糊化等问题。从文本关系观之,总体感觉政策杂乱繁多,体系感不强,不同文本的陈述时有出现重复现象,有的甚至出现矛盾,如:国务院颁发《乡村教师支持计划(2015—2020年)》提出"到2020年,努力造就一支素质优良、甘于奉献、扎根乡村的教师队伍,为基本实现教育现代化提供坚强有力的师资保障",仅时隔一年左右,国务院颁发的《关于统筹推进县域内城乡义务教育一体化改革发展的若干意见》提出"到2020年,城乡师资配置基本均衡,乡村教师待遇稳步提高、岗位吸引力大幅增强"。两者同为政策目标,但内涵存在明显差异。

第六节 我国乡村教师政策供给的未来改进思路

乡村教师政策供给的不同维度评价,意味着进入新世纪后,我国乡村教师政策的供给虽有众多可圈点之处,为缓解乡村教师队伍建设难题发挥了决定性作用,但尚有一定的提升与完善空间。这种提升或完善本质即政府进一步规范政策行为、打造高效政府的过程,要求政府必须牢固树立乡村教师是乡村教育发展第一资源的理念,视加强乡村教师队伍建设为新时代中国一项重大政治任务和根本性民生工程,对既有的政策体系进行梳理,分析什么样的政策应予废除,什么样的政策应予完善,什么问题属于政策文本问题,什么问题属于政策落实过程中的问题。

一、重新划分乡村中小学教师专业成长的阶段

国外教师专业成长的阶段研究始于上世纪六十年代。从理论渊源看,主要以发展心理学的生命发展全程观、社会系统理论、马斯洛的自我实现理论等为支撑。研究者视域中的教师专业成长的阶段划分,并无固定的、统一的答案,先后出现多个分析模型,如:Fessler 从生命周期角度,将教师职业人生划分为职前教育阶段、引导阶段、能力建立阶段、热心和成长阶段、生涯挫折阶段、稳定和停滞阶段、生涯低落阶段、生涯退出阶段等;Berline 根据个体教学知识和技能的掌握情况,认为教师发展需经历新手教师、熟练新手教师、胜任型教师、业务精干型教师、专家型教师等多个阶段;Steffy 特别关注教师发展的低谷期及其相应的外部作用,将教师发展划分为预备生涯阶段、专家生涯阶段、退缩生涯阶段、更新生涯阶段、推迟生涯阶段等;Huberman 则从满意度以及和谐发展角度,提出教师职业发展的双重路径模型。

政策范畴教师专业成长的阶段划分往往表现出一定的国家特点,如:美国将中小学教师划分为候选教师、新教师、优秀教师、杰出教师等多个层级;英国将中小学教师划分为合格教师、新入职教师、资深教师、高技能教师、优秀教师等五个等级;澳大利亚将中小学教师专业成长分成准教师、胜任教师、优秀教师、领导教师等四个阶段;越南则将中小学教师专业成长划分为初级教师、高级教师、首席教师等三个阶段。

国内学界教师专业成长的阶段研究始于上世纪末,主要动因是西方相关成果的推介及其影响,阶段划分的具体依据则包括生命周期、专业成熟、

自我发展、多元综合等不同指向。叶澜认为,教师生涯历经了非关注、虚拟关注、生存关注、任务关注、自我更新关注等多个阶段,每个阶段教师的自我专业发展意识均有明显变化。① 连榕认为,教师成长需经历新手型、熟手型、专家型等由低到高时期,应从认知、人格、工作动机、职业心理、学校情境心理等维度分析每个阶段教师的特征。② 钟祖荣等认为,教师成长包括适应期、熟练期、探索期、成熟期、专家期,每个时期的评价标准不但涉及素质与能力表现,还应兼顾教龄因素。③ 孟繁胜等认为,教师成长可划分为新手型教师、适应型教师、熟手型教师、专家型教师等四个阶段,不同阶段教师关注的重点不同,具体行为特征亦有明显差异。④ 贾汇亮认为,教师成长一般遵循入职适应、发展巩固、稳定成熟的顺序,相应的评价应具有权变特点,主要围绕经验水平、专业技能、责任意识等展开。⑤ 杨鸿等提出教师成长的"五级梯度",试图通过描述不同层级教师应然的发展定位、发展标准、发展重点、发展路径,构建教师成长的纵贯体系与横向模式。⑥

国内教师专业成长的阶段研究虽已有一定积累,但多数成果停留于对西方相关研究结论的套用,或在技术层面完全模仿西方,没有聚焦中国式问题,体现本土立场。少数成果虽秉持实践诉求,以一线调研结果作为立论依据,但没有充分考虑研究对象的典型性以及研究结论的普遍性,因而必然带来其公信力和影响力问题。事实上,研究的滞后,已直接或间接导致政府相关政策设计的缺失。我国政策范畴中小学教师专业成长的阶段设计与标准建构集中表现为职称制度与荣誉制度。中小学教师职称制度始于1986年,2015年国家有关部门在改革试点的基础上,将原来的中学与小学分别设置

---

① 叶澜,等.教师角色与教师发展新探[M].北京:教育科学出版社,2001:278.
② 连榕.教师教学专长发展的心理历程[J].教育研究,2008(2).
③ 钟祖荣,张莉娜.教师专业发展阶段的调查研究及其对职后教师教育的启示[J].教师教育研究,2012(6).
④ 孟繁胜,曲正伟,王芳.不同阶段中小学教师发展需求比较分析[J].东北师大学报(哲学社会科学版),2017(3).
⑤ 贾汇亮.关于权变型教师评价的思考[J].教育发展研究,2010(2).
⑥ 杨鸿,周永平,朱德全.适应与超越:教师专业发展的梯度与理路[J].课程·教材·教法,2017(6).

改为统一的制度体系,即中小学教师职称均划分为初级、中级、高级三个层次,设三级教师、二级教师、一级教师、高级教师、正高级教师等不同类别,相应的要求不仅涵盖学历、教龄,还包括教育理论素养、教学能力、研究能力等。中小学教师荣誉制度的内涵较为丰富,包括特级教师、骨干教师、首席教师等多个指向。特级教师是为特别优秀的中小学教师而设立的一种兼具先进性与专业性的称号,始于1978年,1993年进行完善,修订后的文本进一步明晰了评选条件,强调特级教师是师德的表率、育人的模范、教学的专家。"骨干教师"一词在上世纪六十年代便已在我国有关政策文本中出现,进入新世纪后则被赋予新的意义,目前已形成国家级、省级、市级、县级等多层次骨干教师体系,相应的选拔标准尽管呈现出一定的层级或区域差异,但通常都围绕资历、职业道德、教学与教研、示范指导、继续教育等展开。首席教师在我国最初由一些中小学提出并实践,现已上升至国家政策层面,并在中西部乡村学校进行试点,相应的岗位条件不但涉及政治素质、师德师风、育人成绩、教研能力、组织能力,还涉及职称和年龄。

职称制度与荣誉制度的并列共行,尽管从各自的、历史的角度看均存在合理性,为提高我国中小学教师的社会地位和经济地位、引导教师专业发展、合理配置教师资源等发挥了一定作用,但由此带来的弊端往往被决策者和研究者所轻视,这种弊端不仅表现为单一制度的内部需要完善,还表现为不同制度之间的关系亟待重新厘定。从职称制度观之,职称究竟是专业技术职务还是专业技术水平标志,与待遇、聘用的应然关系如何,层级、类别以及相应标准的设计如何在强调本土的同时有效支撑不同民族之间的交流与互动,上述一系列原则性、根本性问题,目前并未得到明晰回应或切实解决。从荣誉制度观之,现有的特级教师、骨干教师、首席教师设置呈彼此孤立状态,未能反映出中小学教师专业成长的全程性以及前后递进特点,形成全覆盖的完整链条,每一类荣誉的标准建构没有完全聚焦专业要素,并经历广泛的调研和严格的论证。从不同制度的关系观之,现有的职称制度与荣誉制度是不同力量影响下的产物,是两个有明显重叠和差异且作用于相同对象的评价设计,这种二元并行现象,不但有悖于教师评价的确定性原则,导致现实中教师管理的混乱,而且必然带来对制度本身权威性的挑战。

中小学教师专业成长阶段的重新设计,有两种备选方案。一是废弃现有的荣誉制度与职称制度,重新进行层级划分。二是对现行的荣誉制度与职称制度进行整合,或进行功能边界的进一步区分。由于上述两种方案的目的都是改变现行的职称制度与荣誉制度二元并列结构,且较之前者,第二种方案更具操作意义,因此,可尝试建立以荣誉制度为主体、以职称制度为必要补充的教师管理机制。这里所言之职称制度,与目前正在实施的制度有着本质性差异,其基本含义是:由评聘制改为正常晋升制,晋升的依据主要是从教年限、从教区域的城乡之分、年度考核结果,教师只要满足相应的条件,即可晋升到高一级岗位,并领取相应的薪酬。荣誉制度则由准教师、合格教师、骨干教师、卓越教师、教育家型教师等构成,其中准教师指向入职试用期阶段,不同层级之间通过专业表现进行区分,专业表现的深度、难度随着层级的变化呈逐步递增态势。

保留职称制度并赋之以新的内涵,不仅体现了社会对中小学教师从教时间长短、城乡工作环境差异的应有理解与尊重,还源于三个因素。首先,我国职称制度可追溯到新中国成立初期,现已成为专业技术人员管理的一项基本制度,作为专业人员的中小学教师,实施职称制度无疑反映了社会特定群体管理的共性要求。其次,当今中国,无论是学界还是中小学校长、一线教师,对职称制度都有取消与保留两种完全相悖的诉求,在上述特定的背景下,贸然取消已实施多年的中小学教师职称制度,不但会损害政府的形象,削弱教育政策的公信力,而且势必触及较大范围群体的既得利益,影响社会的稳定。再次,我国相关法律和政策文本不仅将教师定位为"履行教育教学职责的专门人员",还特别将公办学校中小学教师定位为国家公职人员。我国国家公职人员尽管不能完全等同于公务员,但其管理通常以公务员为参照,公务员目前实行的职务与职级并行制度,无疑为重构中小学教师职称制度提供了具体参照。

聚焦专业成熟度并细分为若干层级的中小学教师荣誉制度,不但实现了职称制度与荣誉制度的功能性区分,有效避免了不同评价标准的内容重叠甚至相互矛盾现象,同时具有较为丰富的理论与实践渊源。

一是反映了政府以及其他主体意志。政府干预和控制教育是十九世纪末开始世界各国的普遍现象,不同时期、不同国家的差异只是干预或控制的方式、手段、程度、频率等不同而已。我国古代即有"官师合一"的办学传统,明朝立国时即把学校纳入政府行政管理的范畴,近现代则通过各种手段持续强化行政本位的教育管理体制,即便是当今中国,教育治理尽管由单一的政府统治形态转向多元主体参与的民主模式,但仍无法否定甚至必须依赖政府的主导作用。究其原因,主要是我国非政府教育治理主体的法律地位目前尚不明晰,在此背景下,过度强调主体之间的自愿合作以及所有主体的自我约束,不但有悖于我国依赖、服从行政权的文化传统,而且容易造成主体责任边界混乱,难以解决"谁来负责"问题。

政府在多元教育治理主体的核心地位,并不意味着政策所反映的仅是政府意志。当今中国政府,已不再是全能主义的典型代表,而是提供有效公共教育服务的"责任政府"。为人民谋福祉、为教育谋发展的责任内核,行政组织结构体系的渐致优化,运作过程制度化与法治化程度的持续提升,使得政府更加关注利益关联体的利益表达,重视相关社会组织、智库、专家学者在教育决策过程中的作用。这种关注或重视虽然由于资源稀缺、诉求冲突等因素,难以最大化满足不同主体的需求,但一定程度上反映了民意,集中了民智,使教育政策的理论性与实践性得以彰显。

政府意志在不同时期有不同的表达。进入中国特色社会主义新时代以后,随着国家文化自信的不断彰显以及国际话语权的持续增强,我国教育政策开始重新、系统思考中小学教师分层问题。2018年,中共中央、国务院颁发《全面深化新时代教师队伍建设改革的意见》,在这一新中国成立后中央出台的首个专门针对教师队伍建设的政策文本里,明确提出到2035年,要培养造就数以百万计的骨干教师,数以十万计的卓越教师,数以万计的教育家型教师,实现教师队伍治理体系和治理能力现代化。上述表述中的数量关系,无疑已隐喻教师分层问题。

二是反映了中小学教师专业成长的客观规律。规律是人类社会的普遍存在,发现规律、按规律办事,始终是人类应有的不懈追求和行为守则。中小学教师作为一种具体的社会分工,其专业成长内在的、普遍的、相对固定的逻辑是什么,目前尚无系统的、权威性的阐释。

笔者以为,中小学教师专业成长的规律列举是一个见仁见智的话题,排除所谓的全面之说,并考虑到共识的形成,至少可以概括为两个方面。一方面,由于知识与能力的增长不可能一蹴而就,具有长期性、动态性特点,因此,中小学教师专业成长本质上是一个由准专业到专业、由普通专业者到优秀专业者、由低水平优秀到高水平优秀的渐进过程。为了更好地体现个体专业体验与发展的连续性,构建一体化教师教育模式,上述过程的始点应为系统性的、指向理论与实践双向建构的职前培养,终点则为极少数优秀者方能达到的高度,不同阶段的专业表现差异不仅指向"质",还可能包括若干"量"的变化。另一方面,中小学教师专业成长的实际轨迹、达成高度受多种因素制约,这些因素既包括社会外在因素,还包括个人内在因素,其中作为条件的社会外在因素集中指向组织支持、政策支持以及各种有效活动的提供,作为根据的个人内在因素则有多个分析视角,如 Steffy 认为教师向什么方向发展主要依赖于个体是否具有批评反思精神,Huberman 认为教师群体分化取决于教师自身是否在不断寻求角色变化、是否形成融洽的师生关系、是否在教学中取得成就或成功体验、是否成为教学变革的主人而不仅仅是重复过去的教学经验。

三是彰显了中小学教师专业成长强制性与自主性的统一。教师是肩负使命的群体,这种使命可能是主体基于自觉内生而成的一种责任感知,亦可能由国家、组织、社会团体等外部力量所赋予。我国中小学教师的使命,主要源自后者。外部力量赋予的教师使命,尽管具有时空性征,且往往与国家使命、时代使命、区域使命、教育使命等密切相关,但究其本质而言,都应围绕"培养什么样的人"展开。当今中国,正处于社会重大转型时期,实现中华民族伟大复兴、满足人民对美好生活向往的奋斗目标设定,对传统的中小学教育提出了挑战和变革诉求,意味着中小学教育应以着眼于民族、贡献于人类为基本格局,以培养担当民族复兴大任的时代新人为根本宗旨。[①] 中小学教育目标的上述变化,必然对教师队伍建设带来较大影响,这种影响反映在教师队伍建设的定位层面,即由过去的数量满足与模糊意义的合格,转向精

---

① 刘铁芳.培养担当民族复兴大任的时代新人[J].教育学报,2018(5).

准意义的合格以及好教师的培养。

合格教师以及好教师的提出与实践,包含强制性与自主性双重意蕴。所谓强制性,指队伍建设的底线设置,隐喻每个中小学教师都必须达到合格教师的要求,不合格者原则上应予清退。所谓自主性,指"好老师"有程度之分。改革开放40余年特别是党的十八大以来,政府以地位和待遇为抓手,提升中小学教师职业吸引力;以"卓越"代替"合格",试图提高中小学教师职前培养的质量;以服务群体专业成长为旨向,构建多层次、全方位教师培训体系。上述一系列政策性举措,尽管为"好教师"的产生提供了良好的外部环境,但客观上并不能保证每个教师最终都达到"好教师"的境界,不能保证"好"到什么程度,究其原因,主要是教师对自身的发展方向、发展路径选择拥有决定权,任何外部力量,最终必须通过教师的认可、吸收、实践才能发挥作用。

二、明晰乡村教师专业成长不同阶段的样态

以荣誉制度为主体的教师管理机制,必然涉及准教师、合格教师、骨干教师、卓越教师、教育家型教师如何进行区分问题,这种区分由于强调确定性、可反复操作性,因而往往通过标准的建构予以实现。没有相应的标准体系,我国教师专业成长的阶段重置不可能真正实现从理论层面向实践操作的转化,重置的意义亦将被严重削弱。

不同层级的教师标准建构有科学与非科学之分。科学意义的标准,绝非官僚阶层主观臆想或灵机一动的产物,而是专业人员基于分析和比较、兼顾不同主体利益诉求而形成的研究成果,这种成果不仅要明确回答三个问题,即不同阶段标准的关系如何、标准的框架如何设定、标准的内容如何展开,同时需要建立三个前提性认知。首先,中小学教师专业成长的持续性和过程性,决定了不同阶段的标准不是彼此独立的存在,而是前后关联的递进式呈现,只有强调整体建构和关系思维,才能彰显出标准的理论价值以及对教师人生的引领意义。其次,教学虽是中小学教师工作的核心内容,是职业生存的基本和普遍形态,但并不能涵盖全部,相应的标准应围绕专业的边界与内涵展开,而不是局限于教学。再次,我国教育行政部门

制定的教师专业标准将中小学教师的专业性从专业理念与师德、专业知识、专业能力等三个维度进行解读,每个维度确定若干个领域,每个领域提出相应的基本要求。这种思路和设计,虽然面临维度之间逻辑关系不太清晰、领域确定不太全面、基本要求没有体现递进特点等质疑,但对中小学教师专业成长阶段的标准厘定无疑具有启示意义。这种启示即:以专业品质、专业知识、专业能力为标准的基本框架,在此基础上,进行层级化的独特表达。

以专业品质、专业知识、专业能力为线索的标准建构,需要对所涉概念赋之以明晰含义。专业品质包括理想、理念与道德。所谓理想,是对未来可能实现的想象,最终指向个体的成就动机,要求中小学教师视教书育人为事业而不是职业,是个人生命的一部分而不是彼此分离,将自身发展、自我实现的本体价值追求与为教育事业奉献终生的社会价值追求完美重合。所谓理念,指对教育本质的深透理解与感悟,主要有学生为本、师德为先、能力为重、终身学习等,其中学生为本是最核心的理念,要求教师充分认识到学生发展的潜在性、主动性和差异性,尊重学生的权益,形成民主、平等的新型师生关系,促进学生全面而有个性地发展。所谓道德,指主体的表率作用,要求中小学教师有健全的人格、积极健康的个性,爱国守法,为人师表,实现从身份伦理向专业伦理、从外部师德要求向内在道德建构的转换。专业知识包括本体性知识、条件性知识以及实践性知识。本体性知识侧重解决教有所指问题,要求教师必须对所教学科有较为清楚的了解和思考。条件性知识主要涵盖教育学、心理学知识,意味着中小学教师应形成对教育价值、规律、原理以及学校、学生的深度认识,准确理解认知、情感、意志、个性的内涵以及学生发展的特点。实践性知识是中小学教师在教育教学实践中实际使用或表现出来的知识,主要涉及教育信念、自我知识、人际知识、情境知识、策略性知识、批判反思知识等,实践性知识不仅可以反映教师的理性与智慧,而且蕴涵着个体的审美特质、价值观与情感倾向。专业能力包括教学设计能力、教学实施能力、教学评价能力、学习能力、研究能力等。教学设计能力是一种基于课程与学生、有明确行为指向、动态生成的创造力,涉及理念、目标、内容、结构、学习方法等。教学实施能力是一种综合化的实践能力,不但关涉语言、技术应用、沟通方式等,还涉及理性层面的教学智慧、非理性层面的教学激情以及个性层面的教学风格,通常以学生喜爱程度以及对学生学习影响为基本评判尺度。教学评价能力侧重表现为从心理测量学范式转向教育评价范式,或从考试文化转向评价文化,这种文化的特点是外部评价与内部评价相平衡,纸笔测验与表现性评价相平衡,输入评价、过程评价与结果评价相平衡。① 学习能力是一种发展性能力,有三个重要衡量指标,即:学习目标不停留于对权威者的盲目顺从,而是致力于反映个体思想、能力和情感的变化;学习动机摆脱对工具价值、任务导向的过度依赖,由外在驱动转向内在自觉;学习方式强调对自身生态位的理解与尊重,从"校外"转向"校内",从"培训"转向"学习",从"划一"转向"多样",从"纯理论"转向"理论与实践结合"。② 研究能力不仅指遵循学术规范,坚持科学方法,尊重学科的概念体系与理论框架,还涉及对研究范畴的理解。中小学教师的研究无疑应以"行动研究"为主,即把研究与日常教学行为紧密联系,强调研究结果直接应用于教学实践,但同时不能排斥学术指向,应鼓励中小学教师做思想和理论上的巨人。

层级化独特表达是标准建构的核心内容,这是厘清准教师、合格教师、骨干教师、卓越教师、教育家型教师专业表现差异的关键所在。准教师的核心在于"准",所反映的是与合格的差距,这种差距作为一种整体性、概括性描述,应赋予明晰而非模糊含义。事实上,准教师尚处于从教的尝试阶段,能否完成文化适应与角色适应,成为真正意义的合格教师,需要若干前提性条件,只有师德规范基本养成、从教意愿较为强烈、具备相应的学科素养、形成初步教学能力和一定教研能力、了解学生管理基本规律和一般方法的人,才能称之为准教师。合格教师在于"合乎格",重点是"格"的把握,由于"格"关乎我国中小学教师专业地位的确立,涉及如何科学、全面评价中小学教师,对中小学教师职前培养行为有重要引导意义,因此,"格"应是专业品质、

---

① 崔允漷.有效教学[M].上海:华东师范大学出版社,2009:245-247.
② 林正范,肖正德.教师学习新视野——生态取向的理论与实践[M].北京:教育科学出版社,2013:98-102.

专业知识、专业能力的全方位体现,应反映社会对中小学教育教学岗位的共性与普遍要求。换言之,能否践行师德,能否根据教材和学生特点设计教学方案、选择教学方法、激发学生的学习兴趣,能否得到同行、学生及其家长的认可,是判断一个教师是否为合格教师的主要实践指标。骨干教师的"骨干"至少包含两层意思。一方面,"骨干"建立于"合格"之上,是对合格的整体或局部超越,因此,骨干教师应以成熟为主要标志,即能熟练地、准确地运用教育教学规律,熟练地驾驭教材、课堂和学生,基本形成自身独特的、较为稳定的教学风格。另一方面,"骨干"通常比喻在总体中起主要作用的人或事物,基于上述语义的骨干教师,在学校或校际共同体的某个学科教学中,必须具有引领、示范作用,能为同事提供学科或教学上的必要帮助,能进行相关课程的研发。卓越教师的"卓越"与杰出相近,教育部2014年颁发的《关于实施卓越教师培养计划的意见》曾对卓越中小学教师的含义进行解读,后在《关于实施卓越教师培养计划2.0的意见》中又加以引申。借鉴教育部有关政策文本的诠释,并以"杰出"为认知始点,可将卓越教师理解为"已形成个性化的教学艺术和较为系统的教学思想、教学研究功底深厚、既有实践智慧又有理论智慧、在校外较大范围内有明显影响力、对教学团队和学习共同体建设起核心作用的群体"。教育家型教师是中小学教师专业成长的最高境界,《教育大辞典》将教育家理解为"在教育理论或实践上有创见、有贡献、有影响的杰出人物",这种解释,很难将教育家型教师与卓越教师进行区分。事实上,我国最优秀的、由极少数中小学教师所构成的群体通常表现出若干共性和显著特征,即:具有虔诚的、持续的国家教育情怀和信念,形成独特的本土教学实践范式,在批判性吸纳相关教育理论的基础上提出深刻的、创新性的观点,在全国范围内有较大影响力,所有这些,正是当代中国教育家型教师的主要表征。

三、强调乡村教师职前培养的乡土化模式

我国目前的乡村教师职前培养模式具有多元特点。一是本科分段培养模式,主要包括双学位模式、"3+1"模式、"3.5+0.5"模式、"3+0.5+0.5"模

式、"2.5＋1.5"模式、"2＋2"模式等。双学位模式以内蒙古师范大学为代表，是学科专业教育与教师专业教育相结合的教师职前培养模式，学生在毕业时可同时获得学科专业学位与教育学学位。"3＋1"模式以沈阳师范大学为代表，前三年主要学习学科基础课程，第四学年进入教师教育学院学习教育理论和教学技能课程，并进行教育实习。"3.5＋0.5"模式以河北师范大学为代表，学生在三年半时间内完成主要课程的学习，然后到乡村学校进行为期半年的全职岗位锻炼，在此期间，高校对实习基地学校的乡村教师进行置换培训。"3＋0.5＋0.5"模式以江西师范大学为代表，学生用三年时间学完并掌握基础理论知识和基本技能，然后由学校组织到乡村学校进行为期半年的支教实习，返校后再学习一个学期的教师教育理论。"2.5＋1.5"模式以南京师范大学为代表，学生前两年半由相关专业学院进行基础课程和学科专业培养，辅之教师教育类课程学习，后一年半进行教师教育课程学习和教育实习，辅以相关学科专业的拓展或提升课程学习。"2＋2"模式以四川师范大学、陕西师范大学为代表，学生前两年不分具体专业和方向，集中学习基础公共课和主修专业课程，第三年开始进行分流培养。二是本硕贯通的培养模式，这是因应基础教育对教师需求的高学历化而出现的，涉及"4＋2"模式、"4＋1＋2"模式、"3＋3"模式等。"4＋2"模式实质上即发达国家普通实行的学士后教师培养模式，指学生完成四年的本科学业后通过适当筛选直接进入教育硕士阶段，经过两年学习，获得教育学硕士学位，实施这种模式的主要有北京师范大学、东北师范大学等。"4＋1＋2"模式将教师职前培养的学段划分为四年本科教育、一年教育实践、两年硕士培养，旨在兼顾教师教育的连续性与实践性要求，这种培养模式的代表学校为华东师范大学。"3＋3"模式以上海师范大学为代表，其中第一个"3"指学生进入大学后的前三年按照录取时的专业培养方案进行培养，第二个"3"指符合条件的学生再接受"教师教育专业"方向的硕士学位研究生教育。三是整合连贯的本科培养模式，这类模式主要针对传统的分阶段培养模式的弊端而提出并实践，如青海师范大学将专业学习与教师教育同步进行，具体划分为三个教学阶段、两大课程类型、九个课程模块。四是订单式培养模式，这是高校与地方政府合作的一种形式，包括定向招生、订单培养、定岗就业等，其具体内涵是：高校在招生计划中划分专门指标,定点录取有志于服务乡村教育的学生,学生入学之初与地方教育部门签订就业合同,毕业后必须回到乡村学校服务一定年限。五是小学全科教师培养模式。小学全科教师指具有整合小学阶段多门课程进行综合教学的能力以及能从事小学德育与班级管理工作的教师,虽然2006年湖南省便开启面向乡村定向培养小学全科教师的专项计划,以后一些省份相继效仿,但直到2014年,教育部才明确提出小学全科教师的概念。目前,全科培养模式的招生对象有高中毕业生也有初中毕业生,其中招收初中毕业生的有五年一贯制专科培养以及六年一贯制本科培养两种学制,主要目的是解决乡村小学教学点分散、办学规模小、教师结构性缺失等现实问题。六是卓越教师培养模式。我国卓越教师培养的提出可追溯至2012年,但详细的政策设计则从2014年开始,主要标志是教育部印发的《关于实施卓越教师培养计划的意见》。2018年,教育部又颁发了《关于实施卓越教师培养计划2.0的意见》,分阶段设置卓越教师培养的目标,要求卓越中学教师重点探索本科和教育硕士研究生阶段整体设计、分段考核、有机衔接的培养模式,卓越小学教师重点探索借鉴国际小学全科教师培养经验、继承我国养成教育传统的培养模式。在上述政策的强力引导下,国内众多高校进行了积极探索,如:西南大学创立的"师元班"实行双导师协同培养以及"4+X"双专业培养,建立了四年一贯制的实践教学体系;陕西师范大学借鉴国外卓越教师培养的双学位课程,探索以大学教师为主导的"三方导师制";淮北师范大学把所有师范专业的学生混合编班,相应的课程设置采取专业课程与卓越教师计划课程相叠加的形式。七是"U-G-S"培养模式。U、G、S是三方机构的简称,其中U指高校,G指地方政府,S指中小学,"U-G-S"强调的则是三方协同育人的价值,目前已成为国内高校的普遍实践,并且表现出不同的形态,如:首都师范大学与地方政府、中小学合作,率先创办教师发展学校;东北师范大学牵手地方政府和中小学,开展"教师教育创新东北实验区"的建设。

培养模式由培养目标衍生而出,或者说,目标制约模式的变化。从这一角度理解,乡村教师职前培养模式的多元化,一定程度上反映出人们对乡村教师职前培养目标的认知模糊或差异。笔者以为,巩固拓展脱贫攻坚成果同乡村振兴的有效衔接,需要更加重视教育在阻断贫困代际传递中的重要作用。由于乡村教育不仅承载着传播知识、营造文明乡风的功能,而且还承担着为乡村振兴提供人力支撑的重任,加之乡村教师特别是山区及偏远地区教师面临不同的教育对象、独特的服务职能以及迥异的生存环境,因此,乡村教师的培养应强调乡土化模式,这种模式的目的是培养具有适应乡村教育发展需要素质和能力的乡村教师,核心则是要准确理解乡村教师在关键性知识、能力与心理倾向性上表现出的显著异质,在此基础上,进一步突出培养主体乡土化、培养内容乡土化、培养方式乡土化。[①]

乡村教师所独具的关键性知识即地方性知识,具体涉及三个层面。一是谙熟乡村风土人情,包括:熟悉乡土社会方言,能够理解并参与乡村日常交流;了解乡村交往礼仪,懂得乡村婚丧嫁娶等风俗习惯;了解特定社区的文化历史,增进对乡村历史渊源、名人典故、乡贤文化的了解;熟悉乡村的整体文化性格,积极融入乡村熟人社会。二是摸透乡村发展需求,对空心化、土地撂荒、人员结构失衡、乡村文化衰落等"乡村病"有较为深刻的认知,了解自身在实施乡村振兴战略过程中的责任。三是掌握乡村学生实情,从文化差异而非文化缺陷的角度看待乡村学生,充分认识到乡村社会也有丰富的知识和文化,关注乡村学生的谋生与致富诉求,关注留守儿童等重点群体的特殊需求。[②]

乡村教师所独具的能力集中表现在四个维度。一是沟通交流能力。乡村教师不但要面对乡村学生,同时还要面对乡村社区,需要同时具备与乡村学生、乡村社会有效沟通、交流的能力。二是教育资源的整合能力,即能借助信息技术,密切城乡教育之间、乡村教育内部的互动与借鉴,增强教学的有效性。三是乡村教育与社会发展的动员能力。乡村教师承担乡贤角色,需要利用文化教育优势,重塑乡村发展情感,重拾乡村发展信心,重建乡村发展动力,构筑乡村教育与社会发展的新愿景。四是课程开发能力。乡村不

---

① 彭泽平,黄媛玲.乡村振兴战略视域下乡村教师本土化培养:内涵、价值与实践路径[J].现代教育管理,2021(8).

② 时伟.乡村教师核心素养与教师教育课程重构[J].课程·教材·教法,2019(3).

是衰落与苦难的代名词,而是充盈着多样化的课程资源,乡村教师应具备乡土课程的开发能力,通过挖掘地方课程资源,培养学生的乡土意识或立场。

乡村教师所独具的心理倾向性指向乡土情怀。所谓乡土情怀,体现在两个方面。一方面,乡村教师需要通过不同楷模的心路历程及哲学思考,反思人生的价值与意义,形成对乡村社会持久而稳定的正面态度以及相应的归属感、认同感、责任感。另一方面,乡村教师需要通过持续的实践体验以及对职称、荣誉、绩效等功利性诉求的超越,形成稳固的教育价值追求,产生持久从教的愿望与心向。他们关心乡村儿童少年的前途命运,了解乡村儿童少年的生活经验和家庭背景,对其处境感同身受,能以亲近接纳的心态与学生及其家长沟通;他们具有投身乡村教育事业的热情和愿望,能以高度的使命感投入教育教学中,自觉担负为乡村社会培养人才的责任。

培养主体乡土化包括培养对象乡土化与培养实施主体乡土化。培养对象的乡土化指相关高校应优先录取有从事乡村教育意愿、具有乡村生活背景的人员,这些特殊的群体由于具有对乡村文化的亲近感和地缘乡土情感,因而更富有扎根乡土的可能性。这里需要说明的是,即便具有文化相似性,也可能在若干年的学习过程中丢失这些文化基因,或者没有习得如何将这些文化基因转化为教育教学技能,因此,高校教师应深切了解贫困、弱势与学生发展的关系,更有意愿和能力发挥教育在消除贫困和促进弱势群体社会流动上的作用。培养实施主体的乡土化集中指向地方教师教育院校。2001年以后,随着我国高等教育"两级管理、以省级人民政府管理为主"体制从"基本完成"转向"全面完成",大多数高校的管理权或所属权划归地方政府。较之部属教师教育院校,地方院校拥有较多本地生源,具有开展乡土化培养的环境和资源优势,所表现出来的区域适应性不是外加而是内在的,是地方院校办学责、权、利统一的具体表征。

培养内容乡土化的核心是改变教师职前培养的课程同质化缺陷,重构课程体系,使其既满足现代社会教师基本素质的养成需要,同时还兼顾乡村教育的实际。在此过程中,必须重视被教育者的价值观教育,提升其教师职业的认同感,增强其投身教育特别是投身乡村教育的意愿;必须加强乡村理解教育,把乡土知识融入课程教学,融入的内容可划分为乡村教育信念与责任、乡村教育知识与能力、乡村教育探究与体验等三个模块,融入的方式可以是开设专门的课程,也可以是在一些课程教学中增加乡土知识的有关内容。

培养方式乡土化主要指多创设让师范生感受乡村教育情境的机会,涉及两个方面。一方面,应邀请优秀乡村教师深入高校课堂,为学生介绍乡村社会,介绍乡村学校和学生,介绍自身的成长经历。另一方面,教育见习与实习应避免以城市学校为中心的传统倾向,注重对乡村学校、乡村教师、乡村学生的深入观察,通过参与乡村学校的课内课外活动,开展乡村社会热点问题、乡村社区现状、乡村教育现状等调查研究,增进学生对乡村教育的认识和情感,提升学生解决乡村学校教育与社会发展问题的信心与能力。

四、完善乡村教师补充政策

乡村教师补充政策的设计,旨在实现足额配置、结构优化。为了吸引教师特别是年轻教师到乡村学校任教,填补乡村师资的缺口,我国实施了以公开招考为主,三支一扶、特岗计划、硕师计划、定向培养、银龄讲学计划等专项项目为辅的多元补充政策。这些政策的落实,虽然从总体看,已使得我国乡村教师数量严重不足的窘境明显缓解,但从局部看,数量不足问题并未完全解决。一方面,越是偏远、艰苦、缺人的地区,乡村教师的招聘和补充越困难。在一些中西部地区,公开招考时报名人数甚至少于拟录用人数,有些已被招录到村小、教学点的教师,干脆不报到,或者虽报到了但人却不来。另一方面,乡村教师特别是年轻教师流失现象仍然严重。一些新补充的教师到岗之初即开始离职,部分地区在一年之内流失人数达到新补充教师总数的一半。中西部八省份开展的问卷调查显示,在回答如果有机会你将做何选择时,有20.6%的乡村教师希望调到城里学校当老师,54.2%选择转到更好的行业不再当老师,仅有24.4%愿意继续留在乡村学校任教,另有0.8%选择其他。[1]

---

[1] 庞丽娟,等.完善教师队伍建设 助力乡村振兴战略——制度思考和政策建议[J].北京师范大学学报(社会科学版),2020(6).

造成乡村教师"补充难"的原因是多方面的,既有历史因素,又有现实因素。从历史角度观之,新中国成立后我国乡村教师补充政策的变迁具有保障主体逐渐上移、补充对象的资质要求日益规范、补充渠道日益多元、价值取向由"效率优先"转向"公平而有质量"等特征,具体可划分为"改革开放前""1978年至2000年""2001年以后"等三个阶段。改革开放前,在城市优先发展的大背景下,乡村教师补充采取公办与民办两条路径,民办甚至已占据主导地位。1977年,乡村小学教师456.62万人中,没有经过专门师范教育的民办教师占比73.22%。1978年至2000年,国家逐步堵死了吸收民办教师的口子,对已经存在的民办教师采取定向招生、"民转公"、辞退等方式进行全面清理,乡村教师补充进入师范生毕业分配为主阶段,在这一阶段,代课教师现象加剧,成为乡村教师补充的重要来源。进入新世纪后,随着中小学教师招聘"凡进必考"制度的确立,代课教师数量急剧减少,乡村教师补充开始进入公开招考与专项项目并存的阶段,各类政策不但直击教师匮乏的乡村地区,而且对教师的学历、能力要求明显提高。从现实角度观之,有三个重要因素制约乡村教师的补充。首先,乡村生活环境差,待遇低,工作量大,职业发展困难,必然导致乡村教师职业吸引力不足。其次,我国长期执行财政供养人员只减不增和编制从严控制政策,在此背景下,虽然国家提出教师编制向乡村小规模学校倾斜,按照班师比与生师比相结合的方式进行核定,但受总量控制影响,效果并不可能明显,有关统计表明,乡村学校的生师比远高于城市学校,班师比则远低于城市学校。再次,目前我国中小学教师队伍储备虽然丰富,整体上供给大于需求,但面向乡村地区的教师培养供给不足,高质量的乡村教师培养供给不足,男教师以及音乐、体育、美术、科学、信息技术、综合实践等课程的教师供给不足。教师绝对数量富余,同时结构性缺编是乡村小规模学校较为普遍的现象,整体素质低、缺编严重则是"三区三州"等深度贫困地区的乡村教师队伍建设面临的特殊困难。

要实现足额配置、结构优化的乡村教师补充政策目标,首先要提高乡村教师的职业吸引力。乡村教师职业吸引力涉及工作环境、社会功能、物质待遇、专业化程度等诸多复杂问题,进入新世纪后,尽管提升乡村教师职业吸引力已成为政府关注的重点,与之相关的内容占据乡村教师政策的较大比重,但概括起来相关措施主要中在福利待遇方面,这种模式由于相对单一,加之过低的津贴对乡村教师的补偿和激励作用较弱,已不能满足乡村教师提升职业声望的内在需求,因此,有必要采取多重手段,从"面子、里子、底子"三个维度一起发力激发乡村教师的职业荣耀。[①] 所谓"面子",就是要提升乡村教师的职业形象,让乡村教师回归乡村教育的应然角色,彰显其乡村社会的"乡贤"身份。所谓"里子",就是要改善乡村教师的工作环境,切实回应乡村教师的工作、物质诉求,在工资待遇、工作条件、家庭照顾等方面进一步加大政策支持力度,真正解决教师的后顾之忧。所谓"底子",就是要结合乡村社会经济发展实际,立足于乡村教育需要,构建乡村教师质量标准,在此基础上,围绕专业情感、专业知识、专业能力推进乡村教师的专业化发展。具体地,应侧重在五个方面有所作为。一是完善乡村教师岗位特殊津贴制度,通过加大中央财政投入以及强化省级统筹,使乡村教师的工资性收入在现有基础上有较大幅度提高,发放标准可根据偏远程度和艰苦贫困程度划分不同档次,发放范围对岗不对人,进入乡村教师岗位即自动享有,离开乡村教师岗位则立即停止。二是实质性提高乡村教师的绩效工资,政府可依据教职工编制标准,综合学生和班级数量,确定工资总额并拨付给学校,由学校确定绩效总量以及相应的分配办法,按照每个教师的实际工作与业绩进行核算。三是完善乡村教师社会保险政策,将乡村教师社会保险中应由单位缴纳的部分全额纳入政府年度预算,对财力薄弱、确有困难的地区,应适度提高社保资金的统筹层级,强化中央和省级政府的转移支付,切实保障乡村教师养老、医疗等社会保险待遇的落实。四是完善城乡一体化的教师住房公积金制度和购房补贴制度,将乡村教师住房纳入当地政府住房保障体系,优先安排符合条件的乡村教师在县城或乡镇承租廉租房和购买经济适用房,乡村教师周转房不但应配备基本的生活设施,而且宜集中建在人口流动密集的乡镇。五是建立乡村教师子女优先接受基础教育制度。在乡村学校从教一定年限的教师,其子女在入园、入学时可不受户籍等条件限制,

---

① 任胜洪,黄欢.乡村教师政策70年:历程回顾与问题反思[J].吉首大学学报(社会科学版),2019(6).

享有在县城学校优先录取权利,随父母在乡村学校就读的,可视教龄长短给予其一定的子女教育补助。

由于招聘入编教师是我国乡村教师补充的主要方式,加之当前编制供需矛盾仍较为突出,在学龄人口剧烈变化的背景下,这一矛盾有被进一步放大趋势,因此,实现足额配置、结构优化的乡村教师补充政策目标,还需要优化编制管理。我国目前的编制政策具有明显的"城市中心"倾向,2014年多部门联合发布《关于统一城乡中小学教职工编制标准的通知》明确要求"将县镇、农村中小学教职工编制标准统一到城市标准"。依据这一规定,虽然解决了过去长期存在的城乡倒挂问题,但并未能有效解决乡村学校的编制匮乏问题。一方面,在边远贫困的乡村地区和广大的中西部地区,往往幅员辽阔、地理交通不便、居住分散,因而小规模学校和小班额现象较为普遍,在这些地区实行以生师比为依据的编制标准,极易造成名义上的足编而事实上的缺编。另一方面,乡村学校既有走读制又有寄宿制,寄宿制学校在教育教学外,还需要宿管、食堂、安保等工勤服务人员及卫生人员,这部分人的编制问题目前的政策尚未触及,对正常的教育教学带来一定程度的影响。解决乡村学校的编制匮乏问题,必须从三个维度入手深化教师编制制度改革。首先,实行教师编制单列管理,明确各级政府在教师编制管理中的职责,形成各级政府明确分工、分级管理的教师编制管理体制,其中:省级政府负责制定教师编制的总体规划,实行总量控制;市级政府负责制定教师编制的动态调整方案,在此过程中,可设置一定数量的"周转编""流动编";县级政府负责编制需求的统计、上报以及编制调整的实施工作,并对教师统一管理、统一调配,将其由"学校人"转为"系统人"。其次,针对乡村小规模学校和教学点成班率低、班额小的特点,不再按生师比配编,也不再按班师比与生师比相结合的方式配编,而是以班师比作为依据,这样做,不但为乡村学校的教育教学提供应有的制度保障,而且便于实践层面的操作。再次,破解编制约束,探索人事代理、劳动用工、劳务派遣等编外用人制度,重点解决寄宿制学校管理和生活服务用人需求问题,实行编内编外人员统一管理,以岗定薪。

乡村教师的补充政策必然涉及教师退出问题,这是因为编制数对特定的区域而言,在一定时期内是一个常量,从这一角度理解可以说没有退出就没有补充。退出有广义与狭义之分。广义的退出,指教师到龄退休且不再返聘,或通过其他途径、渠道离开教育教学岗位,可依据管理权限的差异划分为系统内退出和系统外退出,依据个体意愿划分为自愿性退出和强制性退出。政策语境下的退出,系狭义所指,指教师因为不胜任、不道德、不服从、玩忽职守等行为,被教育主管部门辞退或强制性调离教育教学岗位。目前,教师退出工作尽管已经得到了中央政府的重视和地方政府的积极响应,四川、江苏、宁夏等地已经开始了中小学教师退出机制的试点工作,但一些根本性问题并未得到很好解决,主要是:缺少法律法规依据,退出的执行主体是谁?流程是什么?被退出者如何行使申诉权?退出后的社会保障如何解决?所有这些,都没有明晰的法律规定;退出认定困难,判断标准模糊,《教师法》虽然列出了学校、其他教育机构或者教育行政部门解聘教师的几类情形,但具体的描述比较笼统,缺少细致的操作性规定。

五、完善乡村教师评职评优的制度设计

评职评优是教师队伍建设的重要制度性因素,也是乡村教师队伍建设的重要抓手。长期以来,由于评职评优名额分配的"向城性"倾向明显,城市学校的比例远高于乡村学校,因此,导致不少乡村学校教师从教二十余年尚未评上中级职称,到退休尚未评上高级职称,绝大多数乡村教师没有受到政府教育行政部门或人事部门的表彰。以职称为例,据《中国教育统计年鉴2018》统计数据,我国义务教育学校共有专任教师973.09万,其中高级职称教师数量100.65万,占教师总数的10.34%,而同期乡村义务教育教师242.76万,其中高级职称教师为18.03万,占比仅7.43%,远低于全国平均水平。北京师范大学内设的中国教育与社会发展研究院于2015年启动"我国百县千村乡村教师政策现状、问题与对策研究",先后在广西、江西、甘肃、四川、湖南、贵州、山西、云南等省区开展教师待遇、编制、职称等方面的综合调研,相关结果显示,乡村学校高级职称教师比例为6.1%,城镇学校为7.6%。有研究者在甘肃省某县调查了48个乡村小规模学校,发现初级及以下职称占比过半,中级

职称占比较低,39所学校无高级职称教师,占被调查学校数量的81%。①

为了扩大乡村教师晋升空间,调动乡村教师专业发展和长期扎根乡村从教的积极性,我国乡村教师政策明确、反复地提出"在职称评聘、表彰奖励等方面向乡村教师倾斜",这种政策思路虽然受到了广大乡村教师的欢迎,但仔细思之,难免感觉欠妥。将城乡教师纳入统一评价框架下,然后采取分层评价方法,虽然可能在短期内迅速提高相关比例,缩小城乡学校的差距,但客观上降低了评价条件和标准,最终必然损害乡村教师的职业声望。事实上,整齐划一的评价机制没有基于乡村教师生存的大背景、大环境,忽视了乡村教师较之城市教师的个性特点,忽视了乡村教师服务乡村文化繁荣与乡村振兴的特殊使命,长此下去,必将加深社会对乡村教师质量低下的刻板印象。

完善乡村教师评职评优的制度设计,即要构建契合乡村教师身份内涵的评价机制,激发乡村教师服务乡村教育的内生力,进一步彰显其在乡村经济社会发展和本土文化传承中的独特价值。具体地,涉及三个方面。

一是教师的教学评价由绩效评价向表现性评价转变。所谓表现性评价,指在特定、真实的情境下考察被评价者的行为,强调基于明确的标准,使用专业的判断,通过直接观察被评价者的反应表现来评价被评价者在真实情境中的技能运用和问题解决能力。表现性评价较之绩效考核或考评表现出明显差异。从评价目的来看,绩效评价主要是为了加强对教师的管理如奖惩、晋升、留用、解聘等,是为了给教师绩效工资分配提供依据,对教师专业发展的促进作用有限。表现性评价更多的是发挥诊断、改进的功能,让教师明白自身教学的长处与短处,找到学习与调整的方向。从评价内容来看,绩效评价难免存在指标过于笼统、简单甚至教学情况无尺可量等问题,较为典型的是,很多学校将学生成绩和升学率等同于教师绩效考核,或只关注教师的工作量而不是教师的教对于学生学习与发展的影响。表现性评价则抓住"促进学生学习"这一核心指向,以此来确定评价内容。从评价方式来看,

---

① 周晔.农村小规模学校教师队伍专业水平结构的问题与对策——基于甘肃省X县的调研[J].教育研究,2017(3).

教师绩效评价虽然也采用课堂观察、档案袋评价等方式,但由于相应标准缺少科学性,加之评价主体多为学校管理方,导致教师评价往往基于评价者的经验、感受而非证据,受评者一般处于被动地位。表现性评价则强调评价的情境性,它通过精心设计评价任务,尽可能捕捉教师在真实教学场景中的表现。① 上述差异分析表明,表现性评价是一种旨在克服传统教师绩效评价弊端、促进教师专业实践改善、激发教师育人潜能、面向未来而不是只反映过去如何的评价方式,对解决我国目前教师评价管理有余而发展不足、教师参评权利缺失、过分注重考试成绩、重鉴定轻反馈等问题无疑有启示意义。

二是由单一的教学评价向教师、新乡贤双重身份评价转变。从传统社会的塾师开始,乡村教师在乡村社会除履行教书育人职责、具有"教育者"专业身份外,还具有"乡村知识分子"的公共身份,担当乡贤角色,承担公共服务职责。新中国成立后,乡村教师的乡贤角色内核因时而变。②"文化大革命"前,乡村教师积极配合党和国家的政策,努力充当农民教育的推进者、农民文化活动的组织者、农业生产劳动的参与者。改革开放初期,乡村教师继续承担扫盲教育的重任,"一师任两教"成为这一时期乡村教师工作的真实写照,另外,还提供农业技术培训和农业生产信息服务,促进农科教结合。在城市化进程中,由于乡村社会原有的社会结构和价值系统发生了变化,传统社会乡村教师公共职责发挥所依托的基础已然改变,加之乡村教师自身的因素,乡村教师与乡民日渐疏离,在乡村公共治理、文化启迪和道德模范等乡贤角色的扮演方面均呈式微状态。随着社会主义新农村建设的提出和实践,在政府和学界的共同推动下,乡村教师的乡贤角色得到了一定程度的恢复,这种恢复集中表现在三个方面,即成为农民生产技术的普及和培训者、乡村精神文明建设的引导者和组织者、乡村扶贫工作的重要参与者。中国特色社会主义进入新时代以后,乡村教师的公共身份受到重视,中共

---

① 周文叶,胡静.教师表现性评价:概念辨析、结构要素与关键特征[J].教育测量与评价,2021(10).

② 谷亚,肖正德.乡村教师乡贤角色的百年嬗变[J].教育研究与实验,2021(3).

中央、国务院颁发的《关于全面深化新时代教师队伍建设改革的意见》明确提出"突显教师职业的公共属性,强化教师承担的国家使命和公共教育服务的职责"。另外,乡村全面振兴战略的实施,则要求乡村教师成为"新乡贤",这里所言之"新",意味着乡村教师应成为乡村经济发展的推动者,乡村政治民主的先导者,乡村文化的践行者,乡村社会和谐的维护者,在科技支撑、政治参与、智力支持、道义推动、知识引领等方面发挥重要作用;意味着乡村教师应强化公共意识,提升乡贤角色担当的主观意愿,立足乡土实际,累积乡贤角色担当的地方知识,掌握现代科技,培养乡贤角色担当的现代能力。

三是由倡导性倾斜向实质性保障转变。城乡学校差距对我国而言是一个不争的事实,由于这种差距很大程度上为政策所致,所以必须从改变政策入手。首先,中高级职称的名额分配要由城市高于乡村改为乡村高于城市,任何其他单位和个人不得以任何方式挤占挪用该部分指标,乡村学校领导的高级职称评审单独划分名额,单独评审,不得挤占教师名额。其次,对于长期在乡村学校一线工作的教师,职称晋升可不受岗位数量限制,具体地,在乡村学校一线从事教育教学工作满20年、年度考核均为合格以上的二级教师,可直接认定为一级教师,在乡村学校一线从事教育教学工作满30年、年度考核均为合格以上、获得过地市级以上政府表彰的二级教师,可直接认定为一级教师。再次,面向全体乡村教师,每间隔五年分别进行县级、市级、省级、国家级乡村优秀教师评选,相应的条件设置应坚持有理想信念、有道德情操、有扎实学识、有仁爱之心的"四有"标准,侧重于教书育人和服务乡村社会实绩,不同层级之间的条件则呈逐步递增之势。

六、完善乡村教师培训政策

培训是提高乡村教师素质、推动乡村教师专业发展的重要路径。目前,我国教师队伍建设改革已进入攻坚期、深水区,乡村教师培训已进入全面提质增效阶段,对照相关目标和要求,应该说我国乡村教师培训的质量和效率尚有一定的提升空间,这种提升反映在政策设计层面,即要通过优化政策供给,进一步彰显乡村教师培训的针对性、实效性和保障性。

一是强化培训体系建设。我国虽已基本形成国培、省培、市培、县培、校培五级乡村教师培训体系,但远未达到理想之状态。从不同层级培训的关系观之,国培、省培、市培、县培、校培在整个系统中的角色定位如何,如何实现相互之间的有效沟通和衔接,避免培训内容的重叠和时间密度的太大,尚无明确的答案或有效的应对举措。从每个类别培训观之,五个层级的培训都有不足,主要是:国培五类项目的受欢迎程度并不一样,置换脱产团队研修项目和网络研修培训项目亟待优化;省市级培训的对象与内容往往面面俱到,重点不突出,为了培训而培训的痕迹较为明显;《教师教育振兴行动计划(2018—2022年)》虽已提出加强县级教师发展中心建设,要求制定教师发展中心建设标准,实现培训、教研、电教、科研部门的有机整合,更好地为区域教师专业发展服务,但从现实情况看,多数县级教师发展中心的职能定位不清、基础条件薄弱、经费保障欠缺、师资专业化程度不高;校本培训往往缺乏整体与长远规划,规范化程度较低,普遍存在培训目标与教师专业发展目标不契合、培训内容与参训教师专业短板不一致等问题。

为了完善我国乡村教师职后培训体系,必须从政策层面明晰不同层级、不同类型培训所针对的对象以及培训目标、培训内容的设置要求,明晰不同层级培训之间的内在逻辑关系;必须强化国培对其他层级培训的示范和引导作用,持续扩大国培对乡村教师群体的覆盖面,优先安排贫困县作为项目县,设立乡村小规模学校教师培训专项,持续彰显国培的"雪中送炭"功能;必须不断加强县级培训机构建设,出台相应的建设标准以及能力建设的政策措施,确保每一学科至少有两位优秀教研员,实现县级培训机构从"有事做"到"把事做好"的转变;必须加强校本培训的生态建设,校内要以积极向上的组织文化感染教师,影响教师行为,形成群体动力,校外要重视与乡村社会、优质学校的沟通互动,从中汲取丰富的校本培训资源,发展自身的校本培训特色。

二是完善乡村教师培训的管理机制。乡村教师培训是一个常态化的过程,涉及需求调研、课程编排、培训流程制定、培训效果跟踪、教师激励等,因此,要形成细化可操作的管理制度,通过制度开展训前诊断、训中测评、训后跟踪。应明晰培训机构资质标准，遴选工作基础较好、专业优势突出、乡村教师认可的机构承担培训任务，鼓励具备资质的培训机构会同市级、县级教师发展中心和优质学校联合申报项目；应充分发挥专家的作用，加强对项目规划方案研制、项目实施过程的指导，采取实地调研、现场指导、网络监测评估、学员匿名评估、第三方评估等多种方式，对各地各机构项目实施过程及成效进行绩效评估，侧重了解项目是否关注政策逻辑，是否关注人本体验，是否规范且有实效，是否关注价值引领；应完善学习积分制度，学习积分不但能有效检验参训教师对所授知识的理解和实践运用程度，提高乡村教师的学习自觉性和主动性，还可为乡村教师的评职评优提供可信任依据。

三是持续彰显培训内容的适需性。培训内容缺乏针对性是乡村教师培训目前面临的突出问题，造成这一问题的原因固然可以列举多个，但政策无疑是其中原因之一。中共中央、国务院颁发的《关于深化教育教学改革全面提高义务教育质量的意见》要求"实施全员轮训，突出新课程、新教材、新方法、新技术培训"，《乡村教师支持计划（2015—2020年）》提出"全面提升乡村教师信息技术应用能力"，教育部在有关通知中提出"着力解决乡村教师在教育教学中面临的实际问题，设置有针对性的培训模块内容"。上述一系列要求，客观上仅具原则性和倡导性，缺乏明确具体的规范，对于实践的指导性不强，一定程度上导致了培训内容与乡村教师专业发展需求的脱节。

彰显培训内容的适需性，不但要完善政策，更要创新政策。首先，要针对不同发展阶段或发展水平、不同学科、不同发展需求的教师，分层次、分类别建构乡村教师培训的内容体系，避免同质化倾向。其次，要针对乡村学校和乡村教师的特点，针对乡村学校小班化教学、复式教学和全科教学等客观实际，将乡土知识、乡土文化、乡土情感、乡村留守儿童心理疏导等纳入培训内容，注重提升乡村教师开展分组教学和多学科教学、开发校本课程、使用现代网络与智能技术手段共享优质教育资源的能力。再次，要引导教师自主学习，发挥教师自身的主观能动性。基于乡村学校地处偏远、交通不便、师资紧张、经费不足、外出培训难等实际困难，教育行政部门应充分利用网络平台，为广大乡村教师提供多学科、丰富的自学材料，特别是提供线上优质示范课供乡村教师观摩学习。

七、建立乡村教师政策制定的政府责任追究制度

责任政府是现代民主政治的基本价值理念,是一种对公共行政进行民主控制的制度安排。按照现代政府理论,人民与政府之间实际上是一种委托与代理的关系,政府因委托者的授权而产生,为了实现委托者的利益而存在。具体到我国,我国政府由人民代表大会产生并对人大负责,其建立是为了实现最广大人民的根本利益,因此,全心全意为人民服务便成为政府必须履行的责任。

本真意义的责任,包括两个指向。一是指角色赋予的、应当践行的法律或道德行为,这是一种积极责任;二是指对自身违法、违纪或不当行为的后果承担,这是一种消极责任。基于上述理解,乡村教师政策制定的政府责任应包括两层含义。一方面,乡村教师政策作为公共政策的组成部分,隶属于政府行动的范畴,因此,政府必须在乡村教师政策形成过程中发挥主导甚至决定作用。另一方面,现实中的政府,既有不履行乡村教师政策制定义务的可能,又有草率、盲目决策的可能,无论是其中的哪一种,所产生的消极后果政府都必须承担。

责任追究的提出,有其丰富的理论支撑。现代民主政治理论认为,民主政治是责任政治,责任政治下的政府自然应该是责任政府,责任政府建设的最为核心环节就是建立并完善政府问责制。公共选择理论认为,追求利益最大化对政府同样奏效,因此要通过一套机制保证政府忠实地履行责任,这套机制就是对政府履行责任的保障激励与不履行责任的责任追究机制,也就是政府问责制。有效政府理论认为,政府在一定时期内实行政治统治是必要的,由于支撑有效政府"权责一致"的根本逻辑即人民中心主义,因此,回应性和责任性的统一应视为有效政府的根本特征,具体表现在五个方面:一是有效政府应及时、准确、有力地反映民众需求并为此提供公共产品服务;二是有效政府应兑现自己的施政承诺,对自己的施政行为承担责任;三是有效政府应有所作为,以实现好、维护好、发展好最广大人民根本利益为施政最高标准;四是有效政府应依法行政,对行政权的违法使用予以惩罚和

纠正；五是有效政府应保持廉洁的外在形象,构建相应的"社会中心主义"治腐路径。①

责任追究的提出,还与法治政府的建设目标密不可分,或者说责任追究是法治政府的内在要求与核心机制。② 在法治社会里,任何一个法律关系中的当事人,都是权利与义务的结合体,在享有一定的权利的同时,也要承担相应的义务。这种权利与义务的对等性在政府权力的行使过程中具体表现为三个内容：一是行政权力与行政职责之间是一种相伴相生的关系,有权就有责,一旦行政机关及其工作人员拒绝履行或不正确地履行其职责,就要承担相应的后果;二是行使职权必须以履行职责为核心,在二者的关系上,行政职责永远是第一位的;三是行政权力的大小和行政职责的大小是一致的,两者之间构成了正比例关系,行政权力越大责任越重,行政权力越小责任越轻。依据行政责任法治化的要求,行政机关和行政公务人员是否应当对其行为承担责任、承担什么样的责任、由谁追究、如何追究等,都必须由法律事先做出明确的规定,其中责任追究的适用范围较为广泛,既可以是行政违法、行政违纪行为,也可以是行政不当行为,既可以是抽象行政行为,也可以是具体行政行为,既可以是作为行为,也可以是不作为行为,既可以是个人行为,也可以是集体行为,既可以是负有直接责任的行为,也可以是负有间接责任和领导责任的行为,既可以是行使行政权力的职务行为,也可以是有损行政公务人员形象的个人行为。责任追究的主体包括国家行政机关、立法机关、司法机关和党的纪检机关,后三者都是来自行政系统之外的"异体追责",前者则属于行政系统内部的"同体追责"。

责任追究的提出,对决策尤有特别意义。从决策过程观之,责任追究有利于推动决策的民主化、科学化、法治化。所谓民主化,指重大决策应允许、鼓励公众表明自己的观点、态度和立场,表达自己的利益诉求,防止一个人或几个人说了算。所谓科学化,不但指专家参与决策论证,提供专业化指导,还包括进行必要的决策风险评估,避免决策失误。所谓法治化,指重大

---

① 陈远星,陈明明.有限政府与有效政府:权力、责任与逻辑[J].学海,2021(5).
② 陈党.行政责任追究制度与法治政府建设[J].山东大学学报(哲学社会科学版),2017(3).

决策必须经受合法性审查，重点审查重大决策程序是否合法，内容是否合法。从决策者观之，责任追究有利于强化责任意识，遏制权力滥用，使决策者明白自己在政策制定过程中该做什么不应该做什么，不为政绩工程、面子工程而胡作为、乱作为。从政府形象观之，决策是政府工作的重中之重，关系到社会经济发展大局，如果重大决策出现问题，人们往往将其归咎于政府，而非直接做出决策的官员，因此，降低决策的失误率，厘清政府与官员之间的责任，必然有助于维护政府形象，提高政府的公信力。

为了推动责任追究工作的开展，党和政府颁发了多个政策文本。2004年中组部印发的《党政领导干部辞职暂行规定》提出"党政领导干部因工作严重失误、失职造成重大损失或者恶劣影响，或者对重大事故负有重要领导责任，本人应当引咎辞去现任领导职务"，在此基础上，还列举了应当引咎辞职的九种具体情形。2006年实施、2018年修订的《中华人民共和国公务员法》列举了公务员不得有的十八种行为以及警告、记过、记大过、降级、撤职、开除等六种处分类别，把政府官员的问责制纳入法治化轨道。2014年党的十八届四中全会通过了《中共中央关于全面推进依法治国若干重大问题的决定》，明确提出"建立重大决策终身责任追究制度及责任倒查机制，对决策严重失误或者依法应该及时作出决策但久拖不决造成重大损失、恶劣影响的，追究行政首长、负有责任的其他领导人员和相关责任人员的法律责任"。此外，还有许多法律和纪律规定与责任追究有较大关联，包括《中国共产党党内监督条例》《中国共产党纪律处分条例》《中华人民共和国行政监察法》《中华人民共和国各级人民代表大会常务委员会监督法》等。

责任追究制度在我国虽已建立，并逐步趋于完善，但由于我国政府问责制起步较晚，相应的研究相对滞后，因此，在探索过程中还存在一些问题。一方面，政府的权力比较清晰，而责任相对模糊，这不仅造成了权责不对等，产生了有权无责或权大责小等现象，而且容易导致公共权力的滥用和权力寻租行为的产生。另一方面，从立法角度看，滞后的现象较为明显，主要是：法律位阶低，缺乏权威性，大多属于部门规章和地方政府规章，而不是由全国人大常委会通过立法加以规定；规定不一致，缺乏统一性，各地制定的行政责任追究规范性文件在追责对象、追责范围、追责方式和救济渠道等方面都不相同,责任追究具体事由的差别则更大;规定过于抽象、简单或笼统,缺乏可操作性,时常出现用道德责任代替法律责任、用行政法律责任代替刑事法律责任、用行政处分或刑事制裁代替行政追偿中的经济赔偿责任等问题。上述问题,无疑为乡村教师政策制定的行为责任追究带来了难度。

致力于改善政府乡村教师政策制定行为的责任追究,必须明确谁来追究问题。依据我国乡村教育管理体制,对国家行政机关部门、省级政府的政策制定行为追究应由国务院负责,市县级政府的追究则由省级政府统筹,在此过程中,应进一步明晰各级地方政府乡村教师政策制定的责任,在赋予相应权力的同时通过制度设计摆脱传统的"一放就乱、一收就死"的怪圈;应防止追究的简单化或异化现象,严格区分政策设计问题与政策实施问题,细化应当追究和不应当追究之具体情形。

八、持续优化乡村教师政策的呈现方式

乡村教师队伍建设是一个长期的、递进的过程,这种长期性主要源于两个因素。一方面,随着我国城市化进程的持续推进,乡村人口在现有基础上明显减少虽是一个必然的趋势,但并不会导致乡村的消失。从国际看,发达国家城市化水平普遍在75%到90%之间,发展中国家则在50%左右,其中城市化水平最高的日本达到了93.02%,美国为81.45%,英国为82.34%,法国为79.29%,德国为75%,我国目前只有60%上下。从国内看,我国是有数千年历史的农业大国,乡村则是中华民族农耕文明的发源地,新中国成立以来,党和政府对"三农"工作始终高度重视,全面振兴乡村更成为新时代中国的重大战略,未来的乡村,不再是落后的代名词,而是产业兴旺、生态宜居、乡风文明、治理有效、生活富裕的新乡村。另一方面,乡村教师是乡村教育发展的第一资源,是办好乡村教育的关键。经过多年的努力,我国乡村教师队伍建设虽然得到了明显加强,乡村学校教师"下不去、留不住、教不好"的问题得到了显著缓解,但距离师德高尚、数量充足、结构优化、发展充分、待遇合理、职业归属感强的教师队伍建设目标尚有较大差距。面对新形势、新任务、新要求,迫切需要巩固已有成果,不断提升乡村教师队伍建设质量,

力图让每一个乡村儿童都享有公平而有质量的教育。

乡村教师队伍建设的长期性,决定了政策建构的必要性和持续性。这种建构由于是一个复杂的系统工程,关涉政府公信力和乡村教育发展的质量,因此,需要直面并解决好以下两个问题:

一是政策目标的重新厘定。近几年来,随着外部环境的变化和一些突出问题的解决或缓解,我国乡村教师队伍建设目标已发生变化。中共中央、国务院颁发的《全面深化新时代教师队伍建设改革的意见》,针对我国教师队伍建设普遍存在的不平衡、不充分问题,明确提出要培养数以百万计的骨干教师、数以十万计的卓越教师、数以万计的教育家型教师。上述目标的设定,意味着乡村教师政策要在继续关注乡村教师工作条件改善和收入待遇提高的同时,由侧重留住人、数量满足转向内涵的提升,更加关注如何推动乡村教师的专业自主成长。为此,必须全面提升乡村教师队伍的师德水平,通过正向引导以及完善考核评价和监督体系,形成师德建设的长效机制;必须打通教师交流的机制梗阻,立足于优化存量,使校际轮换成为教师的基本义务与优化乡村教师队伍结构的基本方法;必须统筹考虑乡村教师的专业成长和职业发展,构建适宜的发展支持平台,激发发展动力,彰显培训内容、方式的乡村特点。

二是处理好政策文本数量的多与少问题。好的乡村教师政策文本有基本的评价标准,如果说好的政策问题、好的话语过程只是好政策文本形成的前提条件,那么受到社会广泛认同、便于操作才是好政策文本的重要标志。上述分析表明,好的政策与文本数量多少并无正相关联系,相反,政策文本数量繁多,文本体例过于丰富,不但可能体系感不强,给人以杂乱之感,而且不利于对政策的把握。因此可考虑以《乡村教师支持计划》为政策的主要呈现方式。上述文本以五年为一个制定周期,文本内容要很明确回答乡村教师队伍五年建设的目标是什么,应当坚持或创新的政策举措有哪些,责任主体是谁,如何考核。

第五章

新世纪我国乡村教师政策执行获得感的调查与分析

获得感是由"获得"与"感"所组成的复合词,是近年来国内政界、学界出现频次较高的热门词汇。通常语义的获得感,指主体基于获得而产生的主观心理感受,这种获得既可能指向精神层面,亦可能指向物质层面。本文所言之获得感,则被进一步具体化或情境化,即感知的主体为乡村教师,感知的对象为新世纪我国乡村教师政策的执行过程与效果。

第一节 关注政策执行获得感具有应然意义

关注乡村教师政策执行获得感,并采取实证方法进行调查和分析,不仅因为获得感所隐喻的理论与实践价值,还涉及对现实行为的评价。

一、关注政策执行获得感是"以人民为中心"思想的具体体现

民本思想是中华优秀传统文化的重要组成部分,自先秦开始出现萌芽,西周时期便已有"敬天保民"之说。春秋战国时期,诸子百家就人民地位阐发了各自的主张,如:孔子提出"仁者爱人",希望通过施行仁政来维护人民的利益;孟子提出"民为贵,社稷次之,君为轻",认为只有让人民有稳定的产

业,才能使国家和谐稳定;荀子提出"君,舟也;庶人者,水也。水则载舟,水则覆舟",强调人民的重要作用。另外,老子的"圣人无常心,以百姓心为心",墨子的"天下之人皆相爱",管仲的"凡治国之道,必先富民,民富则易治也,民贫则难治也",傅玄的"民富则安,贫则危",也都反映了传统社会的民本思想以及对于富民惠民的重视。

中国共产党自诞生之日起,就把为中国人民谋幸福、为中华民族谋复兴确立为自己的初心使命。在新民主主义革命时期,党确立了为人民服务的根本宗旨,形成群众路线的根本政治路线,紧紧依靠人民力量进行革命战争。在社会主义革命和建设时期,党通过完善人民代表大会制度、多党合作和政治协商制度、民族区域自治制度等,巩固人民当家作主的重要地位,在此基础上,持续发挥人民主体作用,保障人民根本利益。在改革开放和社会主义现代化建设时期,邓小平提出将"是否有利于提高人民的生活水平"作为衡量党和国家一切工作是非得失的标准之一,强调保障人民民主必须加强法制;江泽民提出社会主义民主的本质是人民当家作主,强调中国共产党始终代表中国最广大人民的根本利益;胡锦涛提出"权为民所用、情为民所系、利为民所谋"的人民立场表达,强调在社会主义建设过程中必须关注人民群众的价值诉求,以人的全面发展为最终指向。中国特色社会主义进入新时代后,以习近平同志为核心的党中央围绕"为了谁而发展""依靠谁而发展""发展成果由谁共享"等重大命题进行了深刻的思考和阐释。2015年,党的十八届五中全会进一步继承和发展了党的"人民性"内涵,正式提出"以人民为中心"的发展思想,并将其作为引领党和政府经济社会发展工作的重要思想与原则。2021年,党的十九届六中全会将"坚持人民至上"作为党领导人民进行伟大奋斗的宝贵历史经验之一,要求"全党必须永远保持同人民群众的血肉联系,践行以人民为中心的发展思想,不断实现好、维护好、发展好最广大人民根本利益"。

以人民为中心的发展思想,反映了坚持人民主体地位的内在要求,彰显了人民至上的价值取向,深刻回答了发展为了谁、发展依靠谁以及发展成果由谁享有等一系列重大问题,核心内容则是坚持一切为了人民,坚持一切依靠人民,坚持一切由人民来评判,其中第三个"坚持"隐喻的基本含义是:人民是党和政府各项工作的最高裁决者和最终评判者,所有工作成效的检验,最终都要看人民是否满意,人民是否真正得到了实惠,人民生活是否真正得到了改善。

以人民为中心发展思想落实到政策层面,即要对政策的价值取向进行厘定。综观西方国家的政策,主要有三种价值取向,即以精英为中心、以效用为中心、以个人为中心。① 精英主义价值取向主张在政策过程中发挥主导作用的应该是占有支配权和话语权的精英们,政策目的是维护精英的统治和利益。效用主义价值取向认为凡是能够实现最大多数人最大效用的政策就是具有正当性的政策,强调多数利益对少数利益的优先。个人主义价值取向把个人的权利或自由看作最高价值,认为能保护个人权利的政策就具有了正当性。以人民为中心的提出,要求政策的制定、执行、评价都要把人民放在最高位,以人民群众需求为政策建设的方向,以人民群众参与为政策发展的动力,以人民群众满意为政策评价的标准。换言之,一项政策只要能增进人民利益,就是"善"的政策,如果有损于人民利益,即便有利于效率的提高或其他价值的增益,都应当被摒弃。

二、关注政策执行获得感隐喻对现实的审视

现实一般指客观存在的事物或事实。这时所言之现实,有两个具体指向,一是现实中的研究行为,二是现实中的政策执行评价,正是由于这两个方面的共同作用,构成了关注乡村教师执行政策获得感的又一动因。

从学界行为看,我国乡村教师政策研究虽已有较多积累,部分成果甚至表现出较高的理论创新或实践应用价值,但全面、深度观之,则并非没有缺失,其中与获得感有关的缺失至少表现在两个方面。一方面,较少有文章专门研究乡村教师的政策执行获得感并基于这种获得感提出建议,即便有所触及,亦只是针对某一个具体政策,没有体现全覆盖特点,没有反映乡村教师的整体性政策执行感悟。另一方面,实证方法没有得到普遍、应有重视,一些研究者虽然试图采用问卷调查法或访谈法了解乡村教师的政策感受,

---

① 燕继荣,朱春昊.中国公共政策的调适——兼论"以人民为中心"的价值取向及其实践[J].治理研究,2021(5).

但样本选择往往表现出明显的局限性,或调查过程设计欠规范,或相关结果处理没有向专业的量化分析过渡。

从实践行为看,我国政策执行评价目前主要有政府自评价、政府委托评价、媒体评价、独立机构评价、公众评价等五种实践模式。政府自评价以县级以上政府为核心力量,评价方案制定和实施都由政府完成。政府委托评价建立在评价者与政府机构相互信任的基础上,政府占据主导地位,被委托的对象包括学术团体、高校专家学者、专业性的咨询公司和研究机构。媒体评价在现代信息技术迅猛发展的今天,不再是媒体人的专利,普通公民也可以利用媒体进行政策的民意表达。独立机构评价往往属于自发行为,由于独立机构不隶属于任何行政单位,基本不牵扯任何利益纠葛,因此,所进行的政策执行评价通常是客观的、公正的、理性的,具有价值中立的特点。公众评价是政策执行评价实践中应用最广泛的一种模式,这一模式承载了社会公众对政策执行的表达期望,负载了各种观点、意见和态度。

上述五种政策执行评价模式中,政府自评价和政府委托评价模式目前占主导地位,这种兼制定者、执行者、评价者于一身的政策执行评价模式,虽然便于掌握最新信息和第一手资料,但由于缺乏有效的监督,难免出现因过度关注政绩而避重就轻、只讲优点等片面性现象。独立机构评价、媒体评价和公众评价目前尚不成熟,不但容易出现一叶障目情况,而且缺少"自下而上"的沟通路径。另外,粗糙、非理性、严重分散甚至完全对立的观点,则进一步损害了独立机构评价、媒体评价和公众评价的影响力和公信力。

第二节 研究设计及其说明

我国乡村教师是一个庞大的群体,其获得感有真与伪、普遍性与局部性之分,本真意义的乡村教师政策执行获得感,不但关涉研究方法的适切性、调查对象的代表性,还关涉大量调查结果的处理。基于上述认知,本文主要采用问卷调查、访谈、田野调查等方法,试图通过不同方法的综合运用,真实、全面反映乡村教师的政策执行获得感。

一、问卷调查法

样本选择：由于历史与现实原因，我国基础教育发展水平表现出一定的区域差异性，这种差异不仅表现在东部、中部、西部之间，还表现在省域内，如：北京市中心城区、城市发展新区、生态涵养区的基础教育，在教育机会、条件、公平、质量、满意度等五个维度呈现出明显的区域特征；[1]重庆市各区县义务教育发展水平与经济社会发展水平总体同步，主城区、渝西片区、渝东北片区、渝东南片区义务教育发展水平依次递减。上述四个片区之间，除教师资源无显著性差异外，教育机会、办学条件、教育经费投入、教育结果均有显著差异。[2]

为了兼顾并反映我国基础教育发展水平的区域特点，问卷调查涉及三个省份，分别为东部省份 A、中部省份 B、西部省份 C，A 省收回有效问卷 372 份，B 省收回有效问卷 360 份，C 省收回有效问卷 280 份，合计收回有效问卷 1012 份。调查的对象均为普通意义的乡村教师，不包括乡村中小学校长，其中村小、教学点教师的有效问卷占比为 28.1%。

问卷设计：问卷由三部分构成。一是被调查者基本情况，涉及性别、教龄，其中教龄划分为 5 年及以下、6 至 10 年、10 年以上三个类别，这部分内容的目的是试图反映性别、教龄等自然因素与政策执行获得感的关系。二是通过设置非常小、比较小、比较大等选项，了解被调查者对政策实施成效的主观感受。需要特别说明的是，考虑到我国乡村教师政策文本数量较多，构成复杂，内容存在前后重复甚至矛盾现象，问卷选择了"农村义务教育阶段学校教师特设岗位计划"、"农村学校教育硕士师资培养计划"、以发放连片特困地区生活补贴为标志的乡村教师待遇政策、致力于城乡统一的乡村

---

[1] 杜玲玲，段鹏阳.省域内基础教育发展水平的区域差异研究——以北京市的实证分析为例[J].教育科学研究，2021(8).

[2] 王正青，白雪.省域内义务教育发展水平的区域差异实证研究——以统筹城乡教育发展试验区重庆市为例[J].现代教育管理，2020(1).

教师编制政策、国培计划、乡村教师支持计划(2015—2020年)等影响较大、富有标志意义的重要文本为代表。三是分析政策执行获得感的制约因素。考虑到个体的政策了解程度、政府的政策供给质量对政策执行获得感均有一定程度影响,因此,本部分内容涉及三个具体问题,分别是:通过设置不了解、比较了解、非常了解等选项,了解被调查者对政策文本的熟悉程度;要求被调查者对我国乡村教师政策供给情况进行总体评价,说明需要进一步完善之处;列举乡村教师政策执行的主要问题行为,按重要性由高到低列出问题行为的形成原因。

过程组织:为保证问卷调查的规范和有序,成立了专门的调查小组,调查小组由15人组成。问卷不排斥当面填写,但提倡以网络方式为主。另外,由于需要分析的数据量较大,传统的Excel无法反映出数据差异产生原因以及不同因素对统计结果的影响程度,因此,相关数据最终输入SPSS软件进行处理,后者不但是当今社会广泛使用的三大统计分析软件之一,同时还是一种统计分析方法。

二、访谈法

访谈对象:限定为乡村学校校长,其中A省33人,B省60人,C省56人。访谈对象之所以如此限定,是因为乡村学校校长虽可归属乡村教师之列,但并不能完全等同普通教师。如果说教师的政策执行获得感与政策建议通常是个体意义的感知和表达,那么校长对本校教师队伍建设的统筹、协调和示范作用,则决定了校长的政策执行获得感与政策建议往往带有强烈的"学校"而非仅仅个人色彩。

访谈内容:共设计三个问题。一是作为校长,对我国乡村教师政策是否了解,是否参加过相关培训,学校是否组织相关政策文本的系统学习。二是从学校管理者层面对我国乡村教师政策设计进行评价,详细列举存在的问题。三是对政策实施的效果进行评价,说明存在的主要问题是什么,原因可能有哪些。上述三个问题表象上彼此独立,实质上存在一定的逻辑关系,可以较为真实地反映出学校特别是校长的政策水平。

访谈过程:分三个组分别进行,采用面对面、不记名方式,力求保证谈话的深度以及所反映思想的真实性。所有访谈结果按大类进行归纳和分析,不具普遍性的意见通常不被列入统计范畴。

三、田野调查法

采用田野调查法,源于问卷调查法、访谈法的局限性。事实上,无论是问卷调查法还是访谈法,都是从"局外人"视角考察乡村教师的政策获得感,而田野调查法由于研究者置身被研究者之中,从"局外人"转变为"局内人",强调亲身体验与感受,因而本质上是一种有血有肉、有生命的研究。

笔者2019年上半年在C小学进行田野调查。C小学是A省较有代表性的一所乡村"完小",2005年开始,在省市帮扶工作队以及校友的支持下,校园面貌发生根本性改变,崭新的教学楼、主题花园、图书室、标准化厨房等,充分反映出教育扶贫的成果。近十年来,C小学的教师队伍持续扩大,年轻教师占比不断增加,学校通过相互听课、举办讲座、以老带新、请进来走出去等方式,开阔教师视野,增长教学见识,丰富教学经验,提高教学能力。在学校期间,笔者试图从乡村教师而非研究者角度对既有的政策重新进行审视,通过与一线教师经常性的、平等的、深度的交流,进一步了解乡村教师的政策执行获得感,厘清影响个体获得感的外部与内在因素,在此基础上,思考提升政策执行获得感的教师个体以及学校路径。

第三节 研究结果与讨论

一、对政策实施效果的感知

从统计结果看,乡村教师对政策实施效果的感知与个体的性别、教龄长短没有显性关联。表1说明,乡村教师对不同政策文本的实施效果感知存在差异。国培计划、特岗计划"比较大"占比相对较高,其实施效果得到多数乡村教师的正面肯定。硕师计划"非常小"与"比较小"的占比达到60.8%,意味着实施效果较差,没有得到乡村教师的普遍认可。不同省份乡村教师的政策实施效果感知存在差异。其中特岗计划认可度,中西部地区远高于东部地区,乡村教师待遇政策、乡村教师支持计划在西部地区的认可度明显高于其他地区,乡村教师编制政策在一些省份尚未得到有效落实。

表1　政策实施效果感知的分省统计表　　　　（单位:%）

政策文本	"非常小"占比 A省	"非常小"占比 B省	"非常小"占比 C省	"比较小"占比 A省	"比较小"占比 B省	"比较小"占比 C省	"比较大"占比 A省	"比较大"占比 B省	"比较大"占比 C省
特岗计划	19.4	4.2	1.8	36.6	24.2	19.6	44.0	71.6	78.6
硕师计划	21.5	16.7	14.3	46.2	46.7	33.9	32.3	36.6	51.8
乡村教师待遇政策	15.1	19.2	8.9	38.7	42.5	14.3	46.2	38.3	76.8
乡村教师编制政策	15.1	21.7	7.2	21.5	41.7	23.2	63.4	36.6	69.6
国培计划	16.1	3.3	1.8	31.2	16.7	10.7	52.7	80.0	87.5
乡村教师支持计划	14.0	15.8	10.7	30.1	35.0	14.3	55.9	49.2	75.0

二、政策实施获得感的影响因素

统计结果表明,乡村教师的政策了解程度与个体的性别、教龄长短没有直接或明显联系。50%的校长没有相关内容的国家级、省级培训经历,东部省份的比例则高达88%。乡村学校组织的政策文本学习次数很少、随意性较大,且往往照本宣科,没有请专家辅导答疑,没有进行深入讨论。从表2可以看出,乡村教师对不同政策文本的了解程度并不一样,每个文本的内容均有一定比例的乡村教师完全不了解,其中熟悉特岗计划、国培计划的教师占比相对较高,不了解硕师计划、乡村教师待遇政策、乡村教师编制政策、乡村教师支持计划等文本内容的人均占较大比例。另外,东部、中部、西部省份对同一政策文本的了解程度表现出较为明显差异,且这种差异与所在区域经济、教育发展水平没有正相关或负相关表征,甚至与政策主要指向的区域亦无必然联系。

乡村教师对既有政策文本的评价与个体的性别、教龄长短亦无显性关联。有18.2%的受访者认为我国乡村教师政策设计已很好、很完善、很到位,西部省份的比例则为31.7%。对既有政策文本不满意或不太满意的原因涉及多个维度,其中相对集中的主要有:目前政策杂乱繁多,体系感不强;一些政策没有延续性,相应举措没有操作意义;国家只给出政策的大框架,尚缺乏地方落实的具体细则;既有政策没有完全反映一线乡村教师的生存状态和真实感受,在乡村教师待遇落实并进一步提高、扩大国培计划覆盖面并提高实效、避免城乡教师交流形式化、改善乡村学校特别是小规模乡村学校教育教学环境、强化乡村学校师德师风建设、设法让更多优秀的人愿意到乡村学校任教、避免乡村教师普遍存在的职业倦怠现象、强化乡土课程建设、提高职前教育的乡村针对性等方面,现有政策设计尚有提升空间。

70.3%被问卷调查教师、82%受访校长认为,我国乡村教师政策实施存在一定问题,主要表现为地方政府不落实或落实不完全到位、迟到位,政府没有强化乡村教师政策的落实督查,没有建立政策实施的问责机制。

表2 政策了解情况分省统计表 （单位:%）

政策文本	"不了解"占比			"比较了解"占比			"非常了解"占比		
	A省	B省	C省	A省	B省	C省	A省	B省	C省
特岗计划	29.0	12.5	1.8	69.9	75.0	83.9	1.1	12.5	14.3
硕师计划	46.2	72.5	41.1	51.6	27.5	48.2	2.2	0.0	10.7
乡村教师待遇政策	35.5	52.5	16.1	58.1	46.7	64.3	6.4	0.8	19.6
乡村教师编制政策	19.4	47.5	21.5	75.2	47.5	58.9	5.4	5.0	19.6
国培计划	26.9	5.0	7.1	68.8	75.0	75.0	4.3	20.0	17.9
乡村教师支持计划	23.7	40.0	19.7	72.0	56.7	60.7	4.3	3.3	19.6

三、提高政策执行获得感的基本思路

综观问卷调查、访谈、田野调查结果,我国乡村教师对政策文本的了解不全面、不系统、不深刻,对既有政策文本的满意度不高,对政策实施效果的感知不理想。上述特定背景,决定了我国乡村教师政策执行获得感的提升不可能一蹴而就,而是一个长期的、复杂的过程,这种复杂性不仅表现为不确定因素的大量存在及其作用,还表现为个体获得感的提升必须以对政策的充分了解为前提,以政策文本完善为基础,以改善所有主体的政策执行行为为线索。

一是加强政策文本学习,深化个体对我国乡村教师政策的认识。乡村教师的政策文本学习不是为了应付考试,更不应是外界的强加,而是个体内在知识与能力建构的诉求,是因为政策流通于学校的任何时段。基于上述理解乡村教师的政策文本学习,必须准确回答新世纪我国乡村教师政策密切出台的动因是什么、政策的目标指向如何、不同目标的政策举措有哪些、政策演变有何特点或规律。

新世纪我国乡村教师政策的多维、动态特点,意味着政策文本学习必须借助、善用专家的力量,并分层分类进行。具体地,政府或专业组织应组织相关人员编写适合个体自学的我国乡村教师政策读本,在此基础上,通过国培或省培项目,对乡村学校校长进行全员式、专题式的培训,使学校管理者对乡村教师政策有较为全面、系统、深度的了解。另外,在对乡村教师进行各级各类集中培训时,一般应增设乡村教师政策解读专题。

二是明晰好政策的内涵,进一步完善我国乡村教师政策设计。政策文本完善有相对固定的思路或线索。首先,要清楚什么样的政策才能谓之为好政策,即好政策的评价标准是什么。其次,要以标准为参照,对新世纪我国乡村教师政策文本进行梳理和分析,明晰什么样的政策应予废除,什么样的政策应予完善,什么问题属于政策文本问题,什么问题属于政策落实过程中的问题。再次,要基于标准和不同主体利益诉求的平衡,探索政策完善的思路与方法。

以获得感为充分考量的好的乡村教师政策,可概括为"有用"与"实用"。所谓"实用",即强调政策的时代特征和本土意义,要求政策制定不盲目照搬照抄国外的理论或范式,不脱离经济社会发展水平特别是教育发展水平。所谓"有用",即强调政策的实用主义取向,隐喻政策制定应始终坚持乡村教师关切的问题导向,以最终解决问题为政策目标。

三是改善所有主体的政策执行行为。政策执行即人的作用过程,是人的作用下事的不断实现过程,从这一角度理解,提高我国乡村教师政策执行效果,增强乡村教师的政策获得感,即要准确厘定政策执行的主体构成,分析主体的问题行为及其成因,在此基础上,努力构建主体之间的协同关系,提升主体行为能力。

关注主体之间关系,是因为我国乡村教师政策执行主体是一个多元结构,不同主体在实施政策执行行为的过程中,可能产生对立、冲突以及时间上错位,因此,必须构建相互之间的协同关系。这种协同关系的前提是所有主体均拥有乡村教师队伍建设的话语权以及法律、政策规定的行为选择权,善于在乡村教师队伍建设的大系统中认知自我、认知对方,尊重、承认其他主体行为的合理性,核心则是相应机制的建立与完善。没有健全的机制,就没有真正意义的协同,乡村教师队伍建设就不可能实现由外部到内部、由宏观到微观、由抽象到具体的转化。

提升主体的政策执行行为能力,从责任角度看即要提升履责能力,重点考察每一类主体是否做了应做之事以及做的效果如何。不同主体的政策执行行为能力提升,虽然在具体路径设计上存在一定差异,但同时应强调共性要求,包括:深刻领会和理解政策,增强对政策的认同;坚持问题导向,找准政策执行的落脚点和着力点;加强学习,提升政策执行的综合素质;准确理解政策执行的刚性与包容性,明确区分统一性政策、差异性政策和探索性政策。

第六章

新世纪我国乡村教师政策执行的评价尺度建构与现状考察

学术语境中的乡村教师政策评价研究,有多种思路选择。本章将从三个层面展开:一是说明为什么研究乡村教师政策执行的评价尺度;二是通过建构相应的指标体系,阐释评价尺度是什么;三是以评价尺度为观照,对我国乡村教师政策执行的现状进行评判。

第一节 重构乡村教师政策执行评价尺度的主要动因

关注乡村教师政策执行,致力于其评价尺度的建构,并非主观臆想所致,而是有其明晰的理论与实践渊源。一方面,乡村教师政策在执行过程中由于主观或客观、显性或隐性的原因,通常会产生不同程度的行为偏离目标现象,甚至会给政策对象带来不可逆转的伤害。如何准确描述行为与结果的关系,评估偏离的方向及其程度,分析偏离形成的原因,对完善政策执行过程、优化政策执行效果具有工具性价值。另一方面,乡村教师政策执行评价是一个复杂的、动态的过程,涉及评价尺度、评价组织、评价程序、评价方法等,其中评价尺度不但对评价结果的客观性、有效性、认同程度具有决定性影响,同时也是一个颇具难度的命题。事实上,评价本质即为被评价对象与"他事物"比较的过程,作为参照的"他事物",理论上虽然有多种选择方案,涉及纵向与横向结构,但具体到国内学界,则主要有以下三种情形:

一是基于某种理论对乡村教师政策执行情况进行评价。如:李廷洲等依据社会网络理论,认为乡村教师政策执行在培养补充、待遇保障、质量提升等方面尽管取得了巨大成就,但仍存在主体主观行为偏离政策意图或政策执行结果与政策目标偏离现象。① 汪丞依据政策工具理论,认为城乡教师交流作为一项创新性举措,从执行层面看被动参与特点明显,形式化、功利化倾向比较突出,前者表现为"为了交流而交流",即县区教育局为了达到省级政府提出的教师交流比例,学校为了完成教育行政部门下达的教师流动名额,被动地安排教师交流,不同学校、同一学校不同时期落实情况差异较大。后者指城乡之间的空间移动已被符号化,越偏远、落后的地区越具有"下面"的特征,教师交流往往被贴上"被下放""来镀金"等负面化标签。② 李钊等依据史密斯政策执行理论模型,对新疆维吾尔自治区阿瓦提县的乡村教师政策执行效果进行综合评价,认为政策执行整体效果一般,执行困境集中表现为乡村教师对政策理解和认同度较低,部分学科教师短缺现象依旧突出,城乡教师交流制度作用发挥有限,乡村教师编制政策无法落实到位。③

二是基于利益相关者的感受对乡村教师政策执行情况进行评价。如:刘毅玮等通过对 9 600 名乡村教师问卷调查发现,乡村教师政策执行虽然推进了乡村教师队伍建设和乡村教育发展,但同时存在"失真走样"现象,集中表现为政策效应的外源性受限、功能发挥的分散性缓释、调节手段的指向性偏移、执行主体的信心性阻滞。④ 姚翔等对 448 位教育行政人员、村小或教学点负责人及教师进行调研,认为政策执行力不足是乡村小规模学校和教学点师资结构不合理的原因之一。我国义务教育政策的制定主体是中央政府,而直接实施者却是地方政府,一些地方政府没有足够的激励措施和财政

---

① 李廷洲,等.社会网络建构下的乡村教师政策执行研究[J].中国教育学刊,2020(7).
② 汪丞.教师定期交流的政策困境与对策[J].教师教育研究,2020(1).
③ 李钊,潭刚.教育扶贫视阈下乡村教师支持政策执行效果研究——基于史密斯政策执行理论模型[J].湖北农业科学,2019(17).
④ 刘毅玮,张云晶,封文波.乡村教师队伍建设中的困境与突破[J].中国教育学刊,2020(6).

资源提供高质量的农村公共服务,加之地方政府在执行这些中央政策时,拥有较大的自由裁量权和"行为变数",必然导致政策的执行与政策的初衷存在或大或小的偏差。① 冯帮等问卷调查、访谈了 300 名乡村教师,认为《乡村教师支持计划(2015—2020 年)》实施以来的成效表现在五个方面,即教师流失减少,师资趋于稳定;工资待遇提高,生活压力减轻;培训机会增多,能力素质提升;补充机制建立,教师结构优化;教师轮岗增多,教学动力增强。存在的问题主要是政策知晓度低、经费投入不足、教师空缺现象依然严重、职称评聘不尽合理、激励措施乏力等。②

三是主要基于研究者自身的主观认知对乡村教师政策执行情况进行评价。如:石连海等认为乡村教师政策的执行成效集中表现为乡村教师"下不去"的问题得到基本扭转、"教不好"的问题得到切实改善、"留不住"的问题得到有效缓解。③ 万红梅等认为乡村教师政策执行存在"等"政策、"套"政策、"演"政策等偏差,"等"政策集中表现为乡村教师的内驱性不足,"套"政策指一些地方通过夸张事实、捏造数据等手段套取和索要国家支持,"演"政策指政策执行较少顾及当地实际且缺乏长效机制。④ 邓亮等认为乡村教师政策执行内化于中央政府逻辑、地方政府逻辑和乡村学校逻辑的互动过程,这些行为逻辑的相互作用和影响,形塑了政策执行的现实困境,具体表现为:中央政府在信息不完全下的"政策失衡"和政策目标多元下的"失范容忍";地方政府在零和博弈下的"机会主义"和自由裁量权下的"道德风险";乡村学校在多重压力下的"责任逃避"和关系网络下的"政策变通"。⑤

上述三种情形,从观察问题的视角看无疑都有其存在合理性,为评价我

---

① 姚翔,刘亚荣.优化乡村小规模学校师资队伍结构的路径分析[J].湖南师范大学教育科学学报,2017(4).
② 冯帮,何淑娟,李田.《乡村教师支持计划(2015—2020 年)》实施情况的调查研究[J].教师教育学报,2018(5).
③ 石连海,田晓苗.我国乡村教师队伍建设政策的发展与创新[J].教育研究,2018(9).
④ 万红梅,唐松林.21 世纪我国乡村教师政策的交叉组合、逻辑起点与反思超越[J].湖南师范大学教育科学学报,2020(4).
⑤ 邓亮,赵敏.我国乡村教师队伍建设政策执行困境与突破路径——基于多重制度逻辑的视角[J].教育理论与实践,2019(34).

国乡村教师政策执行提供了不同的方法论选择，但同时都存在不足。第一种情形的优势在于能增加对乡村教师政策执行理解的深度，使政策执行评价基于一定的理论之上，不足是任何理论以及在此基础上形成的分析框架都不是绝对的，都有相对固定的适用边界与条件，将其运用于乡村教师政策执行评价，不但可能面临适切与否的质疑，还表现在结论上，即理论的局限性可能导致评价结论全面性、针对性、准确性的缺乏。第二种情形虽然体现了对利益相关者话语权的理解与尊重，但以此来取代本真意义的乡村教师政策执行评价则存在较大的疑问。一方面，个体的政策评价往往基于自身的利益考量，侧重于其中的某些指标，未必涉及政策评价的所有要素，未必总是客观的、公正的。另一方面，我国乡村教师有东部、中部、西部以及近郊、远郊、偏僻等不同区域之分，涉及高中、初中、小学以及中心校、村小、教学点等不同层级，如此复杂的结构，加之田野调查、问卷调查、访谈等不但涉及过程的严密组织，还涉及结果的专业性量化分析，决定了实证方法在实践运用时的难度与局限性。第三种情形虽然不排除研究者在思考过程中可能借鉴了既有的一些成果，甚至可能进行了若干调研，但由于这种借鉴或调研缺乏必要的梳理和分析，有悖学术研究应有的规范和呈现方式，因而容易引起较大争议，不利于普遍共识的形成。

研究的滞后，已给我国乡村教师政策执行评价实践带来负面影响。现实中的乡村教师政策执行评价，并非内生且贯穿于政策执行的全过程，而是独立于政策执行之外，且以政府自评价或政府委托评价为主。这种集政策制定者、执行者、评价者于一体的评价实践模式虽然有利于及时了解、调整主体的政策执行行为，但由于缺乏相应的制度予以保障，缺乏系统化、递进式的设计，难免因过度关注政绩而产生避重就轻、隐瞒缺陷、走过场等现象。或以政策执行后的反馈结果为评价标准，或以政策执行的社会影响为评价标准，或以相关群体的态度为评价标准，则进一步影响了评价行为的权威性和评价结果的说服力。

正是由于研究层面的偏颇与实践层面的困惑，决定了乡村教师政策执行评价尺度系统与深度研究的客观必要性。这里所言之客观必要性，不仅表现在理论层面，还表现在实践层面，即补齐了以往研究的短板，完善了相关理论体系,为我国乡村教师政策执行评价提供了统一的、相对客观的标准,有效避免了评价结论的主观成分与片面性、不确定性。

第二节 乡村教师政策执行评价尺度的指向与内涵

国内乡村教师政策执行的评价尺度研究目前尽管处于起步阶段,但并不是说可供参考的成果完全没有。公共政策执行、教育政策执行的评价尺度研究,为乡村教师政策执行的评价尺度建构提供了有价值的参考。

在公共政策执行评价层面,谢治菊认为政策评价的标准虽然有众多不同观点,但归纳起来可用实证主义标准与后实证主义标准进行概括。实证主义标准以客观性产生为测量对象,应用了成本—收益、多元回归分析、民意调查研究、运筹学和系统分析等定性方法,故而提出的评价标准常常包括效益、效率、效能和充分性。后实证主义标准将事实与价值结合起来,这种标准由于加入了价值元素,因此,通常涉及效益、效率、公正、回应、发展等。[①]赵莉晓借鉴国外有关理论提出我国公共政策评价的一般性框架,该框架由政策制定、政策执行、政策效果组成,其中政策执行的评价标准主要关涉回应度、充足性与影响力。[②] 张龙平等从过程、目标两个角度进行公共政策执行效果评价体系的建构,过程涉及机制建立、人员安排以及有效履职,目标涉及经济效益、社会效益与政治效益。[③] 王国红认为公共政策执行的评价体系应包括绩效标准、规范性标准以及非规范性标准,绩效标准以效果、效率、效应等为关键词,规范性标准指向政策执行过程的规范及其程度,非规范性

[①] 谢治菊.民族教育重大政策实施效果调查分析——基于政策执行者的视角[J].理论与改革,2017(4).

[②] 赵莉晓.创新政策评估理论方法研究[J].科学学研究,2014(2).

[③] 张龙平,熊雪梅.我国政策执行效果审计研究——关于政策执行效果评价指标体系的构建[J].厦门大学学报(哲学社会科学版),2020(2).

标准指向政策执行方法的有效性。[1] 卓成霞等分析了政府执行公共政策的伦理困境,认为消除这种困境需要在政策执行评价时更加注重执行者的负责程度,不简单以结果论成败。[2] 傅雨飞认为量化分析是公共政策研究范式转换的鲜明表现,这种转换对政策执行评价而言即是强调准确化,即通过现代科学技术知识、方法和规范的运用,避免主观臆断,增加论据的充分性。[3]

在教育政策执行评价层面,范国睿等认为教育政策执行评价包括成本评价、需求与满意度评价、执行力度评价、政策影响评价,其中成本评价指向政策执行的投入与产出比例关系,需求与满意度评价指向政策执行过程和结果是否满足公众与利益相关者的需求以及满意的程度,执行力度评价主要考察政策执行的资源条件以及执行者的素质和实际行动,政策影响评估侧重关注政策执行过程中的各项措施给社会特别是教育系统带来的变化。[4] 蔡剑桥认为好的教育政策需要进行风险评估,各类风险因素不可能有序出现,而是呈现出较强的随机性,政策执行阶段的高风险因素主要表现在执行者素质、执行力度、执行环境因素等方面。[5] 黄明东等认为我国教育政策效果评价应坚持后实证主义,从客观效果、主观福祉、伦理标准三个维度构建评价指标体系,客观效果指教育政策实施前后的对比差异,主观福祉即利益相关者对政策影响的主观感受,伦理标准则是法与道德的统一。[6] 祁型雨等认为价值是教育政策理论和实践最根本、最核心问题,基于价值观考量的教育政策执行,应强调政治性与公共性、合法性与合理性、外在价值与内在价值、实然价值与应然价值、显性价值与隐性价值的统一。[7] 李建民等介绍了日本教育政策评价机制,认为日本的教育政策评价标准并没有采取量化指标的形式,而是一种基于事实、现状以及发展需要的质性判断,涉及必要性、

---

[1] 王国红.我国政策执行评估机制的缺陷及其完善[J].中共中央党校学报,2007(4).
[2] 卓成霞,郭彩琴.公共政策视角下的政府治理伦理困境及消解对策[J].深圳大学学报(人文社会科学版),2016(5).
[3] 傅雨飞.公共政策量化分析:研究范式转换的动因和价值[J].中国行政管理,2015(8).
[4] 范国睿,孙翠香.教育政策执行监测与评估体系的构建[J].教育发展研究,2012(5).
[5] 蔡剑桥.风险评估:"好的教育政策"评价之依据[J].高校教育管理,2017(6).
[6] 黄明东,陈越,姚宇华.教育政策效果评估指标体系构建研究[J].教育发展研究,2016(1).
[7] 祁型雨,李春光.我国教育政策价值的反思与前瞻[J].现代教育管理,2020(3).

效率性、有效性、公平性、优先性等。必要性主要考察政策的目的是否妥当，是否有实施的必要。效率性主要考察政策效果与政策活动费用之间的关系，关注"效果"能在多大程度上反映真实的政策效率。有效性指向预期政策效果与政策活动实际效果之间的关系。公平性主要看政策效果和费用负担是否公平地分配。优先性指该政策是否应该优先于其他政策。[①]

上述所列一系列成果，虽然切入点、侧重点不一样，但对我国乡村教师政策执行评价尺度建构具有启示意义，这种启示归纳起来即：乡村教师政策执行评价尺度应有相对稳定的结构，其展开必须遵循一定的逻辑或顺序，具体地，涉及"维度"以及"要求"。

"维度"指向评价尺度的框架设计，其内在的逻辑性、完整性、系统性决定了评价尺度的科学程度和解释力。笔者以为，排除用词的进一步斟酌，乡村教师政策执行的评价尺度应以执行成本、执行保障、执行者、群体满意度、执行影响为结构性表征，在此基础上进行内涵的诠释。上述设计思路的提出，不仅因为所列维度可以涵盖政策执行的所有要素，且不同维度呈相对独立状态，还源于五个基本认知。第一，乡村教师政策执行既是教育学命题、社会学命题、政治学命题、管理学命题，同时还是经济学命题。经济学视阈中的乡村教师政策执行，本质上即投入与产出、成本与效益关系，在政策问题和政策目标固定不变的前提下，两者的比例不但在一定程度上反映了政策执行力的高低及其水平，决定了政策是继续执行、纠偏后执行还是及时终止，而且从特定角度体现了十九大所提出的推进供给侧结构性改革"降成本"要求。第二，乡村教师政策有"自上而下"与"自下而上"两种执行路径，无论其中的哪一种，政策执行的行动选择都并非主要取决于主体的自主意愿，而是与政策执行的环境密切相关。能否提供充足的、全方位的保障，不但关涉乡村教师政策执行刚性与包容性统一问题，避免象征执行、选择执行、替换执行等现象，防止窒息政策执行的创新空间，还关涉不同政策执行的相互促进或协调一致。第三，乡村教师政策执行是"人"的作用下"事"的实现以及"人"的改变过程，是政策执行者根据相关要求并结合环境因素、解

---

① 李建民，肖甦.日本教育政策评价机制评析[J].现代教育管理，2015(7).

决乡村教师队伍建设问题、实现政策目标的过程。如何厘定所有的"人",提升主体的协同意识与政策能力,彰显科学、效率的行动逻辑以及道德自觉、公共精神的行为取向,对乡村教师政策执行的进程与效果具有决定性影响。第四,不断增强人民群众获得感是坚持党的性质、践行党的宗旨的本质要求,是坚持以人民为中心发展思想、维护社会公平正义的客观要求,其提出以及在经济社会发展各个领域、各个环节的普遍实践,意味着我国乡村教师政策执行不能仅仅停留于做了什么,而是要以利害关系人的满意度为政策执行的首要追求以及政策执行评价的合法性支撑,这种满意度虽然通常表现为每个个体的综合性感受,面临利益分配或权衡之难题,但可以较为客观地、定量地评价乡村教师政策执行的效果,具有无可替代之价值。第五,任何政策的出台,都有明确的问题指向,这些问题是否解决,解决的程度如何,有无溢出效应,所有这些都需要通过政策影响的分析予以回应。影响包括直接影响与间接影响、积极影响与消极影响、整体影响与局部影响,究竟是什么,主要由政策执行过程中所采取的各项举措决定。

"要求"即维度的具体化或指标化。为了避免争议和逻辑上的混乱,所有要求应具体明确,且不同维度的要求一般不应出现重叠现象。在"执行成本"层面,低成本高效益无疑是理想状态政策执行的主要指标考量,这里所言之成本,指政策内容转变为政策效果过程中所投入、消耗的各项资源的总和,而效益则是政策执行的结果呈现。由于加强乡村教师队伍建设为当代中国一项重大政治任务和根本性民生工程,关乎政府的形象和社会的发展,其成效更注重对教育公平、国家重大战略的支撑意义,很难用具体的经济指标去衡量,因此,对乡村教师政策执行成本的理解要侧重于必须和适切,避免非必要和过度,效益的理解要侧重于社会效益与政治效益,聚焦政策执行产出与预设目标的匹配度。在"执行保障"层面,高质量的政策执行依赖于高质量的政策供给以及相应的制度和资源。政策供给关涉问题选择、过程特点、文本呈现等,集中表现为乡村教师政策制定的合法性、合理性、明确性、协调性、稳定性、持续性。制度指乡村教师政策执行的规范体系,其目的是规约、引导乡村教师政策执行主体的行为,营造崇尚实干、鼓励创新的政策执行文化,具体包括信息收集与公开制度、督查与评价制度、激励制度、责任追究制度等。资源指乡村教师政策执行过程中人力、物力、财力、信息、技术等具体条件提供,以政府调动是否充足为主要考量指标。在"执行者"层面,由于乡村教师队伍建设隶属于公共服务范畴,其培养任务主要由实施教师教育的高校承担,加之学校是教师生存和发展的主要场域,任何外部因素必须通过个体自身的吸收与转换才会产生效果,因此,我国乡村教师政策执行主体应包括政府、实施教师教育高校、乡村学校以及乡村教师等。对上述四类主体的考察,不但要求形成乡村教师政策执行的共识,理解政策执行的阶段性目标,具备政策执行的过硬素质,还涉及政策执行过程中的实践智慧以及相互关系。在"群体满意度"层面,我国乡村教师政策的利益主体虽然是一个多元结构,涉及多个群体,但主要是乡村学校和乡村教师。这两类群体的满意度高低受制于相应的社会体验和个体体验,前者指向政策执行后乡村教师队伍建设整体情况的变化,后者偏重于政策执行给自身利益带来的影响。为了彰显准确性与可信度,群体满意度既要关注整体,又要反映不同区域、不同政策执行的感知差异。在"执行影响"层面,政策的执行通常具有强烈的工具主义或实用主义色彩,针对的是我国乡村教师队伍建设的重大、重点、重要问题,因此,执行影响的评价应重点关注政策执行给乡村教师队伍带来的变化是什么,政策执行过程中是否形成中国或地方性经验与范式。

第三节 基于统一尺度的我国乡村教师政策执行现状评价

进入新世纪特别是2006年以后,为了解决乡村教师下不去、留不住、教不好以及身份认同危机等问题,中央和地方政府先后出台了一系列乡村教师政策。这些政策的执行效果如何?应予肯定的有哪些?还有什么偏失?这无疑是决策者和所有利益相关者高度关注的命题。

执行成本是乡村教师政策执行考察的第一个维度。我国乡村教师政策执行过程中成本的投入、消耗无疑是巨大的,仅从中央财政的支出看,"特岗计划"实施十余年来,中央财政已累计投入专项资金710亿元,"十三五"期间,中央财政安排乡村教师生活补助奖补资金超过200亿元,用于乡村教师国培项目的中央财政专项资金达到100亿元。上述所有的投入或消耗,不仅因为政府对乡村教师队伍建设的高度重视,还与我国社会持续发展、经济实力不断增强密切相关,由此带来的变化则是原有的教师队伍建设短板得到有效弥补,所设定的"到2017年,使乡村学校优质教师来源得到多渠道扩充,乡村教师资源配置得到改善,教育教学能力水平稳步提升,各方面合理待遇依法得到较好保障,职业吸引力明显增强"以及"到2020年,城乡师资配置基本均衡,乡村教师待遇稳步提高,岗位吸引力大幅增强"等阶段性政策目标已基本实现。不足之处则表现在两个方面,一方面,政策执行成本的利用率需要进一步提高。如:乡村教师生活补助的发放不但要留住乡村教师,更要留住优秀乡村教师,以此为考量的相关政策执行不能仅考虑区域特点,而应兼顾专业表现,同时进行必要的档次划分;各级各类乡村教师培训尽管投入很多,对提升乡村教师队伍整体水准发挥了积极作用,但始终面临针对性不强、实效性缺乏等难题,培训过程中的城乡同质化以及乡村同质化倾向,则进一步压制了乡村教师专业发展的主体性。另一方面,政策执行成本的总量需要持续加大。我国乡村教师队伍目前仍不同程度存在数量不足、结构失衡、专业素养不高、稳定性较低等问题,解决这些问题,实现党中央、国务院所提出的"到2035年,所有乡村教师的综合素质、专业化水平和创新能力大幅提升,能主动适应信息化、人工智能等新技术变革,积极有效开展教育教学,在岗位上有幸福感、事业上有成就感、社会上有荣誉感",必须在完善政策设计的同时,加大政策执行的成本投入,这种投入不仅是对中央政府的要求,还涉及地方政府的责任担当。

执行保障是乡村教师政策执行考察的第二个维度,关涉政策供给质量、制度保障、资源保障等。从政策供给观之,我国乡村教师政策设计虽然整体上表现出由被动应对向主动呼应过渡、由关注部分人向关注所有人过渡、由强调基本合格向促进个体持续发展过渡,但并非没有缺失,主要是:政策杂乱繁多,体系感不强;不同文本的表述时有出现重复现象,有的甚至出现矛盾；一些政策过于简单，责任主体与主体责任的表述较为含糊。上述缺失，必然导致政策执行时的困难。从制度保障观之，相应的制度建设虽已引起各级政府特别是中央政府的重视，但距离理想境地尚有一定差距，特别是乡村教师政策执行的督查、评价、问责等制度设计目前亟待完善。督查制度应侧重于引导执行者如何做、如何做得更好，避免象征性或对仪式感的过度追求。评价制度不能局限于政府自评价、政府委托评价等实践模式，更要重视媒体评价、公众评价的作用；问责作为一种手段运用，必须防止简单化现象，强调尊重地方社会发展特别是教育发展实际，尊重乡村教师队伍建设规律。从资源保障观之，虽然各级政府特别是中央政府已付出了巨大努力，为缓解乡村教师队伍建设问题奠定了必要的物质性基础，但与政策执行的需求以及乡村教师的期盼相比，仍有一定差距，这种差距的形成不仅因为政府所拥有的资源总是有限的，且层级越低，所拥有的资源通常更少，还因为资源的输入渠道相对单一，社会对乡村教师队伍建设的推动意义目前尚没有充分彰显。

　　执行者是乡村教师政策执行考察的第三个维度。执行者的考量不仅涉及单一主体的行为表现，还涉及主体之间的合作。从主体关系观之，我国乡村教师政策执行的多元主体结构虽已形成，但现实中的主体合作往往是低层次的、松散的、应急式的。低层次指主体合作的质量不高，形式大于内容。松散指主体密切合作的保障机制尚未建立，动力相对不足。应急式指主体合作只有在出现明显问题时方被提及，问题解决后又回归至各自为政。从单一主体行为观之，不同主体的政策执行行为既有"有令不行""下有对策"等共性缺失，还有鲜明的个性表现。政府的行为缺失不但指向部分地方政府在落实国家乡村教师政策时的表现，还涉及政府对其他主体政策执行行为的监督和引导。实施教师教育高校的行为缺失集中表现在职前培养层面，如何优化培养目标和教学设计，培养热爱乡村教育、适应并引领乡村学校发展的教师，是几乎所有实施教师教育高校都迫切需要探索的实践课题。乡村学校的行为缺失主要是教师队伍建设的长远意识和学校意识缺乏，教师引导的内部制度和体制机制尚不健全。乡村教师的行为缺失集中表现在专业发展层面，即过度依赖外部的因素或作用，自主与自觉意识较弱，"实践性反思者"特质没有充分彰显。

群体满意度是乡村教师政策执行考察的第四个维度,主要关涉乡村学校和乡村教师。查阅知网可以发现,国内学界对乡村教师政策执行的满意度研究虽然重视不够,成果明显较少,但仅有的成果已基本说明问题。马飞等对全国11个县2 888名乡村教师的工资待遇进行问卷调查,发现乡村教师无论是对目前的工资收入,还是与五年前工资收入对比,或是与城市学校、其他职业相比,都普遍呈不满意态度,对各项补贴及绩效工资制度也意见颇深。[1] 季飞等对贵州省614名乡村教师进行抽样调查,发现乡村教师对《乡村教师支持计划(2015—2020年)》的执行满意度一般,乡村教师的婚姻状况、文化程度、学校地理位置、教龄、薪酬等间接影响满意度的高低。[2] 另外,本书第五章笔者有关乡村教师政策执行满意度的调查与分析亦充分反映了"群体满意度"方面所存在的问题。

执行影响是乡村教师政策执行考察的第五个维度,集中表现为政策执行推动我国乡村教师队伍建设进入新阶段。新中国成立至"文化大革命"前的十七年,我国实施城市优先、乡村支持城市的发展战略,加之乡村教育大规模扩张,导致乡村学校师资质量严重偏低,约50%为无财政编制、主要由乡村集体聘请并支付报酬、要求相对较低的民办教师。"文化大革命"十年期间,我国乡村学校民办教师数量进一步膨胀,这种膨胀不仅表现为公办转民办,还表现为下放人员以及工农兵大量进入教师队伍。1977年至20世纪末,我国虽然规范了乡村教师的选拔与管理,通过培训推动乡村教师队伍合格化,但同时存在明显缺失,主要是:大量的民办教师转公办,挤占了乡村学校的编制,成为优秀教师进不去、不合格教师出不来以及教师队伍学科结构不合理的体制和历史缘由之一;将发展乡村基础教育责任交予地方,实行县乡管理的体制改革,带来经济欠发达地区教育投入不足、城乡教师收入差距明显,甚至长时间拖欠乡村教师工资等问题;传统师范院校从单科性大学

---

[1] 马飞,张旭.《乡村教师支持计划》背景下的教师工资待遇满意度调查[J].上海教育科研,2017(7).

[2] 季飞,李亚亚.乡村教师对《乡村教师支持计划(2015—2020年)》满意吗?——基于路径分析法的政策执行研究[J].教育教学论坛,2020(32).

走上综合化道路,导致"去农村化""去师范化"趋势明显。进入新世纪特别是2006年以后,我国乡村教师队伍建设进入了跨越式发展、全面发展阶段,乡村教师培养和补充取得明显成效,获得感、幸福感、职业认同感得以较大程度提升,结构性缺员问题渐致缓解或得到解决,乡村教师的专业成长通道得到有效拓展。在此过程中,具有中国特色的乡村教师队伍建设范式初步形成,社会对乡村教育以及乡村教师队伍建设重要性、迫切性的认识逐步提高,"父母心公益基金"与"传梦公益基金"组织的资教项目、上海华信公益基金会组织的"荧光支教"活动、北京永源公益基金会开展的"爱飞翔——乡村教师体验式培训""TCL希望工程烛光奖"以及"桂馨·南怀瑾乡村教师奖"的设立,则反映了乡村教师专业发展支持的民间力量。[①]

[①] 刘胡权.新时期支持乡村教师发展的民间探索[J].教师发展研究,2017(3).

第七章

我国乡村教师政策执行的社会支持系统构建

社会支持研究有多种选择方案。为了形成对乡村教师政策执行社会支持的系统与深度认知,本章将围绕四个命题展开,分别是:什么是社会支持;为何要研究我国乡村教师政策执行的社会支持;其具体组成如何;形成的方法与路径是什么。上述四个命题既相对独立,有各自的关注重点和内容,又彼此呼应,形成逻辑或结构层面的交互与递进关系。

第一节 何谓社会支持

社会支持是现代社会出现频次较高的一个词,要准确理解其内涵,必须以对社会的认知为基础。

从国外看,十四世纪之前,古拉丁语和法文便已有"社会"一词,这时的社会,与"伙伴"所表达的语义完全相同。十四世纪,英文开始出现"社会"一词。16世纪中叶,英文中的社会已有了"众人之集合及意见之一致"意思。十七、十八世纪,"社会"的含义不再局限于过去的伙伴情谊,而是指有利于人的法则和制度。十九世纪以后,随着"社会学"概念的出现以及这一新兴学科的兴起,社会与人的关系问题开始被置于突出位置,在此过程中,虽然绝大多数社会学家都承认社会是由个人组成的,但对于个人如何组成社会以及个人与社会的关系则从未停止过争论,并出现了社会唯名论与社会唯实论两种对立倾向。社会唯名论主张个人是实际存在的,是最为重要的实体,社会则是对许多人的一个称呼而已,是一个虚幻的存在物,其基本性质由个体的性质所决定。社会唯实论主张社会一旦形成,便构成一个整体,这个整体具有先前个体所不具备的性质,外在于个体,高于个体,并对个体具有强制性。

西方国家的学者往往从国家与社会、个人的关系视角出发,分宏观和微观两个层面来考察"社会"的范畴。在宏观层面,埃米尔·迪尔凯姆认为社会是一个实体,它与自身的各组成部分是相区别的。丹尼尔·贝尔认为社会可分为经济、政治和文化三大领域,三个领域各有其特殊规律性,又相互协调、相互渗透、相互作用、相互配合。达维多夫把社会看作一个整体,认为社会是由各种相互关联的元素及子系统、属性、关系组成的系统。在微观层面,洛克认为社会即市民社会,市民社会先于国家或外于国家而存在,国家则是处于社会中的人们为达到某种目的而形成的契约结果,这种契约具有双重性:一方面,通过一个人与每一个人的契约,使人们在相互之间建立市民社会;另一方面,通过人们同统治者之间的契约,建立起契约政府。黑格尔认为随着商品经济的发展,市民社会逐渐与国家相分离而形成了独立的社会组织状态,国家在伦理上包含着家庭和市民社会,同时又高于市民社会。葛兰西把市民社会的研究视角从经济领域转向了文化领域,认为上层建筑可分为两大部分,一是政治社会,另一是市民社会,市民社会是上层建筑的一部分。

从国内看,古汉语中的"社"与"会"往往分开使用。其中"会"解释为"合也",通常指聚会或集会。"社"多指土地之神,有时又指向基层行政地理单位,如"二十五家为社"。国人将"社"与"会"并置并不多见,且含义与西文亦不相同,如元朝周密所著《武林旧事》之卷三,题目就是"社会"。这里的"社会",意即一年一度、于公庙举行的"会"的活动,活动内容既有人戏的竞相表现,还包括显耀地方活力的珍宝、奇禽、水族、贵木以及异卉。十九世纪末,严复在翻译斯宾塞的《社会学研究》时,将社会学译为"群学",主张通过"群学"求索强国之道,这时的社会,实质上已被解析为一种具有强大凝聚力的"团体格局"。

综合不同观点,国内目前所言之社会,主要有四种不同的含义。第一种含义的社会,与自然相对应,自然指自然界和各种自然物,社会则指人类事务,指人与人之间的关系所建构起来的事物。第二种含义的社会,与作为个体的人相对应,这时的社会,系一个整体,指个体之间相互作用产生的各种关系,或者说个人并不是自足的、孤立的,而是处于一定的社会关系之中。第三种含义的社会,与经济相对应,涉及经济生活、市场关系之外的领域,强调经济与社会之间的区分。第四种含义的社会,与国家或政府相对应,所反映的是社会与国家、政府在职能、运作机制和方式之间的差异。

从国内外对社会的理解可以看得出,社会是一个尚无定论、可以有不同解释的概念,正是这种不确定性,决定了在构建乡村教师政策执行的社会支持系统时,对社会的范畴进行明晰界定的必要性。事实上,马克思曾站在实践唯物主义的高度,从广义和狭义两个层面考察社会的范畴,提出广义的社会由经济、政治等一系列关系构成,是一个统一体,其主体是现实的、具有不同个性的人,人们之间相互交往而形成的生活共同体就是社会,自然界则是社会存在的外在客观环境。狭义的社会即人们在交往中所形成的市民社会,市民社会是历史的真正发源地和舞台,是人类生活的基础,社会高于国家、决定国家。依照马克思的上述观点,乡村教师政策社会支持系统中的"社会"所指,实质上有两种选择方案。第一种选择的"社会",系广义理解,指经济、政治、文化、环境等诸多领域的统一体。第二种选择的"社会",即狭义理解,指经济、政治、文化以外的有关人类公共生活的那部分领域。从解决问题的角度看,乡村教师政策社会支持系统中的"社会"无疑指向前者。

作为社会现象的社会支持,在人类社会产生时便已开始出现。而作为概念的社会支持,则最初在精神病学的研究中被提出,上世纪七十年代以后才引起其他学科的广泛关注。依据社会支持理论,社会支持可分为客观的或领悟的、工具性的或表达性的、微观的或宏观的、正式的或非正式的等不同类别。客观的社会支持指实际发生的社会支持,领悟的社会支持指受者在主观上、认知层面上预期得到的社会支持,工具性的社会支持指将社会支持当作某种手段以达到另外目的,表达性的社会支持指情感上的社会支持,微观的社会支持指社会支持来自家人、朋友等微观层次,宏观的社会支持指社会支持来自社区、政府部门等宏观层次,正式的社会支持指来自学校、政府等正式社会设置的支持,非正式的社会支持指来自无官方身份的个人或组织的支持。

上述列举表明,本真意义的社会支持是一个富有时空性征的概念,涉及社会互动、社会行为、社会资源利用等认知视角以及情感支持、认知支持、行为支持等表现维度。由于在影响政策执行的各种外部社会性因素中,既有对政策的执行起支撑和扶持作用的因素,又有对政策执行起阻碍和瓦解作用的因素,因此,乡村教师政策执行的社会支持,应定义为新世纪我国乡村教师政策执行过程中起支撑和扶持作用、应当获得且通过努力能够获得的诸多社会性因素的总和。

需要说明的是,乡村教师政策执行的社会支持涉及多元主体,构成了一个完整的系统,在上述系统中,不同主体的社会支持不是平面化的并列存在,不是主体行为的简单相加,而是所有子系统的机理性共同作用,是以交互、叠加、生态等为特征的"主体间性",其价值在于:通过不同维度、不同程度地参与乡村教师政策执行过程,使所有主体充分理解、认同我国乡村教师政策,明晰并切实履行自身的应然担当,形成相互理解、认可和欣赏的心理机制,持续彰显我国乡村教师政策的合理性与实效性。

第二节 构建乡村教师政策执行的社会支持系统具有客观必要性

聚焦乡村教师政策执行,研究其社会支持,不仅因为政策的有效性主要依赖于政策实施,还涉及其他因素。

一、城乡关系演变为乡村教师政策执行的广泛社会支持提供了可能

新中国成立以来,我国城乡关系依次历经了对立、趋好、统筹、融合等四

个不同阶段,相应的演变规律是:政府基于宏观环境变化确定国家战略目标,在战略目标的指引下推动城乡关系的战略实施。

1949年至1977年,是我国城乡二元体制的形成与巩固时期。在这一时期,由于国外经济封锁、国内农业经济为主,加之国家实施重工业优先发展战略,我国城乡关系基本处于二元分割状态。一方面,政府通过设立工农产品价格剪刀差、主要农产品统购统销、农业集体经营、人民公社化等基本制度集中农业剩余,推动农业积累不断向工业转移,在此期间,全国工业总产值增加15倍,而农业总产值仅增加1.3倍。另一方面,受户籍制度的影响,大量的农村剩余劳动力滞留农村,无法自由流动到城市,城市居民能够获得制度性的生活保障,农民则被排斥在这一体系之外,只能通过生产集体获得有限的救灾救济帮助。

1978年至2001年,既是我国城乡二元结构逐渐破冰时期,同时也是城乡发展差距由缩小到扩大时期。1978年至1985年,为了纠偏单维度的城市现代化模式,政府从改变农村基本经营制度、建立家庭联产承包责任制入手,通过确立农户在农业生产中的主体地位、逐步放宽户籍制度、推动乡镇企业兴起等,不断释放农村经济活力,提高土地、劳动力等要素配置效率,使农村剩余劳动力在农村内部转向非农产业,城乡居民收入比则由开始的2.57降至1.86。1985年以后,随着我国改革的重点由农村转向城市,资源配置在政府和市场的双重作用下逐步向城市和沿海地区倾斜,农村经济开始出现衰退迹象,大量农村劳动力进入城市,城乡居民收入比由1.86上升至3.11。

2002年至2012年,我国进入城乡统筹发展时期。基于城乡发展的现实状况,党的十六大对原有城乡关系做出了重大调整,提出"统筹城乡经济社会发展"的战略,旨在建立"工业反哺农业,城市带动农村"的城乡关系。2003年,党的十六届三中全会提出"五个统筹"的要求,把"统筹城乡发展"列为"五个统筹"之首。2005年,党的十六届五中全会首次提出"建设社会主义新农村"和推进"城乡发展一体化"。2007年,党的十七大报告提出"必须建立以工促农、以城带乡的长效机制,形成城乡一体化的新格局"。在城乡统筹发展、城乡一体化等思想引领下,政府投入"三农"的财政资金总量明显加大,年均增长率达到21.5%,重点有所改变,主要投向农村基础设施与公共服务。另外,农业税自2006年起全面取消。

党的十八大至今,我国城乡关系开始从"以工促农、以城带乡、工农互惠、城乡一体"向"工农互促、城乡互补、全面融合、共同繁荣"转变。2014年,新一轮户籍制度改革开启,这一改革使得农业户口和非农业户口不再区分,统一登记为居民户口,从而消除了城乡居民自由迁移的制度障碍。2017年,党的十九大首次提出"城乡融合发展",要求建立健全城乡融合发展的体制机制和政策体系。2019年,中共中央、国务院颁发《关于建立健全城乡融合发展体制机制和政策体系的意见》和《关于坚持农业农村优先发展做好"三农"工作的若干意见》,明确了我国未来城乡融合发展的"三步走"战略,要求对农村"在干部配置上优先考虑,在要素配置上优先满足,在资金投入上优先保障,在公共服务上优先安排"。

城乡融合发展理念的提出,既是对统筹城乡发展、城乡一体化等理念的继承,同时也体现了新时代的特征,具有丰富的内涵。具体地,包括要素融合、产业融合、制度融合、治理融合和空间融合等五个方面。[①] 要素融合指劳动、资本等生产要素可以在城市与农村之间自由流动和组合,使同类要素在城乡统一市场中获取均等收益。产业融合指城市与农村之间的产业互动,包含不同产业间的互动以及同一产业内的互动。制度融合指打破原有的二元分割制度,构建城市与农村的"有机整体"。治理融合指确立共建、共治、共享的社会治理理念,推动城乡治理由分治转向共治。空间融合不是城市与农村在空间上匀质化、雷同化,而是在保留各自特色的基础上实现功能延伸、分工与互补。上述多角度、全方位的融合,意味着未来较长一段时间内,农村问题应该同时也必然是全社会的关注重点。

二、社会支持是教师队伍治理现代化的本质要求

教师队伍治理现代化是教育治理现代化的重要组成部分,是党和政府

[①] 年猛.中国城乡关系演变历程、融合障碍与支持政策[J].经济学家,2020(8).

提出的明确要求。中共中央、国务院颁发的《全面深化新时代教师队伍建设改革的意见》提出:"经过5年左右努力,普遍建立事权、人权、财权相统一的教师管理体制;到2035年,达成教师管理体制机制科学高效,实现教师队伍治理体系与治理能力现代化"。

教师队伍治理现代化的提出,无疑是国家主义"善治"思想不断发展的结果。早在上世纪七十年代,"治理"作为公共政策管理的术语便开始走进社会管理者的视野,并日渐演化为社会管理领域的热点词语,在此过程中,尽管一些组织和学者提出了"元治理""健全的治理""有效治理"等概念,但最具影响力的还是"善治"。"善治"话语的出现,主要源于现代社会具有复杂性、动态性、多样性等特点,要求政府从传统的统治范式中解放出来,在确保社会正常运转并凸显公平正义的框架下,以问题解决为基本导向,通过不断弥合理想与现实之间的落差,最终彰显应对社会问题的精准性与有效性。

教师队伍治理现代化的提出,还因为追求教育的公平正义既是社会主义的本质要求,也是社会主义建设的内在要求。目前,我国的教育不公平现象较为突出,集中表现在四个方面。一是由于东、中、西部经济发展水平不一致,学校教育资源和教学资源在不同的区域配置不均衡,导致不同区域内受教育者接受教育的机会不平等。二是受城乡二元体制长期影响,政府将大量的教育资源投入城市学校,对城乡学校实行不同的教育政策,加剧了城乡教育机会不平等现象。三是在某些地区,由于区域内贫富差距不断拉大,一些社会弱势群体常常不能享受到平等的教育权利。四是在边远和贫困地区,性别不公平问题较为明显,女性接受教育的机会相对较少。

治理现代化涉及两个关键词,即治理与现代化。治理是需要严格界定的一个学术概念,同时还是历史与现实共享的一个词汇。传统的治理,即统治或管理,指的是治国理政的一般事务。现代意义的治理,与统治含义有着较大区分。首先,统治是单中心的,以国家和政府为主体,其他组织均无统治权。治理则是多中心的,除了国家或者政府,还需要市场、狭义社会和公民等多个主体的参与,要求形成"多元共治"的结构。其次,统治带有强制性,作为统治主体的国家或政府不但具有强制力,甚至垄断了对暴力的合法使用。治理虽不完全排除强制,但更倡导主体间的合作,相应的伙伴关系建立，往往靠的是契约而不是命令。再次，统治体现的是自上而下的权力关系，主要是命令和服从的单向模式，而治理则是多向互动的，更多体现的是平行的权力关系。现代化的理解重点不在于"现代"而在于"化"，如果说现代强调的是"新"，这种"新"不仅指向经济制度或政治制度形式，还包括精神现象或心理状态，那么"化"则是用来表现一种渐进状态，指逐渐具备"现代"特质的变迁或转变过程。

教师队伍治理现代化涉及治理体系现代化与治理能力的现代化。所谓治理体系现代化，是一种从"教师管理"的传统形态向"教师队伍治理"的现代形态不断变迁的过程，这种变迁隐喻四个方面的转变，即：由管理主体的单一性向治理主体的多元化转变；由管理运行模式的强制性向治理运行模式的互动性转变；由管理过程的权力集中性向治理过程的民主性转变；由管理实施方式的控制性向治理实施方式的合作化转变。所谓治理能力的现代化，包括教育治理起点、过程和结果的现代化，具体表现为教育治理理念现代化、教育治理运行机制和治理方式的现代化、教育治理效益的现代化。

乡村教师队伍治理现代化作为教师队伍治理现代化的应有之义或构成部分，既有教师队伍治理现代化的共性特点，又有其特定的、丰富的内涵。目前，我国尊崇乡村教师职业的治理理念尚未牢固确立，乡村教师队伍治理财权、事权、人权不相统一的制度困境有待解决，社会力量参与乡村教师队伍治理存在一定的制度性障碍，乡村教师队伍治理政策精准性支持尚有不足，为此，需要进一步树立"为乡村教育"的乡村教师治理观，建立财权、事权、人权相统一的乡村教师队伍治理体制，不断创新社会力量参与乡村教师队伍治理的方式，确保乡村教师队伍治理的"到位"而不是"缺位"或"越位"。

三、政府无力解决乡村教育以及乡村教师队伍建设的所有问题，必须依赖于其他群体的作为

新时代的乡村教育，承担着服务教育现代化与乡村振兴的历史使命。以此为观照，我国乡村教育以及乡村教师队伍建设无疑存在较大差距。一是伴随着城乡差异的存在甚至不断加剧，作为地理位置边缘的乡村不断被

孤立,乡村生源的外流与转移已成为一种普遍性趋势,一定程度上造成了乡村学校资源的闲置,甚至出现空心化、空壳化倾向。二是政府对乡村教育的关注主要集中于义务教育阶段,这种关注虽然从特定时期看取得了明显成效,但由于缺少相对规范统一的学校建设标准,导致乡村教育的标准化程度仍远落后于城市教育。三是乡村学校师资普遍存在结构性短缺、质量不高问题,音乐、体育、美术、英语、信息技术等小学科教师相对不足,约四成的教师学历在大专以下,乡村学校不但对青年教师的吸引力不足,同时面临着已有优秀教师流失的风险。四是乡村人口集中度不高,教育资源集中度不高,上述客观现状,加之我国乡村办学条件总体偏弱,使得乡村教育结构布局调整成为一个难题,学生上学距离远,安全隐患多,负担较重。五是现代信息技术在乡村学校建设中尚处于起步阶段,硬件普及度不高,信息化设备生均占有量不足,互联网覆盖率总体偏低,相关管理普遍落后。六是城市文化的侵袭与乡村文化的式微,使得乡村教育在城市教育的影响下与乡村文化渐行渐远,一定程度上削弱了乡村教育的内在基础,造成乡村教育成为一种悬浮于文化之上的教育存在。

解决发展过程中的问题,有多种不同的思路。由于影响政策执行的资源、环境、执行者等诸多要素并非独立存在,通常情形下主要依赖于人的素质和作为,加之乡村教师政策作为公共政策的组成部分隶属于政府行动范畴,因此,多数研究者倾向于以政府特别是地方政府的政策执行行为改善为主要甚至唯一聚焦。这种认识思路,虽然从特定角度肯定了政府在乡村教师政策执行过程中的作用,对提高政策执行效果、切实解决乡村教师队伍建设难题具有一定启示意义,但同时必然带来理论与实践层面的困惑或偏颇。

从理论层面观之,新公共管理理论认为应以市场为取向,重塑政府与公众的新型关系,政府的职责不再是发号施令,而是提供各种服务,政府应明确"该管什么"和"不该管什么",突出"掌舵"角色而不是"划桨",广泛采用授权或分权的方式进行管理。公共治理理论认为治理是一系列来自政府但又不限于政府的社会公共机构和行为者的复杂体系,在上述体系中,界线和责任方面的模糊性一定存在,各个社会公共机构之间存在着权力依赖现象,所有参与者最终将形成一个自主的网络。行政分权理论认为行政分权是政府内部的权力分配,有权力分散、委托、权力下放等三种形式,虽然行政分权的目的是推进民主、改善治理,但由于地方政府也存在自己的利益诉求,并且相互之间存在着利益矛盾乃至冲突,因此行政分权并非总是改善治理、深化民主的万能良方。博弈合作理论认为博弈过程能够产生一种合作剩余,合作剩余在博弈双方或多方之间如何分配,取决于参与博弈的力量对比和技巧运用,这种分配既是妥协的结果,又是达成妥协的条件。

从实践层面观之,新中国成立至上世纪九十年代,我国主要采取"全能政府"管理模式,这一时期的中国,无论是经济活动还是社会事业,都由国家统一提供和分配。政府作为国家的代理人,成为包办一切的全能主体,无须与社会组织或公民协商,就可以通过行政命令的方式强制性地贯彻自己的各种意图。上世纪九十年代末开始,以市场为导向的社会经济生活要求摆脱僵化的行政干预,将市场作为资源配置的主要机制,在此过程中,政府职能发生了重大变革,经历了从"全能政府"向"有限政府"的转变,这种转变,意味着政府要由过去的"管理"为中心转向现在的"服务"为中心,由过去的微观管理、直接管理、集权式管理转向现在的宏观管理、间接管理和分权管理,避免直接参与和干涉学校内部事务,防止管了不该管、管不了、管不好的事情。事实上,我国乡村教师有东部、中部、西部以及近郊、远郊、偏僻等所处区域之分,有代课教师、"民转公"教师等不同类型,牵扯的利益众多,涉及的关系较为复杂,需要强力的制度支持、价值支持、文化支持以及信念支持,需要解决职业声望低、乡土性缺乏等一系列难题,而所有这些,无疑超越了现代意义政府的职责与能力范畴。

四、政策执行的社会支持系统对体现政策的价值具有特别意义

作为政府过程输出结果的公共政策,受政府以外诸多社会性因素的影响和制约。从政策的制定来看,政府以外的社会性因素是政策形成的重要依据,外部信息以及交换是影响政策议程形成的重要因素。从政策的执行来看,政府以外的社会各方参与是政策目标顺利实现的重要条件,政策的许

多结果可以从外在作用中得到很好的理解。具体地,政策的社会支持系统对政策的价值和意义主要体现在以下三个方面:

一是使政策获得认同、信任和服从。政策获得社会支持,表明政策的价值得到了社会承认,政策本身被社会认同和接受,这对政策而言至关重要。事实上,认同不但是对政策存在合理性的承认,是政策合法性和有效性的现实表达与直接体现,同时还是政策制定和执行的实践基础。任何一个政策,如果得不到社会的认同,不仅无法将各种社会力量和社会资源整合到政策的框架中,使政策的制定和执行事半功倍,甚至政策的目标亦无法实现。

二是反映了民意,集中了民智。政府在制定政策时,社会支持的各方会自觉地为之提供各种信息,作为政府决策的重要参考。在政府贯彻落实政策采取相应行动时,社会支持的各方会踊跃响应政府的号召和政策的要求,自觉贡献自己的力量,促进政策目标的达成。另外,社会支持各方还会主动向政府反馈政策实施后的社会反响和社会结果,为政府完善现有政策、制定新的政策提供依据。

三是当政策出现偏差、失效甚至失败时能收获宽容。任何政策在制定和执行中都不可能是绝对完美和永恒正确的,这是因为当今社会是名副其实的"风险社会",复杂性、不可控性和不确定性等特征异常突出,政府不可能在制定和执行政策时将所有潜在的、显在的风险性因素都考虑进去。当政策效用不大甚至导致失误和失败时,社会支持各方通常不会强烈指责、怒目以待,而是帮助政府找到失误的根结,期待下一个合理的公共政策。

第三节 我国乡村教师政策执行的社会支持构成

国内乡村教师政策执行社会支持的系统与深度研究目前尽管处于初始状态,相关的政策设计亦未明确提出并系统阐释社会支持的组成问题,甚至对政策执行过程中的"逾越"或"放任"行为亦无相应的惩戒规定,但并非说可供参考的成果完全没有。阮博认为公共政策的社会支持系统包括民众的支持、非政府组织的支持和大众传媒的支持,不同群体表达社会支持的方式多样且独特,以渗透性方式对公共政策的制定、执行和反馈等环节实施积极作用和良性影响。其中民众支持是公共政策社会支持系统中最根本的要素,是公共政策合法性的核心依托,是公共政策内容的基本来源,没有民众的支持,公共政策执行犹如无水之鱼,最终的结果要么是流产而亡,要么是枯竭而死。非政府组织支持是公共政策社会支持系统的重要组成部分,可以为公共政策提供社会信息,可以发挥专业优势推动公共政策的形成,可以在公共政策执行过程中与政府行为相互补充、相得益彰。大众传媒支持主要有报纸、广播、电视和网络等形式,突出表现在两点,即:大众传媒可以为政府和社会之间搭建沟通的平台;可以为公共政策的制定和执行提供有利的表达方式。[1] 吴康宁认为当下我国的教育改革需要的不是残缺的社会支持,而是完整的社会支持,不是分裂的社会支持,而是谐和的社会支持,不是过度的社会支持,而是适度的社会支持,不是差异悬殊的社会支持,而是大致均衡的社会支持。相应的社会支持系统可大致区分为"政府的职能""经济与非政府组织的作用"以及"公众与社会群体的影响"。在"政府的职能"层面,影响教育改革的支持要素包括财政投入、政策及体制。在"经济与非政府组织的作用"层面,影响教育改革的支持要素包括人才市场、社会投入及社区。在"公众与社会群体的影响"层面,影响教育改革的支持要素包括专家、家庭、社会舆论及公众文化。[2] 吴亮奎认为我国乡村教师专业发展的社会支持体系由专业制度支持、专业价值支持、专业信念支持、专业文化支持四个部分组成。制度支持指国家通过制定教师政策对乡村教师专业发展的支持,这是乡村教师专业发展的根本性策略,是社会支持体系运行的重要保证。价值支持的核心不是为乡村教师铸就一栋精神圣殿,而是将其视为一个人、一个有个体欲求的人,具体包括生命关怀支持和自我认同支持。信念支持目的是增强角色认同,帮助乡村教师树立正确而坚定的教学专业信念,可分为本位视角的支持和他位视角的支持。文化支持隐喻两层含义,

---

[1] 阮博.论公共政策的社会支持系统及其优化[J].理论与改革,2011(6).
[2] 吴康宁.教育领域综合改革需要怎样的社会支持[J].教育研究与实验,2013(6).

即：应从文化内涵的角度发展乡村学校,选择乡村学校的发展道路;应认同乡土文化的价值,认同乡村教师的文化地位。① 庄玉昆等认为乡村教师专业发展的支持体系是一项影响教师教育振兴行动计划实施和乡村教师专业发展质量的系统工程,其建设不但要体现保障性、学习性、激励性、专业性等特点,还要重视内部与外部支持因素的融合,最终实现支持体系建设"外塑—外生"和"内塑—内生"的有机结合。②

上述一系列观点,对研究乡村教师政策执行的社会支持虽有启示意义,但并不能完全解决问题。为了避免可能产生的争议,切实彰显理论研究的实践价值,我国乡村教师政策执行的社会支持构成分析,必须突出三个指向。一是防止主观式认定与平移式认定等思维倾向。所谓主观式认定,即"我"认为是什么即是什么。所谓平移式认定,指对相关研究成果采用简单套用之方式。前者臆想色彩强烈,因缺乏足够的梳理或论证而难以服众。后者漠视了语境意义,没有充分顾及乡村教师队伍建设以及相关政策执行过程的特殊呈现。二是彰显完整性,避免有意或无意遗漏。完整是与残缺相对应的描述,其隐喻的基本含义是:我国乡村教师政策执行的社会支持必须厘清所有之主体,明晰不同主体的行为边界和行为内涵。完整性的提出,不但反映了应然意义系统的生成与运行逻辑,而且从特定视角进一步诠释了我国乡村教师政策执行的错综复杂性以及相应社会支持的多方位、全覆盖特点。三是彰显持续性,防止短期行为。社会支持有可持续与不可持续之分,强调社会支持的持续性,源于历史与现实的双重考量。从历史角度看,新中国成立七十余年来,乡村教师政策演进已历经艰难探索期、初步发展期、稳定推进期、精准定位期、全面深化期等多个阶段,③每个阶段都有其特定的政策背景,且都经历了相对较长的时期。从现实角度看,我国目前的乡村教师队伍建设较之以往更具全面意义,面临的问题更为复杂,需要分步

---

① 吴亮奎.乡村教师专业发展的矛盾、特质及其社会支持体系构建[J].教育发展研究,2015(24).
② 庄玉昆,褚远辉.乡村教师专业发展的支持体系建设[J].教育科学,2020(1).
③ 任胜洪,黄欢.乡村教师政策70年:历程回顾与问题反思[J].吉首大学学报(社会科学版),2019(6).

骤、递进式实施,需要政策执行的社会支持由点状结构转向整体架构、由情绪化转向理性、由平面转向立体。

以上述认知立场为引领的社会支持构成分析,本质即对社会的一种重新解读。现代语境中的社会,其意义通常处于重构之中,这种持续性的重构,不但反映了价值矛盾与理论冲突的客观与普遍存在,而且为解读乡村教师政策执行的社会支持构成提供了丰富的空间,意味着社会支持系统的构建,应强调对乡村教育以及教师专业成长规律的理解与尊重,强调解决问题而不必陷入概念内涵的无谓之争,强调不同群体的利益关联以及在此基础上形成的协同关系。具体地,包括政府支持、相关教育机构支持、乡村教师支持、媒体支持、专家支持、社会非财政投入支持等。

一、政府支持

政府支持首先应明晰政府的内涵。改革开放以来,我国农村义务教育管理体制经历了一个发展变化过程。1986年颁布的《义务教育法》规定,义务教育事业在国务院领导下,实行地方负责、分级管理。2002年,为适应农村经济体制改革的不断深化,特别是农村税费改革全面推进的新形势,国务院办公厅印发的《关于完善农村义务教育管理体制的通知》明确提出,农村义务教育实行"在国务院领导下,由地方政府负责、分级管理、以县为主"的体制。2018年,第二次修订后的《义务教育法》对义务教育管理体制有了更为准确的表述,即"义务教育实行国务院领导,省、自治区、直辖市人民政府统筹规划实施,县级人民政府为主管理的体制"。这一表述,较之以往有两个特点。一方面,强调了省级政府的统筹作用。省级政府是地方最高行政机关,省级统筹的提出,就是要加大省级政府的责任,要求省级政府落实辖区内农村义务教育经费,确定省以下各级政府的经费分担责任,制定本省义务教育政策、规划和相关标准,做好省域内义务教育的组织协调工作,统筹配置教育资源,促进省内义务教育均衡发展。另一方面,进一步明确了县级政府的职责。以县为主的管理体制,不但使得县级政府的教育事务权力范围扩大,承担的职责更重,同时改变了乡镇政府的教育权力与职责内容,这时的乡镇政府,虽然仍需承担组织适龄儿童入学、维护学校安全和正常教学秩序、治理校园周边环境、按规定划拨新建扩建校舍所需土地等职责,但不再拥有义务教育经费筹措分配权、人事调动权、辖区内中小学考核与评价权等诸多权力,从这一角度理解,作为乡村教师政策执行社会支持系统构成的政府,实质上已被赋予指定含义,仅涉及中央、省、市、县四级,不包括乡镇,县级政府客观上成为乡村教师政策执行的"最后一公里"。

政府支持还需要回答"为什么强调政府支持"问题。从应然角度观之,公共性是现代政府的立身之本,如何体现以人民为中心的发展观,完善基本公共服务的政策和制度设计,通过行使公共权力推动社会发展,不断满足人民对美好生活的向往,是服务型政府和政府治理现代化的核心内容。具体到乡村教师政策执行,由于乡村教师是乡村教育发展的第一资源,全面加强乡村教师队伍建设是新时代中国一项重大政治任务和根本性民生工程,隶属于公共服务范畴,因此,政府必须有所作为。从实然角度观之,虽然我国当下行政改革的一项重要任务是转变政府职能,变"大政府""全能型政府"为"小政府""服务型政府",但并没有否定政府的作用,政府可以通过制定相关政策、调整相关资源分配等手段,引导其他社会支持要素对乡村教师政策执行的支持方向,甚至一定程度上影响这些社会支持要素的生存与发展。

政府支持的核心命题是"支持什么",而"支持什么"的本质即履行职责。履责涉及履什么责以及如何履责,前者是履责的前提,意味着政府责任不仅指向自身的乡村教师政策执行主体身份,还涉及对其他主体行为的引导,不仅指向分内之事,还包含对不履行义务结果的承担。后者涉及情感与态度、水平与能力等多个表征,集中表现为政策执行的实践智慧。强调政府的实践智慧,与对政策执行的认知密切相关。意义建构视角的乡村教师政策执行,是一定的意义建构过程,在这一过程中,情境是重要的形塑力量,执行者会依据自身已有的知识、经验以及所处环境进行解释并采取行动。复杂性理论视野中的教育政策执行,是一个复杂的、偶然性和不确定性普遍存在的适应系统,它既受外部环境的影响,又自主地决定执行路径与策略,它不是简单地受外部因素决定,而是受着各种偶发事件的影响。

政府支持必须解决时有出现的越位现象,打造真正意义有限政府,防止以总体性支配角色代替引导性扶持角色。新中国成立以后很长一段时间内，我国公共教育主要由政府直接管理，这一模式虽然从特定角度反映了高度集中的计划经济体制特点，加快了社会急需人才的培养，具有历史合理性，但同时带来管不了、管不好等难题。上世纪九十年代末，随着市场经济体制的逐步建立以及教育与社会互动关系的愈加密切，政府职能转变被置于教育改革与发展的突出位置，这种转变由于涉及权力结构的重新调整，因而更多时候表现为政府与其他社会组织的利益博弈，甚至频繁出现政府权力的"欲放还收"问题。如何防止行政权力对相关法律的逾越，避免人治对法治的破坏，通过深化教育行政体制改革，预留、培育乡村教师政策执行的社会支持空间，无疑还有很长的路要走。

政府支持还需要解决缺位现象，打造高效与服务型政府，这在当今中国显得尤为必要。政府缺位现象在教育领域表现得较为明显，如：对教育改革和发展的支持不足，包括政策支持、财政投入和体制支持；在追求效率的同时缺乏对教育公平的维护，使弱势群体承担了更多的改革成本；缺乏对市场和社会的有效监管，政府的社会管理和公共服务职能薄弱。① 具体到乡村教师政策执行，缺位不但指向政府对其他主体行为的监督、引导与评估，还涉及各级政府特别是地方政府在落实国家乡村教师政策时的非理想表现，涉及如何解决好中央与地方政府间政策执行目标不一致、同级地方政府间政策执行合作不足、政府部门间政策执行协调不充分等问题。②

二、相关教育机构支持

相关教育机构的支持涉及两类群体，即实施教师教育高校与乡村学校，这是由教师专业成长的阶段性特点所决定的。所谓阶段性，指教师的职业生涯既体现出教师的生命曲线，也体现出其社会职业的活动轨迹，无论是生

---

① 陈华.基于政府职能转变的教育社会支持变迁[J].南京师大学报(社会科学版),2013(5).
② 孙科技.教育政策执行碎片化及其防治策略：一个整体性治理的视角[J].教育发展研究,2018(1).

命曲线还是活动轨迹，都存在一个或长或短的周期，且在该周期内呈现出不同的阶段特征。

从职前观之，乡村教师是从事教育教学的专业人员，需要专门的培养和训练。能否培养出乡村教育需要的优秀教师，对阻断贫困代际传递、解决乡村教育公平问题至关重要，同时也是衡量教师培养机构办学质量的一个重要指标。新中国成立以来，我国教师培养体系已进行多次调整。1951年8月，第一次全国师范教育会议提出采用正规师范教育与大量短期培训相结合的方式培养教师，要求各大行政区至少设立一所教育部直属的学院培训高中教师，各省、市、自治区设立教师学院培训初中教师。同年10月，政务院颁布《关于改革学制的决定》，规定师范院校独立设置，并将教师教育水平划分为师范学院、师范学校、初级师范学校和幼儿师范学校四个层次。1952年，新颁布的《师范学校暂行规程（草案）》统一了中等师范学校的教育任务、学制以及课程，至此，中师、师专、师范学院三级并存的教师教育体系基本形成。1978年，针对当时全国中小学教育的状况，国家出台了《关于加强和发展师范教育的意见》，要求在三级教师教育体系恢复和重建的基础上，统筹规划，大力发展和办好师范教育。在此精神引导下，教育部制定相关政策，加强对各级师范院校宏观层次的指导，使中等师范学校发展的规范化程度大幅提高，高等师范院校数量则达到历史之最。1999年，教育部印发《关于师范院校布局结构调整的几点意见》，提出对各地中等师范学校进行合并、升格、改制，进一步提升我国中小学教师的教育水平，使师范院校的层次结构由三级向二级过渡。2001年，国务院颁布《关于基础教育改革与发展的决定》，明确指出要完善以现有师范院校为主体、其他高等学校共同参与，培养培训相衔接的开放教师教育体系。2018年，中共中央、国务院颁布《关于全面深化新时代教师队伍建设改革的意见》，要求建立以师范院校为主体、高水平非师范院校参与的中国特色师范教育体系，重点建设一批师范教育基地，整体提升师范院校和师范专业办学水平，推动一批有基础的高水平综合大学成立教师教育学院，设立师范专业。

从上述列举可以看出，进入21世纪后，我国以"癸卯学制"为标志的独立封闭的师范教育体系已经走向包容和开放，师范类高校与部分非师范类高校已成为我国教师职前培养的主要力量。目前,我国约有32%的初中、62%的小学地处乡村,所有教学点均分布在乡村,在国家实施脱贫攻坚战过程中,尽管贫困家庭学生辍学问题得到历史性解决,乡村学校基础建设得到基本满足,但并未完全解决乡村教育高质量发展问题。乡村教育高质量发展的核心是建设一支优质的乡村教师队伍,以此为观照,我国教师职前培养行为无疑还有较大差距。把学生锁定在一刀切的情境中,基本不考虑教学对象的区域和经济社会差异,仅关注如何教授知识和技能、满足教学标准、掌控教学环境,这样的培养模式,即便招到具有文化相似性的优秀学生,也很难培养出适合乡村需要的优秀教师。

培养满足乡村教育需要的优秀教师,本质即重塑教师教育的培养体系,这一体系以学科为支撑,以定向为关键词。要求承担教师职前培养任务的高校不但要强化教育学学科基础,提升师范专业的地位,不断丰富课内与课外一体、理论学习与专业实践相结合的专业文化,同时还要改变城乡统一设置的培养模式,在消除学生对乡村及乡村教育的误解与恐惧、增强职业认同的基础上,通过优化教学设计、强化学业要求以及完善保障体系,突出学习者的三个观察或考核维度,即:具有强烈的乡村教育情怀,致力于乡村学校和乡村儿童发展而不是作为暂时性的职业;具有丰富的地方知识,能够根据实际需要开展适切的乡村教育活动而不是"一刀切";具有扎实的专业知识和能力,形成"教得好"的丰厚底蕴而不是眼高手低。

从职后观之,乡村学校不仅姓"社"而且姓"教"。所谓姓"社",指学校虽然并非与社会相伴而生,但从根本意义上讲,学校是社会的产物,是社会的分支,是社会实现政治、经济及文化等目标的工具。所谓姓"教",指学校是专门的教育机构,在这一机构中,教师通常被视为教育者,学生则是受教育者,班级是重要的教育组织,课堂教学是主要的教育活动。

正是由于乡村学校不仅姓"社"而且姓"教",导致乡村教师不但是社会人同时还是学校人。教师成为社会人,是因为每个个体在成为教师之前,便已经通过家庭、朋友、网络及社区环境进行了诸多知识性学习与社会性学习,拥有了自己的生活史与受教育史,被刻上一定深度的社会烙印。接受社会委托成为教师后,上述个体在各自的立场、角度及程度上感知简单或复杂的社会结构,经历着顺畅或曲折的社会过程,积累着快乐或痛苦的社会体验。[1] 教师成为学校人,是因为教师作为具体教育活动的两大主体之一,始终在学校里存在着、生活着,不同的教师虽然所占据的位置高低有别,所拥有的资本丰匮有别,所享有的资源优次有别,所获取的机会多寡有别,所实现的发展大小有别,所得到的评价褒贬有别,但无论何种情况,都无法否定学校对教师专业发展的影响。事实上,教师实践智慧和情感能力的形成、发展,主要依赖于真实的情境,教师由于占有资本有限,且其实践深度嵌入学校场域中,依赖学校提供的情境与平台,因此,学校才是教师专业发展的主体场域,学校不仅是教师成长的获益者,更是其成长平台的构建者、发展机遇的创造者。

现实中的乡村学校,在教师专业发展引导方面不同程度地存在一些问题,主要是:把教师专业发展视为政府特别是教师自己之事,校本研修等校内活动往往成为应付上级规定的摆设;缺少全程式关注与全方位关注,目标定位与教师队伍建设的实际需要明显脱节;评价内容片面且结果模糊,难以为教师的持续、全面发展提供参照。为此,必须构建、完善教师成长的学校支持服务体系。由于专业培训、参与管理和开放包容的氛围对教师教学行为创新有显著的积极影响,且参与管理的积极影响效应最明显,而"个人导向"的物质奖励并不会激发教师的韧性,反而对教师的教学行为创新有一定的削弱效应,[2]因此,学校应侧重在三个方面有所作为。一是合理设计物质奖励方案,强调程序公平和结果公平,提升物质奖励的外部竞争性和内在激励效应。二是正视教师的内在动机,涵养教师专业发展的自觉意识,对教师在教学中的创新性尝试持鼓励、开放和积极的态度。三是准确认知影响教师韧性的风险因素和保护性因素,积极发展教师韧性,增强教师在挑战性环境下的应对能力。

需要特别说明的是,我国乡村学校构成较为复杂,不同学校所面临的教

---

[1] 吴康宁.学校究竟是什么——重申学校的社会属性[J].教育研究,2021(12).
[2] 刘胜男,郭嘉欣,赵新亮.学校支持服务体系对乡村青年教师教学创新的影响机制研究[J].教师教育研究,2022(1).

师队伍困境不可能完全相同,期盼找到共同尺度,统一所有乡村学校教师队伍建设的目标、内容、进度,不但严重背离了我国乡村教育的实际,在实践中难以操作,而且可能引发乡村教师队伍建设新的矛盾,因此,必须强调特色。特色本质上是一事物与他事物权衡比较的结果,由于作为观照对象的他事物,可以是城市学校,亦可为其他乡村学校,因此,乡村学校的教师队伍建设特色至少包含乡村特色与校本特色两大类。所谓乡村特色,主要相对城市学校而言,要求乡村学校教师队伍建设不以城市学校为习惯性观照对象,不视城市教师为乡村教师专业发展的普遍标杆,不把乡村教师当作弱势群体,善于在乡村振兴、乡村文化建设、乡村教育现代化等大背景下,寻求彰显乡村教师发展个性的建设轨迹。所谓校本特色,主要针对其他乡村学校而言,意味着每一所乡村学校都应视教师队伍建设为探索与创新行为,注意发挥比较优势,致力于"人无我有"或"人有我优",避免相互之间的无谓效仿以及由此引发的组织行为趋同现象。

三、乡村教师支持

乡村教师支持是民意的重要体现,在政策执行过程中具有特殊价值,这种特殊性表现在三个方面。首先,我国乡村教师政策的目的是解决问题,促进乡村教师专业发展,而教师专业发展不但是一种认知过程,同时还包括情感、价值、需要等多方面变化,教师在成长过程中不仅要参与富有共性的"理论学习",更要躬行颇具个人特征的"经验学习"。其次,科层意义的乡村教师政策执行,是一个自上而下的过程,这一过程存在于乡村教师的日常生活,且往往以个体的理解与反应为衡量尺度,因此,其最小实践单位并非乡村学校,而是乡村教师,乡村教师支持的本质即乡村教师履行职责。再次,现阶段我国乡村教师政策执行主体是一个多元、涉及纵向与横向关系的复杂结构,不同主体的身份有单一与复合之分,有的主体仅为乡村教师政策的执行者,有的则兼具执行主体、评价主体、利益主体等多重角色属性。由于外因必须通过内因而起作用,即任何外部因素必须通过个体自身的吸收与转换才会产生效果,因此,乡村教师在所有执行主体中处于决定性位置,乡村教师支持是政策执行的根本保证。

乡村教师支持的内涵指向应围绕如何推动、实现乡村教师专业自主发展展开。专业发展有两种常见方式。一是外部强加的、任务式的、以在职培训为主要标志的专业发展,这种发展方式虽能在特定时期较快提升乡村教师队伍的整体水准,但从每个个体看,常常因缺乏对一线教师诉求的了解、忽视个体的选择权而受到质疑。二是自主式发展,即乡村教师依据自身与外部实际,自主确定专业发展的目标和行动指南,通过自我的持续作为,提升专业素养,拓展成长空间。自主式发展包含主体性、能动性、个性化等三层含义。主体性指每位教师作为教育实践活动的主体,其专业发展过程都具有创造性。能动性指教师专业发展过程是个体有意识的选择过程,是其本身固有的一种强烈要求改变自我的意识与本能,只能在改变自我的行动中逐步体现。个性化指教师专业发展带有明显的个人特征,它不是一个把现成的教育知识、教育理论学会之后应用于教育教学实践的简单过程,而是教师将一般理论个性化并与个人的情感、知识、观念、价值以及应用场景相融合的过程。强调自主式发展而非任务式发展,主要原因有二。一方面,自主式发展让个体从"局外人"变成"局内人",由"被造"变成"自造",由"要我发展"变成"我要发展",充分体现了对人的理解与尊重,反映了教师专业发展的内在规定性。另一方面,进入新时代后,我国乡村教师队伍建设的外部环境已发生较大变化,相关政策在继续关注乡村教师工作条件改善和收入待遇提高的同时,更加重视群体的专业发展。这种专业发展虽然需要外部制度的引领以及教师组织的支持,不排斥外部强加的、任务式的各级各类培训活动,但更强调自主自觉意识以及在此基础上形成的"实践性反思者"特质。

当今中国,乡村教师自主发展面临许多困境。一是近年来随着我国工业化和城市化进程的加快,教师专业发展过分追求标准的趋势日益明显,学校变成了巨大的工厂,课程成为教育生产的工具,学生是流水线上的基本原料,教师是生产者,每一个产品都须按照预先设计好的标准进行生产。这时的教师,不论身处城市还是农村,由于素质标准是相同的,因此,必然导致教师专业发展模式的单一化、工作目标和内容的一致性,导致乡村教师被贴上素质低下的标签,面临专业身份认同的危机。二是自近代以来,我国便开始移植、照搬西方国家以城市教育为主导的现代教育制度,清末所兴办的新式学校,无论是教学内容还是教学方法、学校管理模式,都与乡土社会格格不入。新中国成立后,更是在城乡二元结构背景下形成了城市本位的教育发展取向,这种取向,不但使得乡村教育发展基本复制城市模式,而且使得乡村教师在面对教育专家、城市学校教学名师的话语霸权以及教育行政的强势话语时,无法表达甚至没有机会表达自己真实的愿望或意见,丧失了话语权。三是我国长期以来实施的教师专业发展模式是外生性发展模式,即主要通过法律、政策和教育规章制度来推动教师专业发展。这种模式虽然在教师发展生涯中有不可替代的基础性价值和奠基作用,但弊端亦很明显,主要是:教师没有知情权,成为专业发展的"局外人"、被动者,其改变往往表现出强烈的"被造"以及形式主义色彩。

推动乡村教师自主发展,虽然需要解决的问题较多,需要综合施策,但核心内容只有一个,即要激发乡村教师专业发展的内生动力。内生动力又称内源性动力或内驱力,指由生理或心理方面需要引起并推动机体从事满足这些需要行动的内部唤醒状态。乡村教师专业发展的内生动力是一种特定的内生动力,是乡村教师在教育教学实践过程中,基于自身对乡村教育振兴的坚定信念、对乡村儿童的责任担当以及对乡土社会的深厚情怀而产生的旨在追求自主发展与专业自觉,并外显为实践反思和终身学习的持续生长的内部力量。内生动力的生成,主要有文化涵育、政策保障、专业支持和自我指导等有效路径,具体地,应重构乡村教育文化生态,涵育乡村教师教育信念与专业情怀;健全教师多元评价机制与保障机制,唤醒乡村教师"生命在场"的主体意识;构建城乡教育互惠发展共同体与城乡教师学习共同体,提升乡村教师专业能力与实践智慧;重塑乡村教师文化自信,增强乡村教师身份认同与职业幸福感。[①]

---

① 姜丽娟,刘义兵.乡村教师专业发展内生动力的生成及培育[J].教育研究与实验,2021(5).

四、媒体支持

媒体是传递信息的媒介,是人用来传递和获取信息的工具、渠道、载体、中介物或技术手段。由于媒体有传统媒体与现代媒体之分,有感觉媒体、表示媒体、表现媒体、存储媒体、传输媒体等不同类别,因此,作为乡村教师政策执行社会支持系统组成部分的媒体,必须赋予指定的含义,主要包括报纸、杂志、广播、电视、网络等形式。

媒体的功能定位既与媒体形式的变化有关,还与媒体与执政党或政府关系密不可分。从媒体形式看,以互联网为代表的新媒体迅速崛起,使得现代媒体的社会效用远远超出了传统传播介质,它通过对政治、经济、文化和社会生活的全面渗透,不但成为一种全新的生活方式,在人们的工作、生活和交往中发挥着至关重要的作用,同时推动了媒体自身从传统单一、单纯、单向度的信息发布和宣传工具,转化为双向度、复合式、多元化的传播和沟通渠道。这时的媒体,不再是居高临下的压制者,而是为执政者和民众搭建了真正意义上的沟通桥梁,成为民众表达利益诉求、宣泄负面情绪、实现舆论监督的重要渠道。从媒体与执政党或政府关系看,新中国成立以来,党管媒体是贯穿始终的一条红线,在不同历史时期被烙上了鲜明的时代印记。[①]改革开放前,党对新闻事业的管理经历了由政府管理到党和政府共同管理的改变,最终确立了以党管媒体原则为主要特征的新中国新闻事业管理体制。改革开放开始至党的十八大前,新闻业发展迅速,兼具了事业与产业的双重属性。基于上述变化,这一时期党对媒体的管理并不是对所有媒体都实施"人财物"的直接管控,而是体现在宏观决策引导和方向规制上,在具体管理中,则采取了宣传纪律管理与政策法规管理相结合的方式。党的十八大以后,国际国内环境均发生了新的深刻变化,为了有效应对西方国家对我国的意识形态渗透,推进党和国家各项事业的发展,提高人民群众的凝聚力和向心力,党对媒体的管理更全面、更深入、更立体,推动媒体融合、打造新

---

① 黄娴,丁柏铨.党管媒体:新中国成立以来的理论与实践[J].传媒观察,2021(10).

型主流媒体、加大对互联网领域的管理、做好网络舆论引导等,是进入新时代以来党管媒体的主要特征。

正是由于媒体具有监测社会环境、协调社会关系、传承文化、引导价值观等功能,决定了媒体作为政策体制外的一种社会力量,对政府政策行为合理性、公共性、有效性的影响,这种影响贯穿于政策的整个生命周期,其中在政策执行过程中的影响主要体现在对政策执行过程与绩效的监督和评估。事实上,面对政策题材,媒体通常有宣传与报道两种处理方式。政策宣传侧重于政策制定的背景、意义以及未来可能产生的效果预测。政策报道侧重于政策在实际运行中所产生的效果以及存在的问题,这种报道由于要以取得民众社会的信任、获得报道的市场份额为动力,因此,往往不避短、不遮功,不会与体制内的政策评估机构一样持全然肯定态度,可充分收集、反映公众对于政策执行情况的意见和建议,有效克服或避免人大监督、行政监督、司法监督的局限性。

媒体在乡村教师政策执行过程中虽然具有无可替代的作用,但这种作用并非总是正向的。为了避免负向作用的产生,发挥积极而非消极影响,有必要对媒体宣传报道的导向进行必要限制,主要是:充分肯定乡村教师的职业价值,介绍乡村教师扎根乡村、奉献乡村教育的先进事迹,引导社会民众关注乡村教师队伍建设并为之贡献智慧和力量;深入宣传新世纪我国乡村教师政策的出台背景、问题指向、预设目标、主要内容和演变逻辑,详细解读实施要求,为政策执行营造浓郁氛围;准确、全面报道政策执行过程中不同主体的典型案例,准确反映不同利益群体的意见,为不同主体改善行为提供范式或思路。

五、专家支持

专家指在某个学科或某项技艺方面有较高造诣的专业人员。由于专家有不同学科或领域之分,因此,这里所言之专家,应赋予具体的含义,指具有强烈的乡村教育情怀,深度了解我国乡村教师队伍建设的历史和现状,习惯于在乡村教育现代化和高质量教育均衡等大背景下思考、谋划未来的专业研究人员。

强调乡村教师政策执行过程中的专家作用,首先源于教育政策执行的特点。教育政策执行是连接教育目标与教育现状的桥梁,是在教育政策指导下,把教育政策目标付诸实施、把教育政策内容付诸实践的过程,通常有三个特点。一是教育政策执行往往与教育系统以外的系统及资源密切联系,依赖于外界提供的资金、信息、人力、权力等资源,执行的力度直接受政府行政部门对教育政策重视程度的影响。二是教育政策执行过程不是简单的从目标到结果的过程,而是一个需要不断解释政策、需要直面利益竞争的过程,执行过程中的政策解释无疑影响到教育政策执行的方向和效果,而各种利益集团之间的博弈现象不但较为复杂、广泛,甚至带有一定的隐蔽性。三是教育政策执行过程中充斥着大量的不确定因素,加之教育政策的目标一般比较模糊,执行的原则比较开放,作为公共产品的教育产品很难进行准确的衡量,所有这些,决定了教育政策执行不是一个简单的按图施工过程,而是一个需要不断面对新情况、解决新问题、持续调整和推进的过程。

强调乡村教师政策执行过程中的专家作用,还源于政策执行的中国特征。我国从政策制定到政策面向直接对象的最终执行,中间存在着一定的层级距离,同时牵扯到多个平行的职能部门,由此必然带来政策执行的"层级性"与"多属性"特点。为克服和减少上述特点对实现政策目标的不利影响,我国通常采取"高位推动""逐级发包"和"晋升锦标赛"等模式来予以化解。[①] 所谓"高位推动",即由某一具有较高权威性的组织来负责某项政策的实施,如实行各级党委负责制,强调"书记挂帅",或成立专门的领导小组推动那些需要多个部门配合的政策。所谓"逐级发包",即先由中央政府对政策目标进行分解,然后分配给各省级政府,省级政府再向下逐级发包,一直到直接面向政策客体的基层政府。所谓"晋升锦标赛",系一种激励机制,指上级政府对下级政府贯彻实施相关政策的情况进行评估,并以此作为下级政府主要官员能否得到升迁机会的重要依据。上述三种模式,以政策执行的党政双轨制、行政矩阵制为基础,虽然对防止因利益博弈和合作困境而导

---

① 朱水成.政策执行的中国特征[J].学术界,2013(6).

致的政策执行碎片化现象有一定作用,但难免出现决策不科学、政策目标失真、消极应付、过度关注政绩等问题,而要解决这些问题,仅靠政府提升自身能力是不够的,必须依赖于专家的作为。

专家支持本质是一种知识支持,主要有两种路径,一是通过专家咨询、专题报告等制度化途径向政策执行者提供专业的意见或建议,二是通过大众传媒、公众舆论等非制度化途径向政策执行者或公众间接提供专业知识。在此过程中,由于专家支持必须直面两个诘问,即:专家作为专业知识的主体,所拥有的专业知识是否可靠、是否可及;专家作为"真理代言人"和理性的"分析师",是否真的不受社会价值、权力、利益等因素的干扰,恪守价值中立和职业操守,加之政策执行的专家支持通常是系统的、有深度的,涉及多个领域与学科,特别关注其针对性和实践价值,因此,专家支持实质上已对专家的思维、立场提出了较高要求。如从思维看,相关专家应始终坚持政策执行的整体思维和关系思维,避免孤立的、线性的思维方式。所谓整体思维,指观察政策执行的角度,包括对横向结构的把握以及纵向发展过程的分析,要求相关专家理解、尊重我国国情特别是乡村教育的发展历史,习惯于从整体看部分,将相关问题置于乡村全面振兴、乡村教育现代化等大背景下进行思考或谋划。所谓关系思维,指事物的表现形态,包括一事物与他事物的联系以及事物内部各组成要素之间的联系,要求相关专家重视多元主体的协同效应,明晰主体构成,区分主体责任,从体制机制层面探讨如何避免不同主体可能产生的对立、冲突以及时间错位。

六、社会非财政投入支持

社会非财政投入支持是与财政投入支持相对应的表述,指经济与非政府组织以及公民基于某种认知或为了特定目的、通过签订协议与输送资金、对乡村教师队伍建设的物质性支持。

非财政投入支持的提出,与财政性教育投入的现状密切相关。从投入总量观之,我国财政性教育投入自2012年开始虽然步入"后4%时代",即财政性教育经费占GDP的比例超过4%,但仍低于国际平均水平,更未如美国那样,达到"充足保障"之理想境地。从投入结构观之,我国目前的财政性教育经费投入存在明显的重高等教育、轻基础教育问题,与我国经济、教育发展水平相当的国家,其财政性高等教育生均经费成本指数一般为初等教育的 1.661 倍,我国则高达 2.619 倍。① 从投入效率观之,我国义务教育重投入、轻效率现象较为明显,教育财政投入效率整体不高,其中小学财政投入效率低于初中,东部和西部地区财政投入效率低于中部地区。②

非财政投入支持的提出,更与我国农村义务教育经费投入的历史与现状相关联。新中国成立七十余年来,我国农村义务教育投入体制深受国家宏观经济、财政、税收等制度嬗变的影响,依次历经了从统一列支、两条腿走路、乡村自给、以县为主,最终到多级共担投入体制的演进。③ 在此过程中,为了落实省级统筹、中央与地方共担、分项目按比例分担的农村义务教育经费保障机制,保障农村义务教育经费能够及时足额到位,财政部、教育部印发了《农村义务教育经费保障机制改革中央专项资金支付管理暂行办法》的通知,详细规定了多级共担、分项目、分比例核算办法;为了避免财政的"漏斗效益",解决市级财政"上截省、下拿县"问题,财政部印发了《关于推进省直接管理县财政改革的意见》,明确划分省级与县级财政收支,缩短管理链,推动省县财政在资金往来、预算、决算、转移支付等方面的直接对接;2015年,国务院颁发《关于进一步完善城乡义务教育经费保障机制的通知》,在统一城乡义务教育"两免一补"政策的同时,统一城乡义务教育学校生均公用经费标准定额,规定了中央与地方的分担比例;2018年,国务院颁发《基本公共服务领域中央与地方共同财政事权和支出责任划分改革方案》,进一步细化了义务教育阶段中央与地方在公用经费、免教科书、家庭经济困难学生生活补助、贫困地区营养膳食补助等方面事权责任清单及基础标准。相关研究显示,2012 年至 2019 年,我国农村义务教育经费投入总量虽然持续增长,2012 年为 6 085 亿元,2019 年达到 12 060 亿元,但增长率整体呈现减小

---

① 姚继军,马林琳."后 4%时代"财政性教育投入总量与结构分析[J].教育发展研究,2016(5).
② 闻勇,薛军.乡村振兴战略背景下我国城乡义务教育财政投入效率研究[J].教育与经济,2019(3).
③ 陈坤,秦玉友.农村义务教育投入体制 70 年:价值路向与前瞻[J].教育学报,2019(1).

趋势,2013年高达20%,2019年只有5%,另外,还存在中部地区投入相对不足、城乡之间存在较大差距等问题。①

解决农村教育经费不足特别是乡村教师队伍建设经费不足问题,必须在提高财政性教育投入总量、优化财政性教育投入结构、提高财政资金使用效率的同时,逐渐打破公立学校占据义务教育主体的现状,积极鼓励民办学校进入农村义务教育领域,引导经济与非政府组织以及公民将对乡村教育的热情转化为实实在在的行动,通过捐赠等手段,改善乡村教师的工作和生活条件,提升乡村教师的专业视野和境界,加大对优秀乡村教师群体的奖励力度。

第四节 我国乡村教师政策执行社会支持系统的形成路径

社会支持系统的最终形成,或者由混沌的自发状态转化为清晰的组织状态,并非自然的、必然的呈现,而是不同主体审视自我、改善行为、重构相互之间关系的过程。在这一过程中,尽管每一类主体的自律与自觉必不可少,但更需要突出政府的示范与主导作用。之所以如此,并非仅因为政府是政策的制定者与执行者,政策执行效果对政府公信力至关重要,更没有否认即便是强势政府对某些社会支持要素亦无法颐指气使、随心所欲,而是主要基于两个维度的考量。首先,行政本位、政府权威在我国具有悠久的历史渊源。新中国成立后,我国长期坚持一元统治模式,政府作为国家的代理人,包办一切,以行政命令方式强制性落实自己意图。改革开放以来,政府与其他社会组织的关系虽经历了多个不同阶段,但这种演变并不是盲目自发,而是政府通过职能改变及其相应权力的让渡,对相关结构功能系统不断调整的结果,演变的目的是满足政府管理社会公共事务的合法性、效率性、秩序

---

① 戎乘阳.我国农村义务教育经费投入研究[J].经济问题,2022(1).

性需求,演变的轨迹则始终突出政府的主导地位和作用,没有改变政府对社会公共资源的拥有权和支配权。其次,隶属于新公共管理理论的治理概念,自上世纪末从西方国家引入至国内学界,再到2013年正式成为中央政策用语,标志着其内涵已在中国实现本土性转换生根,这种转换生根在力图保持治理基本语义的同时,并没有否定多元主体合作过程中权威的存在及其价值,没有回避多元主体结构"谁来负责"这一难题。国外少数学者所推崇的去权威化多中心治理模式,不但背离了相关理论研究的时代主流,而且容易诱发主体间的推诿扯皮、争功避责现象,使相应实践的后果难以预料和掌控,因而是一种乌托邦式的想象。

社会支持形成过程中的政府主导涉及"政府"和"主导"这两个关键词,其中政府是责任主体,包括中央政府以及县级以上地方政府,主导则是行为方式,强调的是政府的主要作用以及对其他主体行为的规范引导。由于不同语境下对主导的解读呈现出一定差异,甚至有时自觉或不自觉地将政府主导等同于政府主宰、包揽一切,所以有必要对乡村教师政策执行社会支持形成过程中的政府主导赋予明确意义。事实上,从政府负责到政府主导,是创新社会治理理念、主体、方式、体系、制度、机制、能力的基本要求,是建设现代化政府、实现政府善治的明确要求,在此背景下的政府主导,应集中表现为:制定社会支持的规制、政策和标准体系,提供社会支持的基础设施和公共产品服务,依法监管不同主体的社会支持行为。具体来说,政府应侧重在六个方面进一步有所作为,以推动社会支持的系统化和深层次化。

一、进一步明晰乡村教师政策执行社会支持的主体责任,解决主体"应该做什么"问题

主体责任的提出,有其特定的背景或动因。首先,责任反映了现代社会对人的行为规约特点。当今中国,正处于且将长期处于由人治社会向法治社会转型时期,法治精神的初步形成,法律制度的渐致完善,导致社会支持的主体不再是泛识意义的生命,而是拥有相关法律、政策、机构所规定或赋予权利的群体或个体。法理意义上的权利与责任系一种对称关系,权利构

成责任的基础,同时决定责任的范围和大小,责任则是权利的正当运用,一般与归因、归属、归咎等直接相关。权利与责任的互为存在特征,决定了社会支持的主体并非一般意义主体,而是有明确行为指向、必须履行一定义务、承担相应行为后果的责任主体。其次,责任明晰可为主体行为评价与重构提供稳定的、可信赖的参照系选择。参照系原为物理学名词,现已被其他学科广泛引用,指确定事物位置或描述事物状态、性质时被选为参考的物体。以责任为主体行为评价与建构的参照系,本质即对现实的一种超越。学术语境中的责任,不是模糊的、意念式的构想,不是"拿来主义"或主观臆想产物,而是具体的、真实的呈现,是基于特定时空的理性判断和思考。较之其他参照系,责任更加准确反映了价值观意义以及最大价值率要求,更加富有针对性和操作意义,更能凸显理性和普适性征。

主体责任的厘定,不能简单等同于政策规定做什么即是什么,而是要从现实与未来、确定性与不确定性等方面综合进行考量,既强调基本要求的达到,又要突出高质量政策执行的重心所在。政府作为社会支持的主体构成,其责任应围绕协调、保障、督查展开。所谓协调,不但要求政府加强乡村教师政策执行的总体规划,防止主体行为边界模糊以及相互之间的推诿、扯皮现象,还涉及政府内部职责的划分,即不同层级政府以及同级政府的不同部门要明确分工、各司其职。所谓保障,与我国管理体制有关,行政本位的管理体制,使得政府不但拥有物质性资源的配置权,还拥有几乎所有的政策资源。没有政府的保障,乡村教师政策执行不可能有序和高标准推进。所谓督查,关键是形成乡村教师政策贯彻落实的评估机制,在此过程中,要避免以简单化的行政命令代替专业化的诊疗,强调失职必究。相关高校作为社会支持的主体构成,其责任应重点围绕如何培养高质量的乡村教师展开。高质量乡村教师培养有相对固定的运行逻辑,即必须以提升身份认同感为基础,以避免乡土性的迷失为核心。身份认同感是乡村教师对自身职业与职责的主观认知,是乡村教师扎根乡村、强化个体自我调适能力、缓解职业倦怠的深层性因素,乡土性则是乡村教师有别于城市教师以及不同区域乡村教师差异的重要表征。乡村学校作为社会支持的主体构成,其责任应围绕加强教师队伍建设规划、彰显教师队伍建设的乡村特色与校本特色展开,在此过程中,应特别重视校内教师共同体、大学与中小学合作教师共同体、校际合作教师共同体的建设,通过构建教师共同体的实践图景,激发乡村教师专业成长的内在渴求,推动教师之间的专业互助与共同发展,促进乡村学校的文化变革。乡村教师作为社会支持的主体构成,其责任应围绕如何实现专业自主发展展开,这种自主发展虽然不排斥甚至需要外部制度的引领以及教师组织的支持,但更强调对人的主体性、能动性的理解与尊重,强调潜在意识和能力的激发并积极作用于教学的始终。媒体作为社会支持的主体构成,其责任的厘定应反映现代媒体的特点,围绕营造良好的政策执行氛围展开,在此过程中,要始终坚持客观、公正、全面的立场,不断改进宣传报道的内容与方式,强调实效性和影响力。专家作为社会支持的主体构成,其责任主要表现为恪守价值中立和职业操守,维护专业人员形象,在政策执行过程中充分发挥指导、诊断、评价等作用,意味着专家应深入到基层中去,准确了解政策执行情况,深度分析问题行为的形成原因。经济与非政府组织以及公民作为社会支持的主体构成,其责任主要是关注乡村教师队伍建设,并在可能与必要时将这种关注转化为具体的、实实在在的物质支持行动。

需要说明的是,主体责任的厘定,只是解决了主体"应该做什么"的问题,并没有解决"如何做得更好"的问题,而后者的核心则是要彰显所有主体的实践智慧。将实践智慧视为政策执行的基本要素,与对政策执行的认知密切相关。意义建构视角的乡村教师政策执行,是一定的意义建构过程,在这一过程中,情境是重要的形塑力量,执行者会依据自身已有的知识、经验以及所处环境进行解释并采取行动。复杂性理论视野中的乡村教师政策执行,是一个复杂的、偶然性和不确定性普遍存在的适应系统,它既受外部环境的影响,又自主地决定执行路径与策略,它不是简单地由外部因素决定,而是受着各种偶发事件的影响。

二、进一步完善师范类专业认证制度,强化相关高校教师职前培养的乡村意识或立场

上世纪八十年代以来,为确保教师职前培养达到一定的质量,发达国家

与部分发展中国家采取了六个方面的政策性措施。一是构建相应的标准，包括教师专业标准、相关课程标准、教师资格标准等，如美国在历史上虽然曾产生过"专业派"和"解制派"两大阵营之争，但目前已形成了当今世界上最为完善的标准体系，既有不分学科的教师培养标准、入职标准、在职标准，还有分学科的教师标准。二是高度重视生源质量。世界知名的咨询公司麦肯锡通过对五十多个国家的调查发现，许多国家的师资来源于成绩最好的大学毕业生，据此提出教育改革报告《缩小人才差距：吸引并留住成绩名列前1/3的大学毕业生担任教师》。三是强调多元主体协同，具体侧重于两个方面：一方面，改变传统的大学与中小学隔离状态，通过政策引导大学与中小学之间的合作；另一方面，强化政府部门与专业组织之间的合作，如美国的全美教师教育认证委员会作为一个专业组织，除获得联邦政府的高度认可外，还与多个州政府开展实质性合作。四是重视实践并细化实习的时间、内容、评价要求，如德国将所有师范专业的学习分为修业与见习，其中见习期统一设定为18个月，具体划分为三个时间段，每个阶段的要求不但明确细致，而且表现出一定差异性。五是关注外部与内部的良性互动，这种互动的方法和路径丰富多样，其中之一便是开展师范专业认证。国外师范类专业认证的共性特点主要是：遵循自愿申请原则，通常作为职业资格证书制度的重要支撑，专业认证与教师资格证书之间存在关联。六是持续加大经费投入，如法国大学从国家获得的经费大约占总经费的57%，师范类院校则高达76%。

党的十八大以后，为了解决我国教师教育质量保障制度不完善、特色不强、新举办师范专业的院校师范文化薄弱与资源不足、已实现综合化转型的传统师范院校弱化甚至轻视师范教育等突出问题，构建以师范院校为主体、高水平非师范院校参与的中国特色师范教育体系，党和政府采取了一系列重大举措，其中之一便是开展师范类专业认证。我国师范类专业认证2014年开始在江苏、广西两个省份试点。2017年10月，在总结试点经验的基础上，教育部印发了《师范类专业认证办法》以及中学教育、小学教育、学前教育三个专业认证标准。2018年正式实施。相关制度设计有四个明显特点：一是尊重高校办学自主权，不做强制性要求，由设置师范类专业的高校自愿申请参加，认证结论的有效期为6年；二是结果效用明显，认证结果直接或间接成为招生计划安排、资源配置、经费投入、用人单位招聘、高考志愿填报的重要依据，成为是否拥有教师资格考试自主权的主要决定因素；三是构建了三级认证体系，其中一级标准以定量指标为主，反映的是国家对专业办学的基本要求，二级标准以定性指标为主，加上部分定量指标，反映的是国家对专业质量的合格要求，三级标准为最高标准，反映的是国家对专业质量的卓越要求，体现了专业质量已达到国内一流与标杆境界；四是实现了三个"转向"，即从关注机构转向关注学生、从单纯关注结果转向关注人才培养全过程、从阶段性评估转向常态化监控。强调"五个度"，分别为培养目标与效果的达成度、专业定位与社会需求的适应度、教师与教学资源的支撑度、质量保障体系运行的有效度、学生与用人单位的满意度。

专业认证作为新的教学评估形式，是一种技术性很强的专业活动，需要提供理论支撑和技术保障。观之我国正在实施的师范类专业认证，应该说既有理论之惑，亟需理性的、深度的反思，又有实践之忧，需要直面并解决问题。这里所言之问题，有多个指向。第一，目前的认证机构主要是教育部的教育质量评估中心和各省的教育评估院，由于认证高校和评估机构同属于一个"行政圈子"，认证专家和接受认证的专业之间同属于一个"学术圈子"，而圈子文化强调的是人际关系，这种关系在一定程度上侵蚀着认证活动的"独立性"，因此，往往导致认证过程难以做到完全的公正。第二，应然意义的师范类专业认证不仅是对专业的认证，更是对学校所有师范专业集群顶层设计的认证，迫切需要在学校和专业之间形成有效的联动。而与之相悖的是，现实中的专业认证主要是由高校内设二级学院和具体专业牵头，由全体专业教师完成，学校层面参与的积极性不高，严重降低了专业建设的成效。第三，师范类专业认证是一种达标性评价活动，需要秉持"标准至上"的理念。目前的标准虽然对专业建设过程有一定的引领和规范作用，但就科学性而言仍有提升空间，如标准沿袭中学教育的做法，将小学教育专业的课程划分为学科专业课程和教师教育课程，没有考虑到小学教育专业自身的综合性和整合性的特征。第四，当下中国高校的师范专业，不是已经通过认证，就是在准备认证的路上，在此过程中，许多高校表现出急于通过专业认证的冒进主义心态。将认证活动视为一项非常态化、应急性的迎评工作,以形式主义掩饰真实问题,在材料准备、认证专家接待而不是在专业内涵建设上下功夫,所有这些,无疑消解了以评促建、以评促改的认证初衷。第五,专业认证的结论分为三种情形,即通过、有条件通过、不通过,从教育部公布的专业认证结果看,这几年所有参评专业的认证结论均为有条件通过,没有出现不通过的情况,由此必然带来认证结论评定是否过于宽松、认证结论的可信度是否需要提升的质疑。[①]

  我国师范类专业认证制度的未来优化,不仅要着力解决上述问题,通过认证切实提高师范专业的办学质量,夯实乡村基础教育师资培养的基础,还应在强化相关高校教师职前培养的乡村意识或立场、着力培养优秀乡村教师方面有所作为,应明确将师范毕业生是否了解、热爱、适应乡村教育,高校是否为乡村教育发展做出贡献以及贡献大小作为专业质量的一个重要考察维度,并细化为若干可观测的指标,具体地,涉及两个方面。一方面,职前乡村教师未来要承担帮助学生摆脱贫困代际传递的责任,因此,必须深化对贫困与教育关系的理解,了解贫困以何种方式影响学生学业进而影响教育结果。高校应帮助职前乡村教师消除对乡村及乡村教育的误解、恐惧和忧虑,让其以积极的姿态认识乡村和乡村教育,从文化认同入手增强职业认同;应引导职前乡村教师学习乡村儿童发展理论,获得解决乡村环境中学习障碍的知识,培养职前乡村教师基于乡村挖掘学生发展潜力的能力,避免简单套用城市的经验和传统开展教育活动。另一方面,必须建构全过程定向的师资培养体系。要以乡村理解教育为支柱打造通识教育体系,让职前乡村教师了解脱贫攻坚、乡村振兴、乡村治理现代化、教育扶贫等国家重大战略以及乡村文化与社会、乡村生态与可持续发展等知识;要针对乡村留守儿童比例较大、家庭参与教育意识和能力不足等客观现状,在专业课程体系中增加乡村教育学版块与乡村心理健康教育版块,通过沉浸式体验,让职前乡村教师深化对乡村社会和乡村教育的认识,了解乡村学校在人才、资源、制度建设、管理改进、家校合作等方面面临的困难,引导他们致力于成为有担当的

---

① 徐祖胜,杨兆山.我国高校师范类专业认证的实践反思[J].教师教育研究,2021(6).

乡村学校领导者。

我国师范类专业认证制度的未来优化，还应将认证的重点放在地方高校而不是部属高校上。高校分类是社会经济、政治、文化发展到一定阶段的产物，是当今世界各国的普遍实践行为。从国外观之，美国侧重按学历层次划分高校类型，其中颇具代表性的是卡内基教学促进会几经修订而形成的分类法，这种分类法将美国高校分成博士学位授予/研究型大学、硕士学位授予院校、学士学位授予院校、副学士学位授予院校、专门院校、部落院校等六个层次。德国侧重按人才类型划分，或将所有高校划分为大学与高等专业学院两类，前者培养学术型人才，后者培养应用型人才。或将所有高校划分为三类：第一类为学术性、综合型大学，主要培养科学研究中坚力量；第二类为应用型大学或专科大学，主要培养有特色的专门人才；第三类为职业学院，主要培养应用技术人员。英国侧重按历史年限划分高校类型，同时一定程度地兼顾人才类型，目前英国高校分为五类：一是以牛津等为代表的古典大学；二是设在重要工业城市的城市大学；三是兴起于上世纪六十年代后且主要设在中小城市的新大学；四是主要面向工商界的多技术大学；五是以培养教师为主旨的高等教育学院。为了便于世界各国教育指标与统计数据的比较，1975年，联合国教科文组织颁发了《国际教育标准分类法》，1997年，又在实践总结的基础上进行修订。上述《分类法》以世界大多数国家的客观现状与发展趋势为观照，以人才培养作为高校分类的主要依据，同时适度兼顾学习年限长短和颁发学位高低，具体地，将高等教育划分为两个阶段。第一阶段对应硕士及其以下高等教育，涉及A、B两类，其中A类有研究型与应用型等不同指向，学习年限一般四年以上，B类为职业技术型，学习年限二至三年。第二阶段对应博士研究生教育。从国内观之，我国传统的高校以学术型精英教育为主，因而在很长一段时间内学校类型划分主要以学科为基础，具体有两种分法。一种是按学科数量的多少，将高校分为综合性、多科性、单科性。另一种是按学科设置的类别，将高校分为综合类、理工类、文史类、农林类、师范类。改革开放以来，国内学界开始重视对中国特色高校分类的理论与实践研究，相应的政策亦趋于明朗化。教育部原部长周济认为，我国高等教育体系包括全日制教育与继续教育两个序列，研究生教育、本科生教育、高等职业教育等三个层次,研究型和教学研究型大学、以本科教育为主大学、高等职业学院等三大类型。"中国大学评价"课题组负责人武书连认为,我国高校由"类"和"型"组成,综合类、文理类、理科类、文科类、理学类、工学类、农学类、医学类、法学类、管理类、体育类、艺术类等反映的是学科特点,研究型、研究教学型、教学研究型、教学型等表现的是科研规模。我国教育行政部门则以隶属部门或管理权限为依据,将由中央部委直接管理的高校称之为部属高校,主要由地方政府管理的称之为地方高校。这里所言之地方,不再是地理学所指的特定自然条件的区域,亦不是行政学所指的主权国家所属的各个行政区,而是高等教育学语境下与"部属"相对应的一种描述,反映的是学校管理权限的特点以及由此带来的高校功能定位、发展环境、内部制度设计的变化,具体地,有省属与市属之分。

地方高校的提出以及实质性运作,无疑是我国高等教育分类的重要特色之一。中国语境下的地方高校,政府管办合一或权力边界过大是一种普遍现象,学校向何处发展以及如何发展主要由政府决定。而观之国外特别是西方国家,虽也有一些由地方政府出资举办的大学,但这些大学通常自治化程度很高,向何处发展以及如何发展主要由市场决定,因此,国外无论是学界还是实践层面,都较少有地方大学的提法,即使有,也只是凸显举办者或出资者的身份特点,与学校管理方式通常没有直接的关联性。

地方高校归属地方管理的本质属性,必然导致高校发展的地方印迹。这种地方印迹主要源于地方高校管理权归属地方政府,办学经费主要来源于地方财政,生源与毕业生就业相对集中在某一个固定区域,而地方印迹的集中表现则为区域适应性,即:地方大学发展应同区域经济和社会发展的规模、速度和产业结构相适应;同区域高等教育需求和高等教育支付能力相适应;同区域利益诉求相适应。区域适应性有两个基本观察维度。在目标定位层面,地方大学应重点招收区域内学生而不能轻易扩大区域外招生比例,应重点发展同当地社会经济密切结合的、有学术积淀的、有地方特色的专业和学科,应围绕当地经济和社会发展的实际需要来开展科学研究和社会服务。在学校文化层面,文化是高校的灵魂,是高校本体维度的存在,理想状态的地方高校文化,应成为本地文化中心,把汇聚、展示、挖掘、提升本地文化作为重要的文化职责,把净化、引领地方文化作为责无旁贷的文化义务。

三、进一步完善乡村学校校长的选拔和培养制度,彰显乡村学校在教师队伍建设过程中的应然价值

校长负责制是世界各国中小学较为普遍的领导体制,其具体的内涵并不完全一样。美国实行的是学区教育委员会领导下的校长负责制,英国实行的是学校董事会领导下的校长负责制,法国实行的是理事会协助下的校长负责制,日本的校长负责制更接近本真之义,校长有高度的自主权,可自由支配教育经费,决定教师的晋级、加薪。新中国成立后,我国一直在进行中小学领导体制的变革。1949年至1951年,在国家普遍实行军事管制的背景下,各地学校以要求进步的教职员工和学生为骨干,组成校务委员会,以此作为管理和领导学校工作的临时机构。1952年,教育部颁布《中学暂行规程(草案)》和《小学暂行规程(草案)》,规定"中小学实行校长责任制,设校长一人,负责领导全校工作"。1958年,中共中央、国务院颁发《关于教育工作的指示》,对以往实行的校长负责制予以否定,强调党支部的"一元化"领导,支部书记指挥一切。1963年,中共中央转发教育部制定的《全日制中学暂行条例(草案)》和《全日制小学暂行条例(草案)》,恢复了校长负责制,提出"校长是学校行政负责人,在当地党委和主管教育行政部门领导下,负责领导全校的工作,党支部对学校行政工作负有保证和监督的责任"。"文化大革命"时期,我国的学校管理陷入混乱状态,先是由工宣队、军宣队、贫宣队管理学校,后实行"革命委员会"的学校领导体制。1978年,教育部印发《中小学暂行工作条例(试行草案)》,规定全日制中小学"实行党支部领导下的校长分工负责制"。1985年,中共中央颁发《关于教育体制改革的决定》,提出"学校逐步实行校长负责制"。1993年,中共中央、国务院颁发《中国教育改革和发展纲要》,明确规定"中等及中等以下各类学校实行校长负责制"。1995年,随着《教育法》的颁布,中小学校长负责制进一步由普通的

教育政策上升为国家意志的教育法律。2022年年初,为了加强党对教育工作的全面领导,保证党的教育方针和党中央决策部署在中小学校得到贯彻落实,中共中央办公厅印发《关于建立中小学校党组织领导的校长负责制的意见(试行)》,规定中小学校党组织全面领导学校工作,履行把方向、管大局、作决策、抓班子、带队伍、保落实的领导职责,校长在学校党组织领导下依法依规行使职权,全面负责学校的教育教学和行政管理等工作,具体职责包括:(1)研究拟订和执行学校发展规划、基本管理制度、内部教育教学管理组织机构设置方案,研究拟订和执行具体规章制度、年度工作计划;(2)组织开展教学活动和教育教学研究,加强教育教学管理,深化教育教学改革,负责招生、就业和学生学籍管理;(3)加强学生德育、体育、美育、劳动教育和心理健康教育,提高学校思政课教学质量,组织开展学校文化活动和科学普及活动,建设文明校园;(4)研究拟订和执行学校重大建设项目、重要资产处置、重要办学资源配置方案,管理和保护学校资产;(5)研究拟订和执行学校年度预算、大额度支出,加强财务管理和审计监督;(6)加强教师等各类人才日常教育管理服务工作,依据有关规定与教师以及内部其他工作人员订立、解除或终止聘用合同;(7)做好学校安全稳定和后勤保障工作;(8)组织开展学校对外交流与合作,加强学校与社会、家庭的联系,形成育人合力;(9)向学校党组织报告重大决议执行情况,向教职工大会或教职工代表大会报告工作,支持群团组织开展工作,依法保障师生员工合法权益;(10)履行法律法规和学校章程规定的其他职权。

从上述列举可以看出,新中国成立后我国中小学的领导体制虽已历经多次变革,但基本上没有否定校长在学校发展过程中的核心地位。事实上,我国中小学的组织机构是典型的金字塔式的科层结构,校长通常处于塔尖的位置,甚至可以说,校长是学校发展的具体引领者和推动者,因此,无论是城市中小学,还是乡村中小学,都必须着力解决校长领导力的提升问题。从政策文本看,2012年,教育部印发的《义务教育学校校长专业标准(试行)》从规划学校发展、营造育人文化、领导课程教学、引领教师成长、优化内部管理、调试外部环境等六个方面阐释了合格校长的专业素养。2018年,中共中央、国务院颁布的《关于全面深化新时代教师队伍建设改革的意见》要求加强中小学校长队伍建设,努力造就一支政治过硬、品德高尚、业务精湛、治校有方的校长队伍。从学界看,有学者提出校长领导力由组织发展引领力、团队效能提升力、二元关系构建力等三个要素构成,其中二元关系构建力是基础,团队效能提升力是依托,组织发展引领力是方向,三者缺一不可。[①] 还有研究者通过个案研究,借鉴"洋葱模型"素质理论,从核心特质、内隐特质和外显特质三个层次剖析描绘乡村优秀校长的特质与具体表现,认为扎根乡土的教育情怀是乡村优秀校长的核心特质,博学笃行的谦逊人格是乡村优秀校长的内隐特质,勇于创新的专业才能是乡村优秀校长的外显特质。[②] 笔者以为,校长领导力是校长履行职责过程中所展示出的综合实力,既包括校长对全校师生和周围环境产生的影响和引导,也包括校长在与全校师生相互作用过程中以及学校发展环境变化时校长自身做出的适应和调整。应然意义的校长领导力,集中表现为高素质和专业化,强调德才兼备,要求校长忠诚于党和人民的教育事业,贯彻落实党的教育方针,敢扛事、愿做事、能干事、善成事,严于律己,慎独慎微慎始慎终,能带领整个行政团队专注于学校的长远发展;要求校长更新专业理念、丰富专业知识、锤炼专业作风、培育专业精神、锻造专业思维、优化专业方法、提升专业能力,形成"一个好校长就是一所好学校"的自我认同,有教育家的境界和能力。

打造有较高领导力的校长团队,对乡村学校而言是一个紧迫性课题,同时也是一个现实性难题。解决这一难题,必须强调外引、留住与内提并举,在岗培训与个人修炼并重。所谓外引,即通过提高待遇或采取其他倾斜关照政策,吸引优秀教育工作者来乡村学校担任校长。所谓留住,即主要通过政策或情感因素,防止乡村学校的优秀校长流失到城市或其他行业。所谓内提,即明晰并坚持标准,从乡村教师队伍中选拔德才兼备的优秀人才担任校长。所谓在岗培训,重点是健全培训制度,完善培训体系,丰富培训内容和方式,目的是持续提高乡村学校校长的理论修养、教育家品质以及依法治

---

① 孟繁华,等.学校发展论[M].北京:教育科学出版社,2011:101-108.
② 张兰婷,张莉,李为民.乡村优秀校长特质的个案研究[J].教育学术月刊,2021(11).

校的意识。所谓个人修炼,意味着校长应注重道德修养,形成坚强的道德意志、良好的道德情操以及伟大的乡土教育情怀;意味着校长应积累用权智慧、用人智慧、用语智慧,充分调动每一位教师的工作积极性,让智者尽其谋、能者显其才。

四、完善教师强制性退出机制,解决好乡村教师自主发展的动力不足以及"能进不能退、能上不能下"问题

教师人事管理中涉及进、管、出三个环节,由于"出"不但关系到社会的稳定,同时对在职教师的情绪和行为也会产生影响,因此,不合格教师退出机制的构建已成为世界各国的共同难题。以美国为例,美国各州解聘不合格教师的具体过程虽然会有一定差别,但大体程序是一致的,包括学校鉴别、学区评议、州教育部门主管复议、州教育相关部门评议、州最高法院判决等多个阶段。[①] 美国非常重视对教师合法权益的保护,因此在解聘不合格教师时会严格遵循三个原则,主要是:解聘教师必须有充足的证据支持,且这些证据的有效性并不是无限期的;对不合格教师,学校必须有能够评估成效的补救或矫正措施;解聘程序合法,满足一定要求。美国解聘不合格教师的完整过程虽有可借鉴之处,但并非没有缺失,其中处理程序复杂烦琐、处理过程漫长持久、正式教师受到过度保护是较为明显的不足。

不合格教师的存在,直接影响到学校的声誉和教育的质量,增加了家长和学校之间的冲突。正因为如此,我国相关政策对教师退出问题已多次触及,如:《国家中长期教育改革和发展规划纲要(2010—2020年)》首次在政策文本中提出"教师退出机制"的概念,要求"完善教师退出机制,形成一个良好的教师更新机制";《中华人民共和国教师法》规定,对违反刑法的教师取消教师资格,对故意不完成教育教学任务给教育教学工作造成损失、体罚学生且经教育不改的、品行不良侮辱学生造成恶劣影响的教师给予行

---

① 杨卫安,邬志辉.如何解聘不合格教师——美国的经验与问题[J].全球教育展望,2014(10).

政处分或者解聘;教育部2013年颁布的《中小学教师资格定期注册暂行办法》要求"中小学教师资格实行五年一周期的定期注册,注册不合格或逾期不注册的人员,不得从事教育教学工作";教育部等五部门2019年印发的《关于加强新时代中小学思想政治理论课教师队伍建设的意见》提出"建立中小学思政课教师退出制度,对在教育教学活动中损害党中央权威、违背党的路线方针政策的,按相关要求从严处理,不得再从事教育教学工作。对不能胜任思政课教学、未按要求完成培训学时的,应将其退出中小学思政课教师岗位"。

我国虽已对教师退出问题有所关注,相应的探索正在进行中,但目前无论是从理论准备还是从实践模式看,都仍有较大的提升空间,所面临的困惑主要是:不合格教师认定缺乏标准,相关证据较难收集;退出成本一般较大,容易受到人情因素影响;退出程序不完善,缺乏系统的补救制度。[①] 上述窘境,必然导致退出机制在实施时往往形式大于内容,难以达到加强教师队伍建设、提升教师队伍整体素质和发展动力的目的。

教师退出机制是一种优化机制,涉及政策针对主体、该谁退出、怎样退出、退出以后怎么办等诸多问题,因此,必须基于国情,整体建构。我国不合格教师群体的情况比较复杂,从历史观之,在教育普及与数量扩张阶段,我国中小学教师长期存在供不应求的现象,为了解决教师数量短缺问题,大量民办教师、代课教师涌入教师队伍,造成中小学特别是乡村学校出现了大量不合格老师。从现实观之,有的教师过去做出过突出贡献,现在由于年龄偏大或长期患病已不适合继续留在教师岗位;有的教师存在严重的师德师风问题或给教育教学工作造成重大损失;有的教师教育教学水平不高或责任心不强。上述特定背景,决定了我国教师退出机制的完善应从三个方面入手。首先,应基于已颁布的合格教师专业标准,厘定不合格教师的内涵和实践表征,在此过程中,要避免将学生的考试成绩、班级名次、班级升学率等要素作为硬性指标甚至唯一指标来衡量,关注情感、态度、价值观等隐性表现的价值,全面考察教师的道德品行、教育教学态度、教育教学能力以及是否

---

① 张彩云.我国中小学不合格教师退出机制研究[J].教育科学研究,2017(3).

触犯国家的法律。其次,应明确具体流程,规范教师退出的程序。学校要通过课堂观察、学生成就、家长反映、学生反馈、同行评价等,注意收集不合格教师的详细证据,对部分不合格教师尤其是教育教学能力低下的教师,学校应给予改进和补救的机会,仍不合格者方可交由行政管理机构进行审议。在此期间,必须充分尊重教师的陈述和申辩权利,落实听证制度和申诉制度。再次,应采取多样的退出方式,包括建立弹性退休制度、完善刚性退出制度、建立待岗或转岗制度等,其中弹性退休制度包括提前退休与延期退休两种情形,前者适用于年龄偏大、已不适合继续留在教师岗位的人员,后者主要针对身体健康、精力充沛的专家型教师。

五、进一步完善舆论的引导机制,彰显媒体和专家在乡村教师政策执行过程中的正向价值

舆论,作为一种社会交往形态,在人际传播、组织传播和大众传播中呈现出不同的特征,体现不同的价值和作用。新中国成立后,党的舆论观既有一以贯之的共同思想基础和理念旨趣,又有各个时期较为个性化的理论认知和实践标准。[1] 新中国成立到改革开放前,党的舆论宣传工作的中心任务是塑造主流意识形态,建立舆论宣传网络,加强爱国主义、集体主义和社会主义精神的舆论宣传,推动民众参与社会治理和建设。在此期间,毛泽东进一步阐释了"创造舆论"的观点,将舆论分为"人民的舆论"和"反动派的舆论","创造舆论即创造"人民的舆论"。1978年至党的十八大前,党的舆论宣传工作主要围绕营造改革开放的舆论氛围、将舆论引导纳入党的执政能力建设范畴、加强网络舆论引导等展开。这一时期,党的舆论观经历了由舆论导向到舆论引导的转变,其主要标志是:1989年,江泽民首次提出"舆论导向"问题,认为"不按照党和人民的意志、利益进行舆论导向,会带来严重的危害和巨大的损失";1996年,江泽民在视察人民日报社时再次强调舆论导向的重要性,指出"舆论导向正确,是党和人民之福,舆论导向错误,是党和

---

[1] 沈正赋.中国共产党百年舆论观的历时变迁与发展图景[J].传媒观察,2022(2).

人民之祸";2002年,胡锦涛在全国宣传部长会议上首次提出"舆论引导"一词,要求"尊重舆论宣传的规律,讲究舆论宣传的艺术,不断提高舆论引导的水平和效果";2008年,胡锦涛进一步提出舆论引导的"利误论",即"舆论引导正确,利党利国利民,舆论引导错误,误党误国误民",要求"把提高舆论引导能力放在突出位置,不断改革创新,增强舆论引导的针对性和实效性,加强主流媒体建设和新兴媒体建设,形成舆论引导新格局"。党的十八大以后,舆论引导被赋予新的时代内涵,集中表现在四个方面:一是舆论引导的理念得到深化拓展,提出了舆论引导的"全覆盖论",明确要求舆论引导要坚持"四个有利于",做到"四个讲清楚";二是"四力"概念首次得到完整表述,强调要尊重新闻传播规律,创新方法手段,切实提高党的新闻舆论传播力、引导力、影响力、公信力;三是舆论斗争被置于突出位置,主要涉及互联网上的舆论斗争以及国际传播中的舆论斗争,斗争的目的是清朗网络空间,争夺国际舆论主导权和国际话语领导权;四是舆论引导体制机制逐步完善,颁布实施了《中国共产党宣传工作条例》,印发了《关于加快推进媒体深度融合发展的意见》,明确规定各级党委宣传部承担的工作职责包括统筹分析研判和引导社会舆论,强调要构建网上网下一体、内宣外宣联动的主流舆论格局。

上述列举表明,关注舆论、加强舆论引导是党在改革开放实践中形成的一条基本经验和基本方针,是新闻舆论工作党性原则的具体表现,是中国共产党人需要继续探索、不断提高的建设目标与时代使命。当今中国,舆论环境十分复杂。从国际看,我国在国际舆论传播中长期面临"有理说不出"、"说了传不开"、西强我弱的被动局面,以美国为代表的西方国家长期垄断国际舆论场,主导着国际传播的话语权,在意识形态领域对我国形成打压之势。一些国家习惯于戴着有色眼镜看待中国的发展和崛起,利用网络霸权,捏造事实肆意丑化我国形象,恶毒攻击中国共产党的领导和社会主义制度,极力阻扰中国和平发展的进程。从国内看,网络上的海量信息汹涌澎湃,各种观点纷纭复杂、莫衷一是,碰撞更加激烈,呈现出典型的群体极化趋势。有的网民或舆论领袖虽非主观恶意,却造成了一时谣言四起,舆论混乱,事实真相被遮蔽。有的属于恶意为之,甚至受到敌对势力的蛊惑,颠倒黑白,散布虚假信息,宣扬历史虚无主义,恶搞英雄人物和先进模范人物,兜售扭曲的、腐朽的价值观和人生观。上述特殊的舆论环境,进一步说明了完善舆论引导机制的重要性和紧迫性。具体地,应从四个方面入手,即:坚持破立并举,构建正面宣传与舆论斗争相结合机制;统筹国内国际两个大局,构建全媒体传播体系;遵循信息传播规律、舆情演化规律以及情感接受规律,完善重大舆情和突发事件舆论引导机制;加强系统治理、依法治理、综合治理、源头治理,建立健全网络综合治理体系。[①]

乡村教师政策执行的舆论引导不是居高临下、空洞说教、照搬照抄,而是应强调吸引力和感染力,把舆论监督和正面宣传统一起来。相应的机制不但涉及顶层设计、资源配置与整合、队伍建设、监督制度等多个要素,还涉及脚力、眼力、脑力、笔力等关联性指标。所谓脚力,即强调实践的价值,要求新闻媒体工作人员和相关专家深入乡村学校,近距离倾听一线教师呼声。所谓眼力,即专业素养的外化,具体指向了解现实的细微与敏感,要求观察者去粗取精,去伪存真,事实列举准确且全面,避免个体特定价值取向的干扰。所谓脑力,强调深思与慎思,反映的是理性思维的品质,要求新闻媒体工作人员和相关专家始终坚持正确的舆论导向,深入宣传、阐释乡村教师政策执行的中国理念、中国方案以及典型案例。所谓笔力,强调的是听得懂、易接受的话语体系和表述方式,要求新闻媒体工作人员和相关专家摆脱枯燥和呆板,摒弃模式化倾向,用翔实的材料以及精炼、生动、朴实的语言表现主旨。

六、进一步完善教育捐赠的政策法规,为乡村教师队伍建设提供多元化经费渠道

教育捐赠是一些发达国家较为普遍的社会现象,已形成较为丰富的理论积淀和相对稳定的实践范式。在理论层面,项链理论认为教育捐赠本身就是目的,或者是为了达成某种目的而采取的一种手段。时间窗理论认为

---

① 李丽,戴湘竹.完善坚持正确导向的舆论引导工作机制[J].思想政治教育研究,2020(6).

捐赠者的捐赠额度有一定规律可循,具有明显的时间性,在某个特定时段,捐赠者的捐赠愿望可能会比较强烈,此时的捐赠额度往往会高出平时的数倍或数十倍。金字塔理论认为捐赠活动的演变可以用金字塔进行说明,金字塔的底部是所有潜在的募捐对象,其中的大多数人是小额捐赠,从小额捐赠到大额捐赠则是一种发展与培植过程。募捐演化理论认为从普通捐款者到大额捐款,乃至到以捐赠为精神表达的终极捐款,这是一个人的思想观念逐渐发展演变的过程,也是募捐单位积极沟通、交往与感情升华的过程。交易分析理论认为捐赠是一种交易过程,其交易对象具有特殊性,慈善者每次捐赠行为的收益往往包括物质和精神两个方面,精神方面的收益即慈善行为所获得的社会尊重,物质方面的收益指慈善行为人社会资本的增加。在实践层面,美国在教育捐赠方面已有数百年的历史积累,其中政府扶持民间资金捐赠教育的政策操作主要包括两个方面:一是对捐赠的个人减免个人所得税,对捐赠的企业减免企业所得税;二是联邦政府和地方政府财政以一定比例匹配捐赠者的捐赠资金。

我国的教育捐赠并非毫无基础。从纵向看,捐资助学或筹资办学一直是我国筹措教育经费的重要渠道之一,如在明清时期,为了激发民众捐资助学的热情,政府不仅对于书院的创办者给予褒扬,同时还对书院本身的发展给予赐匾额、赠书籍、拨学田等奖励,教育捐赠主体的主体不但包括地方官吏、富商大贾,还涉及士绅、妇女等特殊人群。从横向看,港澳台宁波商帮的教育捐赠无论是规模还是影响都比较大,宁波商帮的教育捐赠主要源于悠久的慈善传统以及对教育的重视,捐赠的特点是:项目冠名简单明确;捐赠方向囊括基础教育和高等教育;通常采取公办民助的捐资形式。[①]

我国的教育捐赠虽已有一定基础,但与发达国家相比,无论是教育捐赠的绝对水平还是相对水平,都还处于起步阶段,不但总量较小,而且高校接受了绝大多数教育捐赠。目前,我国基础教育捐赠主要有交易型、同情型、

---

① 李加林,姜忆湄.当代港澳台宁波商帮教育捐赠动因及特点分析[J].浙江社会科学,2016(7).

回报型等三种类别。① 交易型捐赠以捐赠者和受益者之间的互惠互利为前提,通过交换各自的资源,最终达到各自的目的。同情型捐赠因被捐赠者的处境刺激和触动而起,具有自发性、随机性等特点,是一种致力于情感满足的无偿捐赠行为。回报型捐赠一般出于一种补偿心理,带有明显的方向性和价值理性的特征,虽然是无偿的,但并非一定是无条件的。我国基础教育捐赠存在的问题主要是:总量严重不足,难以成为教育经费的有效补充;分布不均衡现象较为严重,少数地区和名校获得的捐赠收入相对较多,针对乡村教师队伍建设的有效捐赠十分鲜见。

扩大基础教育社会捐赠总量,优化相应的配置,关键是完善基础教育捐赠的相关政策法规。纵观我国国家立法体系,尽管在《教育法》和《义务教育法》中都明确提出"国家鼓励企事业组织、社会团体及其他社会组织和公民向教育进行捐赠,支持采取社会捐助集资等多种渠道筹措教育经费",《国家中长期教育改革和发展规划纲要(2010—2020年)》亦提出要"充分调动全社会办教育积极性,扩大社会资源进入教育途径,多渠道增加教育投入,完善财政、税收、金融和土地等优惠政策,鼓励和引导社会力量捐资助学、出资办学",但截至目前,并无专门规范教育捐赠的法律和政策,相应的条款只是散见于一些文本,主要涉及《慈善法》《公益事业捐赠法》《合同法》《基金会管理办法》以及财政部、国家税务总局联合印发的《关于纳税人向农村义务教育捐赠有关所得税政策的通知》。

基础教育捐赠的法律与政策完善,有相对固定的逻辑。第一,明确捐赠行为的法律主体,严格区分捐赠人、受赠人和受益人,其中捐赠人包括自然人、法人和其他组织,受赠人为公益性社会团体和公益性非营利的事业单位,受益人是根据捐赠合同而最终享受利益的学校或个人。第二,厘清捐赠人、受赠人和受益人各自拥有的权利和应履行的义务,其中捐赠人应享有知情权、监督权、建议权以及特殊情况下的撤销权和赔偿请求权,受赠人享有请求捐赠人按合同约定支付款项的权利,受益人享有请求受赠人转赠捐赠款物或请求有关机关督促受赠人转赠捐赠款物的权利。第三,完善教育

---

① 叶忠.基础教育捐赠的三种类型及其对教育改革与发展的支持[J].教育学报,2014(4).

捐赠的税收激励机制,在统一教育捐赠税收优惠政策的基础上,适当提高捐赠扣除的比例,简化税收优惠程序,以此推动捐赠人的捐赠积极性。第四,试点基础教育捐赠的政府匹配制度,明确匹配的条件和比例,保证匹配资金的用途和捐赠资金一致。第五,完善教育捐赠的监督机制,这种监督应是全方位的,不仅包括捐赠当事人的监督,还包括政府监督和社会监督。第六,通过强化全社会对乡村教育与乡村教师的价值认同、形成相应的激励机制和募集网络、乡村学校自身主动作为等,引导社会的基础教育捐赠向边远薄弱乡村地区和一线乡村教师倾斜,彰显其本身应有的扶弱和雪中送炭特点。

后 记

进入新世纪特别是 2006 年以后,我国出台了一系列乡村教师政策,这些政策的文本质量如何,如何进一步完善政策供给,政策执行应予肯定的有哪些,还有什么偏失,未来如何改进,这无疑是所有利益相关者高度关注的命题,同时也是笔者近五年来倾心研究的课题。

作为学术性著作,本书试图在理论和实践层面均有所突破。在理论层面,通过探讨乡村教师政策的社会支持体系与评价体系,拓展乡村教师政策研究的内容,延伸乡村教师政策研究的深度;通过吸纳乡村学校及其教师参与研究过程,深度了解乡村教师的政策获得感,改进研究的范式,使乡村教师政策研究成为有温度、"贴肉式"的研究。在实践层面,构建乡村教师政策评价体系,为政府开展相关政策评估、完善政策文本、改进政策实施过程提供参考;构建乡村教师政策社会支持体系,为评价、改善所有关联体的行为提供相对科学依据。

为了达成上述研究目标,本书主要从"我国乡村教师政策的内涵阐释与历史回溯""新世纪我国乡村教师政策出台的多元背景""新世纪我国乡村教师政策文本的梳理""新世纪我国乡村教师政策供给的评价及改进""新世纪我国乡村教师政策执行获得感的调查与分析""新世纪我国乡村教师政策执行的评价尺度建构与现状考察"及"我国乡村教师政策执行的社会支持系统构建"等七个方面进行研究。

当然,聚焦于"新世纪我国乡村教师政策的评价与改进研究"对于笔者而言无疑具有挑战性:一方面,由于我国乡村教师政策具有内蕴的复杂性,要想建构科学的乡村教师政策评价体系,提出有价值的改进建议,本身绝非易事;另一方面,学术研究的灵魂在于创新,面对学界众多的相关研究成果,如何避免陷入重复和雷同的泥淖就成了一个无法回避的问题。本书之所以最终得以顺利完成,完全得益于诸多朋友、同仁的关心与帮助。因此,有太多的人需要感谢与铭记。

在此,我首先要感谢全国教育科学规划办公室的立项资助,使我的研究有了充分的经费保障。我也要感谢一线的乡村教师,在笔者做实证研究时,是他们的理解、支持和配合,使我能够更深入地了解乡村教师政策的现状、问题及趋向。我还要感谢我的同事们,是他们的无私帮助,使我的调查数据得以科学的统计与处理。最后,我尤其要感谢我的家人一直以来为我所提供的高质量后勤保障,让我能心无旁骛地研究和写作。

由于笔者理论水平和学识修养的限制,本书的不足之处在所难免,恳请诸位方家批评指正。笔者深知,专著的出版仅是新的研究的始点。今后,笔者将继续沉潜、聚焦于乡村教师政策的相关研究,力争将该领域的研究推向深入。

淮阴师范学院教育科学学院　蒋亦华
2022年5月于淮安